beck^l**sche**
reihe

W0073498

b^{sr}

Die Zahl der Sprachen, die irgendwann im Laufe der Geschichte untergegangen sind, geht in die Tausende. Viele sind sang- und klanglos verschwunden, und man kennt noch nicht einmal ihren Namen. Andere waren Träger von Hochkulturen mit einem beachtlichen Schrifttum, das in vielen Regionen der Welt Spuren hinterlassen hat: das Sumerische im Alten Orient, das Ägyptische bis nach Schwarzafrika, das Sanskrit im südlichen und östlichen Asien, das Altgriechische in Europa und Asien, das Lateinische in den Mittelmeerländern, die klassischen Maya-Sprachen in Mittelamerika. Dieses Lexikon beschreibt in mehr als 100 Artikeln die wichtigsten untergegangenen Sprachen. Es informiert über Gebiete und Zeiträume ihrer Verbreitung, ihre Zugehörigkeit zu Sprachfamilien, Schriftsysteme, überlieferte Literatur sowie ihren Einfluß auf bis heute gesprochene Sprachen. Ein einzigartiges Nachschlagewerk – und eine kompetente Einführung in die Welt der alten Sprachen.

Harald Haarmann, geboren 1946, gehört zu den weltweit bekanntesten Sprachwissenschaftlern. Nach dem Studium der Allgemeinen Sprachwissenschaft und verschiedener Philologien in Hamburg, Bonn, Coimbra (Portugal) und Bangor (Wales) hat er 1970 in Bonn promoviert und sich 1979 an der Universität Trier habilitiert. Von 1982 bis 1985 war er als Forschungsstipendiat der Alexander von Humboldt-Stiftung in Japan. Er ist Mitglied des Forscherteams des «Research Centre on Multilingualism» (Brüssel) und an mehreren größeren Forschungsprojekten beteiligt. Mit seiner «Universalgeschichte der Schrift» (⁴1998) ist er einem breiteren Publikum bekannt geworden. Er wurde 1999 mit dem «Prix logos» der *Association européenne des linguistes et des professeurs de langues* (Paris) und dem «Premio Jean Monnet» ausgezeichnet. Das American Biographical Institute wählte ihn zum «Man of the Year 2001». Bei C. H. Beck erschien bereits sein «Kleines Lexikon der Sprachen» (2001).

Harald Haarmann

Lexikon der untergegangenen Sprachen

Verlag C. H. Beck

Mit 1 Karte

Die erste Auflage dieses Buches erschien 2002.

Lektorat: Petra Rehder

Originalausgabe

2., durchgesehene Auflage. 2004.
© Verlag C. H. Beck oHG, München 2002
Satz: Fotosatz Reinhard Amann, Aichstetten
Druck und Bindung: Druckerei C. H. Beck, Nördlingen
Umschlagabbildung: Pieter Bruegel d. Ä., »Turmbau zu Babel«, 1563,
Öl auf Eichenholz, Kunsthistorisches Museum, Wien, Foto: AKG, Berlin
Umschlagentwurf: +malsy, Bremen
Printed in Germany
ISBN 3 406 47596 5

www.beck.de

Inhalt

Vorwort

«Oratio certam regulam non habet: consuetudo illam
civitatis, quae nunquam in eodem diu stetit, versat.»
(«Die Sprache kennt keine feste Regel: der Sprachgebrauch
der Bürger, der nie lange auf der Stelle tritt, ändert sie.»)
Seneca, Epistulae morales 114,13

«Untergegangene Sprachen» gelten meist als «ausgestorbene» oder
«tote» Sprachen, die scheinbar klar getrennt den «lebenden» Sprachen gegenüberstehen. Aber kann man das Lateinische als «tote»
Sprache bezeichnen, wenn es als Amtssprache des Vatikan gebraucht
wird? Ist Fränkisch, die Sprache der germanischen Franken, die mit
der Völkerwanderung nach Nordfrankreich gelangten, tatsächlich
«tot», wenn sie im Wortschatz und in der Phonetik des Französischen bis in unsere Tage weiterlebt? Ist das Altnordische, die Sprache
der Wikingerzeit, wirklich «ausgestorben», wenn man bedenkt, wie
nostalgisch die Erinnerung an die mittelalterliche Sprachkultur in
Island und auf den Färöer-Inseln gepflegt wird? Eine Sprache, die in
ihrer Funktion als Muttersprache «gestorben» ist, kann in anderen
Funktionen vital bleiben. Die Begriffe «lebend» und «tot» sind wenig geeignet, Sprachen klar voneinander zu unterscheiden. Sprachen, selbst wenn sie untergegangen sind, leben so lange weiter, wie
wir Menschen mit ihnen in unserer Erinnerung umgehen und ihnen
eine Rolle in unserer Kultur zuweisen. Angesichts der vielfältigen
Impulse, die von untergegangenen Sprachen für unser kulturelles
Gedächtnis ausgehen, wird offensichtlich, daß das Attribut «untergegangen» lediglich eine arbeitstechnische Sammelrubrik ist. Untergegangene Sprachen lassen sich vier verschiedenen Kategorien zuordnen:

(a) Untergegangene Sprachen, die keine Spuren im kulturellen
Gedächtnis hinterlassen haben. – Dies sind Sprachen, die nach ihrem
Untergang vollständig in Vergessenheit geraten sind oder von deren
Existenz praktisch nur Experten wissen. Über die Völker, die solche
Sprachen gesprochen haben, gibt es nur spärliche Informationen,
und ihre kulturelle Hinterlassenschaft muß mit viel Aufwand durch

archäologische Ausgrabungen erschlossen werden. Aber auch in Expertenkreisen gibt es hin und wieder Sensationen. Beispielsweise ist das Eblaitische, eine altsemitische Sprache, erst seit den Schriftfunden im Palastarchiv von Ebla bekannt, dessen Ruinen in den 1970er Jahren ausgegraben wurden. Von der Existenz dieser alten Schriftsprache wußte bis dahin niemand etwas. Die Erinnerung an untergegangene Sprachen ist vielerorts dadurch abgebrochen, daß alte Kulturen von späteren verdrängt oder überlagert wurden. Das Baktrische in Afghanistan erlebte seine Blütezeit im buddhistischen Kulturmilieu jener Region. Im Zuge der Islamisierung wurde nicht nur die ältere buddhistische Kultur verdrängt, sondern auch die Erinnerung daran vollständig erstickt. Die alten Kulturzentren sind erst von der modernen Archäologie «wiederentdeckt» worden, und durch Schriftfunde wurde man auf die in Vergessenheit geratene Sprache aufmerksam.

Sprachen dieser Kategorie sind zu den verschiedensten Zeiten in den verschiedensten Regionen der Welt untergegangen. Meistens handelte es sich um Sprachen kleinerer Gemeinschaften, die nur gesprochen, nicht aber geschrieben wurden. Von den meisten Sprachen, die im Laufe der Kulturgeschichte untergegangen sind, kennt man nicht einmal die Namen, und es ist auch nichts Näheres über die Völker bekannt, die sie sprachen. Andere Sprachen wiederum sind namentlich nur nach den Völkern bekannt, die in antiken Quellen erwähnt werden. Die Kenntnis des Burgundischen, Vandalischen, Zimbrischen und anderer Sprachen beschränkt sich auf Namen und wenige Einzelwörter. Die Zahl dieser untergegangenen Sprachen geht in die Hunderte, wenn nicht in die Tausende. Eine kleinere Gruppe alter Sprachen sind solche, die aus Inschriftenfunden bekannt sind, deren Schriftkultur aber keine Nachwirkungen hatte. Hierzu gehören u. a. das Tartessische in Spanien, das Messapische in Süditalien, das Sidetische an der türkischen Mittelmeerküste und das Meroitische in Nubien.

(b) Untergegangene Sprachen, die kulturelle oder sprachliche Spuren in den modernen Sprachen hinterlassen haben und deren Erinnerung im kulturellen Gedächtnis weiterlebt. – Hier sind viele Sprachen zu nennen, die in der einen oder anderen Weise auf spätere Kulturen eingewirkt haben, deren Einfluß aber nicht wie im Fall der Sprachen der Kategorie (c) auf dem soziokulturellen Potential ihrer Schriftkultur basiert. Beispielsweise sind die Inschriften in phönizischer Sprache lediglich Experten der Semitistik vertraut. Weshalb aber die Erinnerung an die Phönizier in unserem kulturellen Gedächtnis weiterlebt, hängt mit einer kulturellen Institution ersten Ranges zusammen, die der Welt von diesem Volk vermittelt worden ist: der Alphabetschrift. Zu dieser Kategorie gehören auch Sprachen, die über Interferenz- und Fusionsprozesse auf moderne Sprachen eingewirkt haben, die also gleichsam ihren linguistischen «Fingerabdruck» im Bau unserer heutigen Sprachen hinterlassen haben. Ein sensitiver Sektor für Fremdeinflüsse in jeder Sprache ist deren Wortschatz. So finden sich beispielsweise Lehnwörter aus dem Aquitanischen im Gascognischen, aus dem Gallischen im Französischen, aus dem Paläosardischen im Sardischen, aus dem Minoischen im Griechischen, aus dem Dakischen im Rumänischen, aus dem Skythischen im Russischen oder aus dem Wolgabulgarischen im Udmurtischen. Wer sich auf die Suche nach den Spuren macht, die alte Sprachen in den neuen hinterlassen haben, der begibt sich auf eine Expedition ins weithin Unbekannte. Denn wir modernen Menschen begnügen uns allzu leicht mit zusammenhanglosen Versatzstücken, mit verallgemeinernden Erklärungen über die Nachwirkungen untergegangener Sprachen auf unseren Sprachgebrauch, auf unsere Kultur und auf unser Denken, denen häufig eine kulturhistorische Einbettung fehlt. Es ist weithin bekannt, daß das Lateinische den Kulturwortschatz europäischer Sprachen entscheidend überformt hat. Zu wenig bekannt ist dagegen, daß ein Teil dieses Kulturwortschatzes gar nicht lateinischer Herkunft ist, sondern aus dem Etruskischen stammt.

(c) Untergegangene Sprachen mit alter Schriftkultur, die teilweise bis heute funktionale Nischenplätze in unserer Kulturlandschaft besetzen. – Zu dieser Kategorie gehören die weithin bekannten alten Kultursprachen, in denen ein reiches Schrifttum entstanden ist, und die entweder direkt oder indirekt (d. h. über Vermittlung durch andere Sprachen) die Kulturentwicklung in der Alten Welt langfristig beeinflußt haben. Unsere moderne Zivilisation operiert mit vielerlei Ideen und Werten, deren Inhalte uns über das Schrifttum in Sprachen wie dem Lateinischen, Altgriechischen, Ägyptischen, Hebräischen, Pali, Sanskrit, aber auch des Akkadischen und Sumerischen vermittelt worden sind. Etliche der alten Kultursprachen sind als Sakral- und/oder Bildungssprachen bis heute vital, so das Lateinische, Hebräische, Kirchenslawische (als Fortführung des Altkirchensla-

Untergegangene vor-indoeuropäische, indoeuropäische und afroasiatische Sprachen im Mittelmeerraum

(1)	Lusitanisch	(6)	Mozarabisch	(11)	Etruskisch	(16)	Langobardisch	(21)	Messapisc
(2)	Tartessisch	(7)	Aquitanisch	(12)	Camunisch	(17)	Lateinisch	(22)	Illyrisch
(3)	Iberisch	(8)	Gallisch	(13)	Rätisch	(18)	Umbrisch	(23)	Dalmatisch
(4)	Keltiberisch	(9)	Paläosardisch	(14)	Lepontisch	(19)	Oskisch	(24)	Thrakisch
(5)	Gotisch	(10)	Ligurisch	(15)	Venetisch	(20)	Sikulisch	(25)	Moesisch

26 Dakisch	**31** Lykisch	**36** Hethitisch	**41a** Phönizisch	**45** Ägyptisch
27 Altgriechisch	**32** Sidetisch	**37** Urartäisch	**41b** Punisch/Karthagisch (jüngeres Phönizisch)	**46** Koptisch
28 Phrygisch	**33** Minoisch	**38** Hurritisch	**42** Hebräisch	**47** Numidisch (Altlibysch)
29 Lydisch	**34** Eteokyprisch	**39** Eblaitisch	**43** Aramäisch	**48** Vandalisch
30 Karisch	**35** Hattisch	**40** Ugaritisch	**44** Philistisch	

11

wischen), Sanskrit, Ge'ez bei den Christen in Äthiopien, Koptisch bei den ägyptischen Christen.

(d) Untergegangene Sprachen mit alter Schriftkultur, die heute noch von einer Restbevölkerung gesprochen werden. – Diese Charakteristik trifft beispielsweise auf das Aramäische zu, das die Muttersprache des Mannes war, der uns aus dem Neuen Testament bekannt ist: Jesus von Nazareth. Noch heute wird Aramäisch von christlichen und jüdischen Bevölkerungsgruppen im Nahen und Mittleren Osten gesprochen. Das aber, was das Aramäische im kulturellen Gedächtnis der Europäer lebendig erhält, ist die Erinnerung an dessen Blütezeit als Staatssprache antiker Königreiche und als Sprache, in der Teile der Bibel aufgezeichnet worden sind. Diese Zeit aramäischer Hochkultur ist lange vorbei, und die moderne aramäische Schriftkultur verblaßt hinter dem Glanz der alten Zivilisation. In diesem Sinne ist es nicht abwegig, auch das Aramäische als untergegangene Sprache zu kategorisieren.

Die Eigenschaften, die hier für Sprachen der Kategorie (d) genannt werden, scheinen auf den ersten Blick auch auf das Hebräische zuzutreffen. Es heißt, das «tote» Hebräisch sei gegen Ende des 19. Jahrhunderts revitalisiert worden, und das Produkt dieser Wiederbelebung sei das moderne Ivrit. Genauer betrachtet handelt es sich aber beim Ivrit nicht einfach um eine modernisierte Version der Bibelsprache. Das Ivrit, das heutzutage von rund 4,5 Millionen Menschen – hauptsächlich in Israel – gesprochen wird, ist nicht dieselbe Sprache wie das Hebräische der Bibel, des Talmud oder des Mischna. Es ist eine semitische Sprache, deren Wortschatz, Wortbildung und Syntax erhebliche Unterschiede zum klassischen Hebräisch aufweist. Hier von einer Kontinuität derselben Sprache zu sprechen, ist sehr problematisch.

Auf die Spuren untergegangener Sprachen trifft man in allen Großregionen der Welt, in Europa, Afrika, Asien, Amerika, Australien und in Ozeanien. Untergegangene Sprachen der Kategorien (a), (b) und (d) gibt es sowohl in der Alten als auch in der Neuen Welt, solche der Kategorie (c) sind auf die Alte Welt beschränkt. In bestimmten Regionen konzentrieren sich untergegangene Sprachen aller hier angeführten Kategorien. Dies ist der Fall im Mittelmeerraum, in dessen Ländern viele Dutzend untergegangene Sprachen beheimatet waren (s. Karte).

Ein wichtiges Kriterium für die hier getroffene Auswahl der Sprachen ist deren abgeschlossene (bzw. in sich geschlossene) Kultur-tradition. In diesem Zusammenhang stellt sich die Frage nach der Kontinuität. Mit welcher Berechtigung werden Altgriechisch oder Altkirchenslawisch aufgenommen, das Altfranzösische oder das Althochdeutsche aber nicht? Diese Sprachen haben einen Wandel von älteren zu neueren Sprachstadien erlebt, das Altgriechische über das Mittelgriechische zum Neugriechischen, das Altfranzösische über das Mittelfranzösische zum Neufranzösischen.

Das Altgriechische ist hier in den Kreis der untergegangenen Sprachen gestellt worden, weil sich dessen soziokulturelles Potential deutlich von dem des Neugriechischen unterscheidet. Das Altgriechische als Kultursprache hatte interkontinentale Verbreitung. Viele Kulturzentren lagen außerhalb des griechischen Festlandes in Kleinasien, in Zentralasien, in Afrika und im westlichen Mittelmeerraum. Der größte Teil der griechischsprachigen Bevölkerung lebte damals in Süditalien und Sizilien. Daher wurde diese Region auch Magna Graecia (‹Großgriechenland›) genannt. Während der Zeit der mittelgriechischen Periode schrumpfte das griechische Gebiet beständig, bis es auf die Proportionen der Neuzeit reduziert war. Die vom Altgriechischen geprägte Kulturperiode hat damit geolinguistisch ein ganz anderes, eigenes Gepräge als spätere Perioden dieser Sprache.

Im Fall des Altkirchenslawischen haben wir es zu tun mit einer Sprachkultur der Kategorie (c). Das wesentliche Kriterium für seine Aufnahme in den Kreis der untergegangenen Sprachen ist die Stringenz, mit der der Sprachgebrauch des Altkirchenslawischen zu allen Zeiten funktional festgelegt blieb. Die religiöse Domäne und eng damit assoziierte bildungssprachliche Funktionen haben die Verwendung des Altkirchenslawischen dominiert, unabhängig davon, daß zur Neuzeit hin eine Fortentwicklung zum neueren Kirchenslawischen stattgefunden hat. Aus dem Altkirchenslawischen ist also keine moderne slawische Sprache entstanden, die moderne Sprachfunktionen wie andere slawische Sprachen (z.B. Bulgarisch, Kroatisch oder Russisch) übernehmen könnte.

Die sprachökologischen Bedingungen des Altfranzösischen dagegen sind ganz andere. Sein Verhältnis zum Neufranzösischen ist zu verstehen als kohärenter, im wesentlichen ortsgebundener Wandlungsprozeß. Ähnliche ortsgebundene Wandlungsprozesse vom mittelalterlichen zum neuzeitlichen Sprachstadium haben das Englische, Deutsche und andere Sprachen erlebt. Der Bogen periodischen

Sprachwandels ist im Fall des Chinesischen besonders groß, vom Altchinesischen der Bronzezeit bis zum modernen Chinesisch unserer Tage. Im Verlauf einer jeden Entwicklungsperiode haben sich die betreffenden Sprachen in ihren Verbreitungsräumen kontinuierlich den sich verändernden sprachökologischen Verhältnissen angepaßt und sich funktional modernisiert. Solche Wandlungsprozesse können nicht als Polarität von «Untergang» und «Neuentstehung» kategorisiert werden. Hier haben wir es jeweils mit dem Phänomen kontinuierlichen Wandels in ein und derselben Sprachgemeinschaft zu tun.

Es gibt viele untergegangene Sprachen und Kulturen, die bisher wie Mauerblümchen der Kulturgeschichte behandelt worden sind und denen selbst in Spezialwerken nur ein marginaler Platz eingeräumt wird. In diesem Buch bemühe ich mich darum, einen Ausgleich zu schaffen. Wenig bekannte Sprachen wie das Skythische, Kurische, Wolgabulgarische, Avestische, das klassische Nahuatl und die präkolumbischen Maya-Sprachen werden hier ebenso ausführlich dargestellt wie die alten bekannten Hochkultursprachen. Gerade die weniger bekannten Sprachen bieten mit ihrer besonderen Entwicklung wertvolle Einblicke in kulturhistorische Prozesse, die vom Einfluß großer Sprachen im Laufe der Zeit verschüttet worden sind. Sollte bei der Lektüre der Eindruck entstehen, daß die «untergegangenen» Sprachen zu leben anfangen, ist der Zweck dieses Kompendiums erreicht, nämlich unserem kulturellen Gedächtnis Impulse für eine Revitalisierung alter Sprachen und ihrer Kulturtraditionen zu geben.

Hinweise für die Benutzung

Artikelaufbau. Zu den untergegangenen Sprachen steht uns quantitativ und qualitativ sehr heterogenes Material zur Verfügung. In den einzelnen Lexikonartikeln werden jeweils nach Möglichkeit folgende Aspekte berücksichtigt:

- *Sprachenname und Namensvarianten* (in Klammern die englische und die französische Bezeichnung)
- *Verbreitungsgebiet:* Siedlungsgeschichte, Migrationen
- *Politische Geschichte und Kulturgeschichte:* Stämme, Reichsbildungen; Religion, Kult
- *Genealogische Verwandtschaft:* Sprachfamilie, Sprachgruppe, verwandtschaftliche Nähe bzw. Distanz zu anderen Sprachen; regionale Varianten
- *Wortschatz:* Erbwortschatz, Lehnwortschatz, Ähnlichkeiten mit anderen Sprachen
- *Schriftliche Überlieferung:* Inschriften, Münzlegenden, Namen, Sachtexte, Literatur
- *Schriftsystem:* Varianten, Beziehungen zu anderen Schriftsystemen, Wechsel der Systeme
- *Soziokulturelle Funktionen:* Ritualsprache, Bildungssprache, Verkehrssprache u. a.
- *Untergang:* zeitl. Einordnung, Umstände, Spuren in anderen Sprachen, evtl. Revitalisierung
- *Literaturhinweise*

Lautliche Umschrift. Zur Wiedergabe von Namen und Sprachbeispielen aus nicht lateinschriftlichen Sprachen wird das Inventar an Sonderzeichen und diakritischen Zeichen möglichst gering und damit leserfreundlich gehalten. Es werden u. a. folgende Umschriftsysteme verwendet:

- Arabisch und Hebräisch: nach der im englischen Sprachraum üblichen Umschrift ohne Diakritika
- Chinesisch: Pinyin-System (ohne Tonemmarkierung)
- Slawische Sprachen mit kyrillischer Schrift: mit der deutschen wissenschaftlichen Transkription
- Ansonsten folgt die Schreibung jeweils den Konventionen in den zitierten Quellen der Fachliteratur.

Abkürzungen. In der Regel werden drei- oder mehrsilbige Adjektive sowie alle Bezeichnungen für Sprachen und Ethnien, die auf «-isch» enden, abgekürzt, sofern «-isch» nicht an einen Vokal anschließt. Adjektive auf «-lich» werden in der Regel ebenfalls abgekürzt (z.B. sprachl., ursprüngl.). Außerdem gilt:

→	verweist auf einen eigenen Lexikonartikel
>	wird zu
<	(abgeleitet) von, (entstanden) aus
*	markiert bei Sprachbeispielen eine erschlossene Form
Akk.	Akkusativ
Dat.	Dativ
europ.	europäisch
Gen.	Genitiv
Jh.	Jahrhundert(s)
Jt.	Jahrtausend(s)
Nom.	Nominativ
u.a.	und andere; unter anderem
v.a.	vor allem
vs.	versus, gegenüber, im Vergleich zu

Artikel

A – Z

A

Afrika, ausgestorbene Sprachen. Prozesse von Sprachenentstehung und → Sprachentod gehen in Afrika auf mindestens 100 000 Jahre in der Zeit zurück. Diese Zeitspanne wird von der modernen Humangenetik als Minimum für die Entwicklungsgeschichte des modernen Menschen (moderner Homo sapiens bzw. Homo sapiens sapiens) angesetzt. Ab etwa 90 000 Jahren vor unserer Zeit ist der Homo sapiens aus Afrika nach Asien gewandert; zahlreiche Sprachen sind auf afrikan. Boden neu entstanden und unzählige untergegangen. Die Geschichte des Sprachentods hat in Afrika die längste Kontinuität. Von den meisten untergegangenen Sprachen kennt man kaum identifizierbare Spuren, nicht einmal die Namen, geschweige denn die Bedingungen ihres Untergangs.

Im Altertum haben etliche Kultursprachen ihre Geltung entfaltet, und seit dem Ende des 4. Jt. v. Chr. gibt es die ersten Schriftzeugnisse des → Ägyptischen, der ältesten Kultursprache Afrikas. Als Träger einer der alten Hochkulturen der Welt hat das Ägypt. über sein Schrifttum mytholog., literar. und wissenschaftl. Ideengut an die Mittelmeerkulturen vermittelt. Über → griechische und → lateinische Quellen sind viele Ideen ägypt. Herkunft weiter in die nachantike Welt Europas transferiert worden. Die ägypt. Kulturtradition spielt eine zentrale Rolle in der neuerl. Diskussion über die Wurzeln der altgriech. Kultur. Während im Zeitalter des Nationalismus (19. Jh.) die griech. Kultur als rein europ. eingeschätzt wurde, geht man inzwischen davon aus, daß sie in einem Fusionsprozeß entstanden ist, an dem vor-indoeurop., indoeurop., kleinasiat. und ägypt. Einflüsse beteiligt waren. Annahmen von einem ägypt. (afroasiat.) Ursprung der griech. Kultur sind allerdings übertrieben und nicht beweisbar.

Von den untergegangenen Sprachen Afrikas wird hier eine Auswahl vorgestellt, die vielleicht kulturhistor. am repräsentativsten ist. Hierzu gehören neben dem Ägypt. → Koptisch, → Numidisch, → Punisch, → Meroitisch und → Ge'ez (Altäthiop.), außerdem Sprachen wie das Altkanaresische (→ Guantschisch) und das → Hottentottische, die in der Neuzeit ausgestorben sind. Prozesse des Sprachentods setzen sich bis in unsere Tage fort. Zum Kreis derjenigen Sprachen, die in jüngster Zeit ausgestorben sind, zählen die folgenden:

- Aasáx (Tansania),
- Anej, Bego, Berti, Birked, Homa, Kelo (Sudan),
- Bassa-Kontagora, Chishingyini, Kpati, Lufu, Odut, Taura (Nigeria),
- Esuma (Elfenbeinküste),
- Gueve (Kamerun),
- Singa (Uganda),
- Weyto (Äthiopien).

Ägyptisch, Altägyptisch (Egyptian/ancient Egyptian, égyptien). Nach neueren Erkenntnissen ist die ägypt. Schrifttradition älter als die → sumerische in Mesopotamien. Die Anfänge reichen bis in die prädynast. Periode Oberägyptens zurück. Solche Beobachtungen fügen sich harmonisch in das Bild ein, das die archäolog. Forschung über die Kulturentwicklung im 4. Jt. v. Chr. vermittelt hat. Danach war das unabhängige Königreich Oberägypten ein Zentrum für Neuerungen (Keramikherstellung, Grabarchitektur, Schriftgebrauch), die sich von dort aus nach Unterägypten (ins Nildelta) verbreiteten. Vom kulturell höher entwickelten Süden gingen vermutl. auch die polit. Impulse zur Vereinigung beider prädynast. Reiche zum ägypt. Pharaonenreich um 3100 v. Chr. aus.

Das Ägypt. übernahm länger als zweieinhalb Jahrtausende fast alle sozialen Funktionen, die eine Hochkultursprache in der Antike übernehmen konnte. In Ägypten selbst fungierte es als Staatssprache und alleinige Verwaltungssprache bis zum Beginn der Ptolemäer-Dynastie (306 v. Chr.). Als Kolonialsprache übernahm es amtl. Funktionen in den ägypt. Kolonien (Palästina, Syrien, Nubien). Die größte Ausdehnung hatte das ägypt. Reich während der Periode des Neuen Reiches (seit dem 15. Jh. v. Chr.; insbesondere unter Ramses II. im 13. Jh.). Damals reichte die militär.-polit. Kontrolle Ägyptens bis tief in das Gebiet des heutigen Sudan (bis zum 4. Nilkatarakt). Das Ägypt. war bis zur Verbreitung des Christentums Zeremonialsprache der ägypt. Staatskulte und das alleinige Medium der religiösen Literatur, nur im Bereich magischer Kultur und Praktiken konkurrierte es mit auswärtigen Sprachen (→ Meroitisch, → Minoisch). Als Sprache der internationalen Diplomatie war das Ägypt. allerdings nicht in Gebrauch; diese Rolle übernahm das → Akkadische.

Ägypt. ist eine afroasiat. Sprache und repräsentiert innerhalb dieser Sprachfamilie einen selbständigen Sprachzweig (ähnl. wie das Griech. in der indoeurop. Sprachfamilie). Innerhalb des Afroasiat. bestehen engere verwandtschaftl. Beziehungen zwischen dem Ägypt. und dem Semit. einerseits, dem Berber. andererseits. Frühere Vorstellungen vom Ägypt. als einer Sprache mit hamit. Substrat und semit. «Überschichtung» sind veraltet und längst aufgegeben worden. Die Sprachentwicklung des Ägypt. ist zwar konservativ, im Laufe der Jahrtausende haben sich aber dessen Sprachstrukturen gewandelt.

Das Verhältnis des Neuägypt., das vom 13. Jh. v. Chr. an gesprochen wurde, zum Mittelägypt. ist mit dem des Italien. zum → Lateinischen verglichen worden. Im Neuägypt. werden analyt. Konstruktionen (besonders im Verbsystem) bevorzugt, während das Mittelägypt. einen stärker synthet. Charakter hat. Im alten Ägypten existierten Dialektunterschiede. Aus dem 13. Jh. sind Berichte überliefert, wonach ein Ägypter aus dem Delta Schwierigkeiten hatte, das gesprochene Ägypt. aus dem Süden (in der Region von Elephantine beim 1. Katarakt) zu verstehen. Welcher Art die Unterschiede waren, ist jedoch nicht bekannt.

Der ägypt. Wortschatz ist vorrangig durch lexikal. Elemente geprägt, die Parallelen in anderen afroasiat. Sprachen haben. Hierzu gehören Ausdrücke wie ägypt. *yd* ‹junger Mann›, *nms* ‹Leinentuch zur Bedeckung von Kultbildern›, *rhbw* ‹Glut (vom Feuer)›, *hrw* ‹Tag›, *nwd* ‹sich bewegen›, *h'b* ‹senden›, *wdn* ‹schwer sein›, *grt* ‹Fuß›, u. a. Das ältere Ägypt. (Sprache des Alten und Mittleren Reiches) hat relativ wenige Lehnwörter aus anderen Sprachen übernommen. Zahlreicher sind die Entlehnungen, die dem Ägypt. während der Zeit des Neuen Reiches (1539–1292 v. Chr.) vermittelt wurden. Damals sind etwa 300 Wörter aus Sprachen des Nahen Ostens, Mesopotamiens und der Ägäis adaptiert worden, v. a. Begriffe aus dem asiat. Kulturmilieu wie Tier- und Pflanzennamen, Benennungen von Lebensmitteln, Geräten und der Lebensweisen der von Ägypten unterworfenen oder abhängigen Völker.

Trotz seines hohen Prestiges als Kultursprache hat das Ägypt. nur in bescheidenem Umfang auf die Sprachen Asiens und Afrikas eingewirkt. Im → Hebräischen beispielsweise lassen sich nur knapp vierzig Lehnwörter ägypt. Herkunft nachweisen, darunter hebr. *pesach* ‹Passafest›, *she'ol* ‹Unterwelt› und möglicherweise auch *tohu wa bohu* ‹Unordnung, Chaos vor der Weltschöpfung›.

Die schriftl. Überlieferung des Ägypt. setzt im ausgehenden 4. Jt. v. Chr. ein, zwischen 3400 und 3050 v. Chr. Dabei handelt es sich um Beschriftungen von Grabbeigaben, die in den Königsgräbern von Abydos gefunden wurden. In dynast. Zeit fächert sich der Schriftgebrauch vielfältig aus. Das Ägypt. diente als Zeremonialsprache ebenso wie als Literatur-, Handels- und Kanzleisprache (gut bekannt u. a. aus den Dokumenten der Archive in den Nekropolen von Theben im 13. Jh. v. Chr.).

In ägypt. Sprache ist ein reiches Schrifttum entstanden, das sich in vielerlei Genres verzweigt und eine große Zahl an Einzelwerken hervorgebracht hat. Die meisten literar. Werke der älteren Zeit stehen in einem religiösen Kontext. In der altägypt. Periode waren dies die Pyramidentexte und die Autobiographien aus den Grabkammern der administrativen Elite, in der mittelägypt., der sog. klassischen Periode der ägypt. Literatur, die Sarkophagtexte, die Lehrtexte (z. B. die «Unterweisungen für Merikare»), die Erzähltexte (z. B. die «Erzählung von Sinuhe») und die Hymnendichtung (z. B. «Hymne an den Nil», «Hymne an König Sesostris III.») und in der neuägypt. Periode zahllose Texte religiösen Inhalts. Das Schrifttum der spätägypt. Periode (seit 1300 v. Chr.) umfaßt außer religiösen und dokumentar. Texten auch Werke der Unterhaltungsliteratur (z. B. die «Unterweisungen des Ani»).

In seiner langen schriftsprachl. Überlieferung wurde das ältere (= vorkopt.) Ägypt. in drei Schriftarten geschrieben: hieroglyphisch, hieratisch und demotisch. Die Lesung ägypt. Texte wurde ermöglicht, nachdem es Jean François Champollion (1790–1832) gelungen war, die Hieroglyphenzeichen auf der Stele von Rosette (Rosettastein) mit ihrem Text in drei Schriftarten (hieroglyph., demot., griech.) zu entziffern.

Entgegen früheren Annahmen, wonach die Hieroglyphenschrift (griech. *hieroglyphika* ‹eingemeißelte heilige Zeichen›) die älteste Schriftart wäre, weiß man heute, daß diese ihrerseits als Zeremonialschrift von der hierat. Schrift (griech. *hieratike* ‹priesterl. Zeichen›) abgeleitet worden ist. Denn zu den ältesten erhaltenen Schriftzeugnissen des Ägypt. gehören keine Inschriften in Hieroglyphen, sondern auf Textilien, Keramik- und Kalksteinscherben mit Tinte oder mit einem Pinsel aus Binse geschriebene Zeichensequenzen.

Das Hieratische ist eine Kursivschrift, in der ein umfangreiches

Schrifttum für praktische Zwecke (Alltags- und Verwaltungsangelegenheiten) entstanden ist; es wurde bis ins 3. Jh. n. Chr. verwendet. Die demot. Schrift ist als Kursivschrift im 7. Jh. v. Chr. in Unterägypten entstanden und war bis ins 5. Jh. n. Chr. in Gebrauch. Das Demot. wurde zunächst für praktische Angelegenheiten verwendet (7.–4. Jh. v. Chr.). Seit der Ptolemäerzeit fungierten demot. Sprache und Schrift auch als Medien literar. und religiöser Texte.

Die ägypt. Schrift basiert auf dem Prinzip einer segmentalen Schreibweise. Dies bedeutet, daß ledigl. das Konsonantengerüst ägypt. Wörter geschrieben wurde, während die Vokale in der Lesung zu ergänzen waren. Der Zeichenbestand gliedert sich in Ein-, Zwei- und Dreikonsonantenzeichen. Hinzu kommen logographische Zeichen (Logogramme) und Determinative. Zur Zeit der klassischen Schriftsprache (zwischen ca. 2040 und 1650 v. Chr.) umfaßte der Zeichenbestand rund 760 Einzelsymbole, zu Beginn der Ptolemäerzeit über 1000 Zeichen, in den spätägypt. Tempelinschriften bis zu 10 000 Einzelzeichen.

Nach der Häufigkeit ihrer Verwendung assoziieren sich die Schriftarten Ägyptens in folgender Weise mit den ägypt. Sprachstufen: Altägypt. (hieroglyph., hierat.), Mittelägypt. (hieroglyph., hierat., kursivhieroglyph.), Neuägypt. (hieroglyph., hierat.), Demot. (demot.), Kopt. (→ Koptisch). In der Periodisierung der ägypt. Sprachgeschichte werden folgende Entwicklungsstufen unterschieden: Altägypt. (ca. 3100 – ca. 2000 v. Chr.), Mittelägypt. (ca. 2000 – ca. 1300 v. Chr.), Neuägypt. (ca. 1300 – 9. Jh. v. Chr.), Spätägypt. bzw. Demot. (8. Jh. v. Chr. – 5. Jh. n. Chr.). Die demot. Entwicklungsstufe wird ihrerseits in Früh-, Mittel- und Spätdemot. eingeteilt. Die Sprachentwicklung des demot. Ägypt. setzt sich kontinuierlich in die Phase des Kopt. fort.

Lit.: Brunner 1967, Edel 1955–64, Haarmann 2002, Hannig 1995, Helck et al. 1975 ff., Loprieno 1995, Störk 1981

Akkadisch (Akkadian, akkadien). Als gesprochene Sprache war das Akkad. zwischen dem frühen 3. Jt. v. Chr. bis zur Mitte des 1. Jt. v. Chr. in einer Region verbreitet, die dem heutigen Territorium des Irak, Syriens und einiger angrenzender Gebiete entspricht. Intensive Kontakte zum → Sumerischen, der ältesten Kultursprache Mesopotamiens, führten zu einer frühen Annahme zivilisator. Institutionen und Technologien, wozu auch der Schriftgebrauch gehörte. Akkad.

und → Eblaitisch sind die ältesten semit. Sprachen, die verschriftet wurden (um 2500 v. Chr.). Das Akkad. und das → Arabische sind die semit. Sprachen mit dem reichsten Schrifttum.

Akkad. fungierte viele Jahrhunderte lang als Staatssprache der mächtigsten Reiche Mesopotamiens, zunächst des Babylon., später des Assyr. Reiches. In der zweiten Hälfte des 2. Jt. v. Chr. avancierte das Akkad. zur wichtigsten diplomat. Verkehrssprache der Alten Welt. Diplomat. Korrespondenz in Akkad. aus dem 14. Jh. v. Chr. ist unter anderen in den Archiven von Akhetaton (Amarna) erhalten, der zeitweiligen Hauptstadt Ägyptens unter Pharao Amenophis IV. (Echnaton).

Als gesprochene Sprache kam das Akkad. im Verlauf der letzten Jahrhunderte des 1. Jt. v. Chr. außer Gebrauch. Bereits gegen Ende der assyr. Herrschaft im Nahen Osten (7. Jh. v. Chr.) war das Aramäische die verbreitetste Sprache der Region. Als Wissenschaftssprache wurde Akkad. aber noch viele Jahrhunderte lang verwendet. Die letzten Spuren dieses spezialisierten Schriftgebrauchs verlieren sich im 2. Jh. n. Chr.

Akkad. wurde in drei Varianten geschrieben: Altakkad., Babylon. und Assyr. Diese Differenzierung beinhaltet sowohl einen diachronischen als auch einen synchronischen Aspekt. Das Babylon. und das Assyr. repräsentieren ein jüngeres Sprachstadium als das Altakkad., auf dessen Basis sie sich sprachhistorisch weiterentwickelten und ausdifferenzierten und das sie als Schriftmedium ablösten. Jahrhundertelang waren das Babylon. und Assyr. als zeitgenöss. regionale Schriftsprachen in Gebrauch. Von den schriftsprachl. Varianten des Akkad. blieb das Babylon. am längsten vital.

Aus der altakkad. Periode (ca. 2500–2000 v. Chr.) sind nur spärl. Schriftzeugnisse überliefert. Die klassische Schriftsprache tritt in zwei Varianten auf (Babylon., Assyr.), deren Literatur jeweils drei Epochen zugeordnet wird: Alt- (d. h. Altbabylon., Altassyr.: ca. 2000–1500 v. Chr.), Mittel- (ca. 1500–1000 v. Chr.), Neu- (ca. 1000–500 v. Chr.). Von den beiden Schriftvarianten kommt das Neuassyr. um 500 v. Chr. außer Gebrauch. Das Babylon. (in Form des Spätbabylon.) wird dagegen bis ins 2. Jh. n. Chr. weiter verwendet.

Obwohl Akkad. eine sehr alte semit. Sprache ist, weisen das Lautsystem und die grammat. Strukturen zahlreiche Erscheinungen auf, die in den verwandten Sprachen unbekannt sind und einen innovativen Trend erkennen lassen. Dazu gehören ein reduzierter

Lautbestand, eine Vereinfachung des Kasussystems (mit Nom., Akk. und Gen. im Sg., aber nur zwei Kasus im Pl.), das Fehlen einer Aspekt-Kategorie, die Verwendung periphrast. Konstruktionen des Verbs (gegenüber flektierten Formen) und eine Vorliebe für paratakt. Fügungen in der Syntax (d.h. Vermeidung von Nebensatzkonstruktionen).

Von allen Sprachen des Nahen und Mittleren Ostens hat das Sumer. das Akkad. am tiefgreifendsten (schon ab ca. 3000 v. Chr.) beeinflußt. Sumer. und Akkad. waren nicht nur geograph. benachbart, sie wurden auch als Schriftsprachen im selben Kulturmilieu und von denselben Personen verwendet. Akkad. Namen tauchen in den Schreiberlisten sowohl in Sumer als auch in Babylonien auf. In Babylon, dem ältesten und traditionsreichsten Zentrum der akkad. Kultur, wurde Sumer. als Schriftsprache bis ins 1. Jt. v. Chr. gepflegt.

Das Sumer. hat dem Akkad. nicht nur Hunderte von Kulturwörtern vermittelt, sondern auch Einfluß auf Phonetik und Syntax genommen. Die für das Akkad. charakterist. Wortstellung S(ubjekt) – O(bjekt) – V(erb) ist auch typisch für das Sumer., aber ganz untypisch für andere semit. Sprachen. In seiner Spätphase stand das Akkad. unter starkem → aramäischen Einfluß.

Lit.: Buccellati 1992, Reiner 1966, Soden 1952, 1965–81

Alanisch (Alanic, alane). Das Ursprungsgebiet der Alanen, eines iran. Volkes, liegt im nördl. Kaukasusvorland, von wo alan. Gruppen seit dem 3. Jh. n. Chr. nach Westen zogen. Ende 406 drangen die Alanen zusammen mit german. Völkern, den Sueben und Wandalen, nach Gallien vor. Im Jahre 409 migrierten sie in die iber. Halbinsel und siedelten sich im Gebiet des heutigen Portugal bis ins zentrale span. Hochland an. Im Jahre 416 wurden sie von den Westgoten besiegt und damit ihre polit. Vormacht gebrochen. Reste der alan. Bevölkerung migrierten nach Süden ins Gebiet der Vandalen, mit denen sie im Jahre 429 nach Nordafrika abwanderten. In Spanien erinnern ledigl. einige Ortsnamen wie Puerto del Alano (Provinz Huesca) oder Villalán (Valladolid) an die histor. Präsenz der Alanen.

Der größte Teil der alan. Bevölkerung war aber im iran. Kaukasusvorland verblieben, wo sie zusammen mit den verwandten Asen (iran. *As*) eine Stammesföderation bildete. In der Zeit vom 8. bis 10. Jh. bestanden enge Handelskontakte mit den Chasaren. Im 11. Jh. kam das Siedlungsgebiet der iran. Stammesverbände (Alania) unter die Kontrolle der Kumanen. Im 12. Jh. siedelten zahlenmäßig bedeutende alan. Gruppen in der Donec-Region. Zusammen mit Teilen der kuman. Bevölkerung flohen viele Alanen vor den Mongolen nach Ungarn, wo sie sich nordwestl. von Buda ansiedelten und assimilierten. Einige Ortsnamen erinnern an die mittelalterl. Siedlungen der Alanen (z. B. Jászág, Jászfalu), die im 14. Jh. in ungar. Urkunden als *Jazones* (ung. *jász*) erwähnt werden. Auch ungar. Familiennamen wie Bagdasa, Bodon, Gerise, Mehser oder Szaburán gehen auf alan. Personennamen zurück.

Alan. ist eine indoeurop. Sprache und Vertreter des iran. Sprachzweigs. Am nächsten verwandt mit dem Alan. sind das ausgestorbene → Skythische und das Ossetische, die zur Gruppe der ostiran. Sprachen gehören. Sprachreste des Alan. sind in einem Glossar als Zusatz zu einem Rechtsdokument von 1325 aus Jászfalu (in den Pilis-Hügeln) erhalten. Das Glossar enthält Wörter der Alltagssprache wie alan. *khevef* ‹Brot›, *dan* ‹Wasser›, *karbach* ‹Gerste›, *bah* ‹Pferd›, *vas* ‹Kalb›, *tabak* ‹Teller› u. a., außerdem Personennamen wie *Chatharch, Byk, Karachin*, u. a..

Die Reste der alan. Bevölkerung, die im Kaukasusvorland verblieben, waren später zusammen mit skyth. und → sarmatischen Populationen an der Ethnogenese der Osseten beteiligt.

Lit.: Pálóczi-Horváth 1989

Altamerikanische Sprachen. Hierzu gehören prinzipiell alle Sprachen der präkolumb. Periode im amerikan. Doppelkontinent. Über die meisten Einzelsprachen jener Zeit gibt es nur wenige Informationen. Besser bekannt sind die altamerikan. Kultursprachen, die entweder geschrieben wurden oder als Verkehrssprachen (→ Linguae francae) interregionale Verbreitung hatten. Hierzu gehören im einzelnen die folgenden:

- → Olmekisch in Zentralmexiko;
- die klassischen → Maya-Sprachen, von denen insbesondere Chol, Yukatekisch und Quiché verschriftet waren;
- Altaztekisch (klassisches → Nahuatl) im Tal von Mexiko;
- → Zapotekisch und → Mixtekisch im südl. Mexiko (Oaxaca);
- das klassische → Quechua im Tal von Cuzco, die Verkehrssprache des Inka-Staates.

Eine besondere Stellung nimmt das → Guaraní ein, das im 16. und 17. Jh. als Verkehrssprache in Paraguay, in den von den Jesuiten eingerichteten Kolonien, verbreitet war. Es ist zwar eine aus präkolumb. Zeit tradierte Sprache, seine eigentl. Entwicklung zur Lingua franca erlebte es aber erst während der span. Kolonialzeit. Wie im Fall der anderen altamerikan. Sprachen bezeichnet man diese heute ausgestorbene Variante des Guaraní als «klassisch».

Lit.: Marcus 1992

Altanatolische Sprachen → Altkleinasiatische Sprachen

Altäthiopisch → Ge'ez

Altdravidisch → Indus-Dravidisch

Alte südsemitische Schriftsprachen. In der Zeit vom 8. Jh. v. Chr. bis in die ersten Jahrhunderte unserer Zeitrechnung waren im Süden der Arabischen Halbinsel eine Reihe regionaler Schriftsprachen in Gebrauch. Die wichtigste von diesen war das → Sabäische, bedingt durch den polit. Einfluß des Königreichs von Saba. Außerdem wurden vier weitere regionale Sprachen als Schriftmedien verwendet: das Madhabische (Mináische), das Qatabanitische, das Hadramautische und das Altarabische. Diese Sprachen gehören zum Kreis der südsemit. Sprachen. Innerhalb dieser Gruppe steht das Sabäische dem Arab. vergleichsweise am nächsten, die übrigen Varianten sind untereinander näher verwandt, stehen aber dem Sabäischen vergleichsweise ferner.

Das Sabäische und das Altarab. haben sich im Nordwesten des Gebiets von Saba wechselseitig beeinflußt. In manchen Inschriften sind Charakteristika einer «sabäisch-arab.» Sprachfusion zu beobachten. Während das Altarab. lediglich in Inschriften von der nördl. Peripherie des Jemen bezeugt ist, wurden die übrigen Sprachen über weite Gebiete Südarabiens verwendet. Die Frequenz des Sprachgebrauchs korreliert mit der politischen Einflußnahme der lokalen Populationen und ihrer Herrscherdynastien.

Lit.: Hoyland 2001: 198 f., Robin 1997a

Alteuropäisch (Old European, vieil-européen). In der heutigen Diskussion über Sprachen des europ. Altertums gibt es zwei Hauptströmungen, die sich in ihren Ergebnissen grundsätzl. ergänzen, obwohl einige Argumentationen auf Konfrontation hinzudeuten scheinen. Die eine Richtung beschäftigt sich vorwiegend mit Hydronymen (Gewässernamen) Nordeuropas, die andere Strömung stellt die allgemeine Frage nach dem sprachl. Erbe Europas vor der Ankunft der Indoeuropäer.

Das Studium der Hydronyme wurde von dem Indogermanisten H. Krahe in den 1960er Jahren begründet. Nach seiner Annahme sind in den modernen Gewässernamen des nördl. Europas Relikte einer alten indoeurop. Sprachschicht erhalten (von ihm «alteuropäisch» genannt), die noch relativ homogen war und noch nicht die späteren sprachl. Differenzierungen zwischen den Sprachzweigen des Kelt., German., Balt. und Ital. erkennen läßt. Ein Stammwort wie *neid-/nid- ‹fließen› findet man in Namen wie walis. Nedd/engl. Neath (Südwales) oder wie deutsch Nied (Lothringen). Die Existenz eines solchen alten indoeurop. Stratums wird für das 2. Jt. v. Chr. postuliert. In den 1990er Jahren wurde der indoeurop. Charakter der alteurop. Gewässernamen von Th. Vennemann angezweifelt, der die Sprache für vor-indoeurop. hält. P. R. Kitson hat kürzl. erneut für die indoeurop. Herkunft plädiert.

In der alteurop. Hydronymie sind Elemente erhalten, die sich auch in den nichtindoeurop. Sprachen Europas finden. Hierzu gehört der rekonstruierte Stamm *kar- ‹hart, steinig›, ein Element, das im Wortschatz moderner Sprachen wie dem Bask. (harri ‹Stein›), in kelt. Sprachen (z. B. kymr. carreg ‹großer Stein, Felsen›), dem Saamischen (Inari-Saam. kargu ‹großer Stein am Flußufer›) oder dem Finn. (mit Wechsel -r-/-l- in kallio ‹Felsgestein, Felsen›) verbreitet ist. Das Auftreten des alten Wortstamms *kar- in so verschiedenartigen Namenformen von Gewässern und Landschaften wie z. B. Cart in England, Horund in Norwegen, Charente in Frankreich, Karst in Deutschland, Karpathos in Griechenland (Insel in der Ägäis) und in Transsylvanien (Name des Karpatengebirges) deutet sehr wahrscheinl. darauf hin, daß die alteurop. Nomenklatur nicht einheitlich war.

Vielmehr setzt sich das Namenrepertoire Alteuropas aus zwei verschiedenen Schichten zusammen, aus einer älteren vor-indoeurop. und einer jüngeren indoeurop. Denn auch in den indoeurop. Sprachen sind zahlreiche Elemente vor-indoeurop. Substratsprachen erhalten; z. B. französ. pot ‹Topf›, engl. pot ‹dass.›, deutsch dialektal Pott ‹dass.›, ein Wort, das über kelt. Vermittlung aus einer vor-indoeurop. Sprache Westeuropas stammt. Die vor-indoeurop.

Namenschicht steht im Zusammenhang mit den für die europ. Mittelmeerwelt bezeugten → altmediterranen Sprachen.

Ebenfalls ambivalent ist das lexikal. Material, das sich für die Sprache(n) der vorgriech. Bevölkerung in Südosteuropa und in der Ägäis rekonstruieren läßt. Hier scheinen vor-indoeurop. Elemente zu überwiegen. In Anlehnung an die Namengebung der antiken Griechen, die alle Volksstämme der vorgriech. Periode als Pelasger (griech. *Pelasgoi*) bezeichneten, haben einige Forscher diese Sprache(n) Pelasgisch genannt. Das Pelasg. ist aus zahlreichen Orts- und Geländenamen in den Regionen rings um die Ägäis sowie aus Lehnwörtern im Griech. bekannt. In den vorgriech. Ortsnamen (wie auch in den Lehnwörtern) tauchen typische Formantien auf (*-nth-* wie im Ortsnamen Korinthos und im Lehnwort *minthos* ‹Minze›; *-ss-* wie im Ortsnamen Knossos und im Lehnwort *thalassa* ‹Meer›). Zu den vorgriech. Substratwörtern im Griech. gehören auch solche Ausdrücke, die über griech.-latein. Vermittlung Eingang in den Kulturwortschatz europ. Sprachen gefunden haben; z. B. griech. *thunnos* ‹Thunfisch›, *kaktos* ‹Kaktus›, *linon* ‹Leinen›, *keramos* ‹Ton zum Töpfern› (davon abgeleitet dt. *Keramik*), *litra* ‹Liter› (als Fest- und Flüssigkeitsmaß).

Lit.: Haarmann 1998b, Katičić 1976, Kitson 1996, Krahe 1963, Otkupščikov 1973, Vennemann 1994

Altgriechisch (Ancient Greek, grec ancien). Die griech. Sprachgemeinschaft bildete sich im Zuge der Besiedlung Griechenlands durch griech. Stämme aus. Seit Ende des 3. Jt. v. Chr. (frühhellad. Periode) zeigt sich in den Kulturschichten ein Profil, das man als «griechisch» bezeichnen kann. Nach älterer Auffassung sind die Frühgriechen aus dem Norden in ihre spätere Heimat eingewandert. Heutzutage hält man es für wahrscheinl., daß sich die Herausbildung der griech. Kultur und Sprache bereits in Griechenland selbst, und zwar aus älteren indoeurop. Populationen, vollzogen hat. Die mit der zweiten (3500–3200 v. Chr.) sowie dritten und letzten Kurgan-Migration (ca. 3100–2800 v. Chr.) nach Südosteuropa gelangten Indoeuropäer entwickelten ihr kulturelles Erbe möglicherweise dort im Kontakt mit der vor-indoeurop. Bevölkerung (von den Griechen «Pelasger» genannt) zum Griechentum.

Abgesehen von dem in der Antike ausgestorbenen → Mazedonisch, das dem Altgriech. verwandtschaftl. am nächsten stand, repräsentiert das Griech. – ähnl. dem Alban. und Armen. – einen selbständigen Zweig der indoeurop. Sprachfamilie. Die griech. Volkssprache (Dimotiki) ist sprachhistor. eine Weiterentwicklung der in hellenist. Zeit (seit Ende des 4. Jh. v. Chr.) auf der Basis der attischen Variante entstandenen Koiné (Gemeinsprache). Die phonet. Besonderheiten, durch die sich das Neugriech. vom Altgriech. unterscheidet, prägten sich in den ersten Jahrhunderten unserer Zeitrechnung aus, sind also bereits für das Mittelgriech. charakteristisch. Dieses Sprachstadium bildet sich im 5. Jh. n. Chr. als Ablösung des Altgriech. heraus.

Mehr als ein Drittel des altgriech. Wortschatzes, der sich aus indoeurop. Erbwörtern und Lehnwörtern der verschiedensten Herkunft zusammensetzt, stammt aus nicht-indoeurop. Sprachen. Die älteste Schicht des bis in die Moderne tradierten griech. Wortschatzes bilden vor-indoeurop. Lehnwörter, die aus einer → alteuropäischen Sprache ins Altgriech. übernommen wurden. Charakteristika dieser namentl. nicht bekannten Sprache sind Suffixbildungen auf -ss- (z.B. *kuparissos* ‹Zypresse›) und -*nth*- (z.B. *sminthos* ‹Maus›). Vorgriech. Herkunft sind Bezeichnungen für die Fauna und Flora der Ägäis, Elemente der technischen Nomenklatur in Bereichen wie Pflanzenanbau (u. a. Weinbau), Bauwesen (u. a. Hauskonstruktion), Handwerk (u. a. Weberei) und Lehnwörter im religiös-kultischen Bereich. Darunter sind Ausdrücke, die den modernen europ. Sprachen von den klassischen Bildungssprachen als antikes Kulturerbe vermittelt worden sind (z.B. griech. *megaron* ‹Allerheiligstes im Tempelbezirk›, *elaia* ‹Olive›, daraus über latein. *oliva* dt. *Olive*, *hyakinthos* ‹Hyazinthe›, *oinos* ‹Wein›).

Die älteste griech. Sprachform, die aus schriftl. Überlieferungen bekannt ist, ist das Mykenische, das mit der Silbenschrift Linear B geschrieben wurde. Die älteste myken. Inschrift aus dem Heiligtum von Olympia stammt aus dem 17. Jh. v. Chr. Myken. gehörte zur östl. Gruppe der altgriech. Dialekte, die in myken. Zeit auf dem Festland und auf den ägäischen Inseln verbreitet waren. Mit der Auflösung der myken. Herrschaft und den dorischen Migrationen der Folgezeit sind etliche lokale Mundarten des Ostgriech. durch das Westgriech. verdrängt worden. In der klassischen Periode des 5. und 4. Jh. v. Chr. war das Ostgriech. begrenzt auf Athen und die Region von Attika, auf die ionischen Siedlungen in der nördl. Ägäis und in Kleinasien sowie auf das Arkad. im Zentrum des Peloponnes und auf Zypern. Westgriech. Dialekte wurden im gesamten Nordwesten Griechenlands, auf der Peloponnes, auf den Inseln der südl. Ägäis und in den meisten griech. Städten Siziliens und Süditaliens gesprochen.

Das griech. Siedlungsgebiet dehnte sich vom Mutterland auf dem europ. Festland im Zuge der Kolonisation in die Küstengebiete rings ums Mittelmeer aus. Die frühesten griech. Kolonien stammen aus myken. Zeit. Die älteste bekannte Gründung, die auf die Zeit vor dem Trojan. Krieg zurückgeht (12. Jh.), ist Sestos an der Küste des Marmarameeres. Myken. Ursprungs sind auch einige Städte, die durch die gesamte Antike Bestand hatten, wie z. B. Milet in Kleinasien. Die klassische Zeit der griech. Kolonisation setzt im 8. Jh. mit der Gründung von Pithekoussai auf der italien. Insel Ischia ein; eine der letzten Gründungen ist Nicaea, das heutige Nizza in Südfrankreich, dessen Anfänge auf das 4. Jh. zurückgehen. An vielen Orten, wo Griechen ihre Kolonien gründeten, bestanden bereits Siedlungen der einheim. Bevölkerung. Dies gilt für die Mehrzahl der Kolonien in Sizilien. Die bodenständige Bevölkerung wurde entweder ins Hinterland abgedrängt oder assimilierte sich an griech. Sprache und Kultur.

Bis zum Beginn der hellenist. Periode hatte sich das griech. Siedlungsgebiet bereits bis Emporion an der Ostküste Spaniens, bis Kyrene an der libyschen Küste Nordafrikas, bis Naukratis im Nildelta, bis Paphos an der Südküste Zyperns, bis Dioskurias in der Region von Kolchis an der Ostküste des Schwarzen Meeres und bis Tanais am Asowschen Meer ausgedehnt. Die Migration griech. Kolonisten in die neu gegründeten Städte außerhalb Griechenlands bedingte einen deutlichen Bevölkerungszuwachs in den Kolonien; daher wurden die griech. Kolonien in Sizilien und Süditalien Magna Graecia (‹Großgriechenland›) genannt.

Die militär. Eroberungen Alexanders des Großen (356–323 v. Chr.) öffneten den Weg für griech. Einfluß nach Osten (bis nach Indien) und nach Süden (bis nach Nubien). Bevor Rom als polit. Macht in den Vordergrund trat, war Griech. eine Weltsprache mit internationaler Verbreitung, in Europa, Asien und Afrika. Es hatte die verschiedensten Funktionen in den Kolonien und in deren Hinterland: Heimsprache für die Kolonisten, Handelssprache im Kontakt griech. und nichtgriech. Kaufleute, Bildungssprache der urbanen Elite, Sprache der Diplomatie und Staatssprache (wie im ptolemäischen Ägypten).

Das Schrifttum in altgriech. Sprache gehört zu den reichsten Traditionen der Antike, sowohl hinsichtl. seines Umfangs als auch der Vielfalt seiner Gattungen (epische Dichtung, Dramen, Chroniken, naturwissenschaftl. Traktate, Kaufverträge, Staatsurkunden usw.). Ebenso reich und themat. verzweigt ist die mündl. überlieferte Literatur (insbesondere Mythen als wichtigstes Genre narrativer Literatur). Orale und schriftl. Tradition haben sich wechselseitig beeinflußt. Aus dieser symbiot. Wechselwirkung sind vielerlei Varianten von Erzählthemen entstanden, die in der epischen und dramat. Literatur verarbeitet wurden.

Bei dem in Linear B aufgezeichneten Schrifttum handelt es sich vornehmlich um Aufzeichnungen der myken. Palastbürokratie (in Form von Tontäfelchen) oder um Weihinschriften (auf Keramik gemalt). Während des sogenannten «dunklen Zeitalters» (11.–9. Jh. v. Chr.) wurde Griech. nur auf Zypern in kypr.-syllab. Schrift geschrieben. Von diesem Schrifttum sind nur spärl. Zeugnisse erhalten. Als eigentl. Durchbruch und Neubeginn der literar. Tradition ist die Aufzeichnung episch-lyrischer Texte im 8. Jh. v. Chr. zu werten. Die «Ilias» ist wohl das Werk des Dichters Homer, seine Autorenschaft an der «Odyssee» ist dagegen umstritten.

Seit den Anfängen der griech. Epik ist die literar. Tradition des Griech. nie mehr unterbrochen worden, sondern hat sich beständig verzweigt und geograph. immer mehr verbreitet. Während die epische Literatur ihre Wurzeln auf dem griech. Festland hat, stammen die frühesten philosoph. und wissenschaftl. Werke (des Anaxagoras von Klazomenai, des Heraklit von Ephesos) von ionischen Griechen aus Kleinasien. In jener Region fand bereits seit myken. Zeit ein reger Kulturaustausch statt; hier trafen sich europ., kleinasiat. und mesopotam. Einflüsse.

Kleinasiat. Einflüsse waren auch maßgebend für den Kontakt der griech. Sprachkultur mit einer vorher unbekannten Kulturdomäne, mit der religiösen Welt des Monotheismus. Von Anbeginn fächerte sich die griech. religiöse Literatur aus in von Christen verfaßte Texte und solche von der jüdischen Bildungselite ebenfalls auf Griech. geschriebene. Das Griech. ist die erste Sprache Europas, in der Bibeltexte aufgezeichnet worden sind; binnen kurzem avancierte es (neben dem älteren → Hebräischen) zu einer der heiligen Sprachen der Bibeltradition. Die christl.-religiöse Literatur ist der Garant für die Kontinuität des altgriech. Schrifttums über die Spätantike hinaus und gleichzeitig eine Domäne, wo sich der Übergang vom Altgriech. zum Mittelgriech. sprachl. auskristallisiert.

Die Periodisierung des Altgriech. unterscheidet: Frühgrich./Myken. (17.–12. Jh. v. Chr.), archaisches Griech. (11.–9. Jh.), Altgriech. (8. Jh. v. Chr. – ca. 450 n. Chr.).

Lit.: Dihle 1994, Hiersche 1970, Hoffmann/Debrunner 1969, Palmer 1986, Rix 1976, Schwyzer 1968–77

Altkanaresisch → Guantschisch

Altkirchenslawisch (Old Church Slavonic, vieux slave ecclésiastique). Die frühe Entwicklung des Altkirchenslaw. steht im Zusammenhang mit der Slawenmission im damaligen Großmähr. Reich. Diese wurde von den Brüdern Kyrillos (eigentl. Konstantinos; 826–869) und Methodios (eigentl. Michael; ca. 816–885) durchgeführt, sie stammten aus Thessaloniki in der auch von Slawen besiedelten Landschaft Makedonien. Die beiden als Slawenapostel bezeichneten Griechen waren zunächst als Missionare im Chasarenreich am Schwarzen Meer (→ Chasarisch) tätig gewesen. Später wurden sie vom byzantin. Kaiser Michael III. auf Wunsch des Fürsten Rastislav, des Herrschers des Großmähr. Reichs, in dessen Land gesandt. Für ihre Missionsarbeit übersetzten Kyrill und Method Teile der Bibel, homilet. Texte (feierl. Predigten) und Heiligenviten aus dem Griech. in das frühmittelalterl. Südslaw, das damals noch wenig differenziert und interregional verständlich war. Die altkirchenslaw. Schriftsprache basierte auf den in Makedonien und Bulgarien verbreiteten Varianten des Südslaw. Kyrillos und Methodios war der slaw. Lokaldialekt ihrer Heimatstadt Thessaloniki vertraut, denn ihre Mutter war vermutlich eine Makedonin. Um als Medium für religiöses Übersetzungsschrifttum dienen zu können, bedurfte es einer erheblichen Ausweitung des vorhandenen Wortschatzes. Das Griechische war die Hauptquelle für die Übernahme von Entlehnungen (z. B. altkirchenslaw. *diavol* ‹Teufel› < griech. *diavolos*), aber auch von Lehnprägungen (z. B. altkirchenslaw. *zakono-učitel'* ‹Gesetzeslehrer› nach dem Vorbild von griech. *nomo-didaskalos*). Das Griech. vermittelte dem Altkirchenslaw. auch Lehnwörter aus anderen Kultursprachen, aus dem → Lateinischen (z. B. *kustodija* ‹Wache› über griech. *kustodia* aus lat. *custodia*) und → Hebräischen (z. B. *amin* ‹Amen› über griech. *amin* aus hebr. *amen*). Während der

Zeit der frühen Mission in Großmähren wurden auch verschiedene westslaw. Elemente vom Altkirchenslaw. adaptiert.

Im Verlauf des 10. Jh. bilden sich zwei Zentren der Schriftkultur heraus: Ohrid in Makedonien und Preslav in Bulgarien. Das Schrifttum, das in Preslav entstand, ist im eigentlichen Sinn altbulgarisch, das in Ohrid altmakedonisch. Zu den Hauptwerken der Übersetzungsliteratur aus dem Griech. ins Altmaked. gehören Codices (Codex Zographensis, Codex Assemanianus, Euchologium Sinaiticum, Psalterium Sinaiticum). Es entstanden außerdem zahlreiche Originalwerke. Von diesen ältesten Texten aus dem 9. Jh. ist nichts erhalten, denn nach dem Tod Methods wurden seine Anhänger auf Betreiben von Sventopulk, Rastislavs Nachfolger, und von den Vertretern der röm.-kathol. Konkurrenz aus Mähren vertrieben. Die ältesten Abschriften altkirchenslaw. Texte stammen aus dem 10. Jh. Das altkirchenslaw. Schrifttum erlebte seine eigentl. Blüte in Südosteuropa, in Makedonien und in Bulgarien. Auch in Kroatien und Dalmatien sind zahlreiche Werke in altkirchenslaw. Sprache entstanden.

Altkirchenslaw. wurde in zwei Schriftsystemen geschrieben, in Glagolit. und in Kyrill. Trotz der Assoziation der kyrill. Schrift mit dem Namen des Slawenapostels Kyrill, hat dieser nicht die Kyrillica, sondern das glagolit. Alphabet geschaffen. Das Kyrill. wurde von einem seiner Schüler, Kliment von Ohrid, konzipiert, der durch die Namengebung seinen Lehrer ehren wollte.

Das glagolit. Alphabet zeigt im Vergleich zur Kyrillica größere Originalität seines Zeichenschatzes. Nur entfernt lassen sich die glagolit. Zeichen denen der griech. Minuskelschrift als Vorbildern zuordnen. Sicherlich hat Kyrills Vertrautheit mit der griech., hebräischen und vielleicht auch syr. Schrift bei der Konzeption seines glagolit. Alphabets eine Rolle gespielt, mit einiger Berechtigung aber kann man die Glagolica als Originalschrift einstufen. Die Zeichen der Kyrillica dagegen zeigen deutlich ihre Abhängigkeit vom Zeichenrepertoire der griech. Majuskelschrift. Insofern ist es berechtigt, die kyrill. Schrift als Ableger der griech. Schrift zu bezeichnen. Zunächst war die glagolit. Schrift in Gebrauch. Bis zum Beginn des 12. Jh. hatte sich aber das kyrill. Alphabet durchgesetzt. In den beiden Schriftarten sind nicht nur viele Manuskripte entstanden, sondern auch Druckwerke. Das älteste Buch in glagolit. Schrift, ein Meßbuch, wurde im Jahre 1483 gedruckt (wahrscheinl. in Venedig).

Die ältesten kyrill. Druckwerke sind fünf liturg. Bücher, die 1491 in Krakau im Druck erschienen.

Bereits im Sprachgebrauch des 11. Jh. scheinen Eigenheiten des Altkirchenslaw. auf, die auf die Existenz regionaler Varianten hindeuten. Das Lokalkolorit verstärkt sich allmählich. Gleichzeitig erfolgt über Prozesse eines natürl. Sprachwandels der Übergang vom Altkirchenslaw. der Frühzeit zum Kirchenslaw. In den slaw. Sprachgemeinschaften haben sich verschiedene Regiolekte des Kirchenslaw. (sog. «Redaktionen») entfaltet. Zu den wichtigsten Redaktionen gehören Bulgar.-Kirchenslaw., Russ.-Kirchenslaw., Serb.-Kirchenslaw., Kroat.-Kirchenslaw. (in Glagolica), Tschech.-Kirchenslaw. (untergegangen um 1097). Von diesen Redaktionen hat sich der Gebrauch des Kroat.-Kirchenslaw. zwar in einigen liturg. Schriften bis ins 20. Jh. gehalten, seine Blütezeit hat diese Variante aber im 14. bis 16. Jh. erlebt.

Im 17. Jh. wurde das damalige Altkirchenslaw. in der Ukraine grammat. kodifiziert und mit einigen Modifikationen als Liturgiesprache von der orthodoxen Kirche Rußlands angenommen. Bis ins 18. Jh. fungierte dieses «modernisierte» Kirchenslaw. in Rußland als Bildungssprache. Dessen Einfluß strahlte auch nach Serbien aus. Bis heute wird das Kirchenslaw. russ. Prägung von der orthodoxen Kirche in der Liturgie verwendet.

Lit.: Hock 1998, Huntley 1993, Jagić 1913, Picchio 1980, Tachiaos 1989

Altkleinasiatische Sprachen. In Kleinasien, auf dem Territorium der heutigen Türkei, waren in vorröm. Zeit zahlreiche Sprachen verbreitet, von denen viele schriftl. überliefert sind. Einige der nicht-indoeurop. Sprachen (z. B. das → Hattische) sind nachweisl. älter als die ältesten indoeurop. Sprachen der Region (die beiden Nahsprachen → Hethitisch und → Luwisch). Die ältesten Sprachen können bereits für das 3. Jt. v. Chr. identifiziert werden. Nach ihrer Verwandtschaft lassen sich diese Sprachen in zwei Gruppen einteilen, in indoeurop. und in solche, die weder indoeurop. noch semit. sind; die letztere Gruppe untergliedert sich weiter. Es ergeben sich folgende Gruppierungen:

- Nicht-indoeurop. Sprachen mit unbekannter genealog. Affiliation: Hierzu gehören das Hattische sowie das aus Lehnwörtern im Hethitischen und Luwischen rekonstruierbare Protoluwisch
- Nicht-indoeurop. Sprachen mit bekannter genealog. Affiliation: Nach

neueren Erkenntnissen sind hierzu zwei Sprachen zu zählen, das → Hurritische (bzw. Churritische) und das damit näher verwandte → Urartäische.
Beide Sprachen werden heutzutage als Vertreter der (nord)ostkaukas.
Sprachfamilie klassifiziert.

- Indoeurop. Sprachen (auch anatol. bzw. altanatol. Sprachen genannt):
  Hethitisch, das wie die nah verwandten Sprachvarianten Luwisch und
  → Palaisch aus Keilschrifttexten des 2. Jt. v.Chr. bekannt ist, außerdem
  → Lykisch und → Lydisch, wahrscheinl. auch → Karisch und → Sidetisch.
- Isoliert stehende indoeurop. Sprachen Kleinasiens: Sie sind zwar weitläufig mit anderen indoeurop. Sprachen verwandt, gehören aber nicht zum
  engeren Sprachzweig der altanatol. Sprachen und stehen somit im Kreis
  der indoeurop. Sprachen Kleinasiens isoliert da. Dies trifft auf das
  → Phrygische, das Mysische (Variante des → Thrakischen) und auf das
  Galatische (Variante des → Festlandkeltischen) zu.

Lit.: Adams/Mallory 1997a, Hauschild 1964, Melchert 1994

Altlibysch → Numidisch

Altmediterrane Sprachen, alte nicht-indoeurop. Sprachen im Mittelmeerraum. Rings um das Mittelmeer waren im Altertum zahlreiche Sprachen verbreitet, die in der Periode der röm.-griech. Antike
ausstarben. Es handelt sich dabei um nicht-indoeurop. Sprachen unterschiedl. genealog. Zugehörigkeit. Zu den ältesten zählen die vorindoeurop. Sprachen, deren Sprecher lange vor den Indoeuropäern
in den Mittelmeerländern heimisch waren (z. B. → Iberisch, → Paläosardisch, → Minoisch). Andere altmediterrane Sprachen gehören
zum semit. Sprachzweig der afroasiat. Sprachfamilie wie das → Ugaritische oder → Phönizische. Die altmediterranen Sprachen verteilen sich wie folgt auf einzelne Regionen:

- Iber. Halbinsel: → Tartessisch, Iberisch, → Aquitanisch (auch in Südwestfrankreich)
- Sardinien: → Paläosardisch
- Ital. Halbinsel: → Ligurisch, → Etruskisch, → Camunisch, → Rätisch
- Südosteuropa: → Alteuropäisch, Minoisch (Eteokret.), → Lemnisch
- Zypern: → Eteokyprisch
- Naher Osten: → Eblaitisch, → Ugaritisch, Phönizisch, → Moabitisch, → Philistisch
- Nordafrika:→ Numidisch, Karthagisch/Punisch (jüngeres Phönizisch).

Einige altmediterrane Sprachen sind schriftl. überliefert (z. B. Etrusk.,
Iber., Numid.). Über die schriftlosen Sprachen (z. B. Aquitan.,
Paläosard., Ligur.) und deren Sprecher finden sich zwar zahlreiche

Berichte in griech. und röm. Quellen, konkrete Spuren haben die alten Idiome aber nur in Form von Ortsnamen und/oder Substratwörtern in anderen Sprachen hinterlassen, mit denen sie in Kontakt standen. Die Relikte des Paläosard. sind besonders zahlreich. Etliche Dutzend wenn nicht sogar mehrere hundert Substratwörter dieser Sprache sind im Wortschatz des Sard. bis heute erhalten geblieben.

Altnordisch (Old Norse, vieux nordique). Altnord. (auch Altskandinav.) war die Sprache des Wikingerzeitalters, also der Jahrhunderte des frühen Mittelalters. Es wurde in den Ländern des skandinav. Festlandes gesprochen und von dort in weite Teile des westl. und östl. Europa transferiert. In einigen Wikingerkolonien wie in Island oder auf den Färöer-Inseln hat sich das Altnord. kontinuierl. weiterentwickelt; dort sind bis heute nord. Sprachen verbreitet. Auch die Orkney- und Shetland-Inseln waren eine Wikingerkolonie. Dort entstand das → Norn, das erst vor etwa 150 Jahren ausstarb. In anderen Kolonien der Nordmänner wie in Grönland und auf den Hebriden war das Altnord. eine Zeitlang in Gebrauch, verschwand dann aber mit den letzten Siedlern. Die am weitesten von Skandinavien entfernten «Außenposten» des Altnord. waren einerseits die Stützpunkte der Wikinger in Amerika (Neufundland) und andererseits russ. Handelsstädte, insbesondere Novgorod, wo Russen, Finnen und Skandinavier miteinander Handel trieben.

In den meisten Kolonien, die die Wikinger im frühen Mittelalter gegründet hatten, kam das Altnord. außer Gebrauch, ohne daß sich jüngere nord. Sprachen daraus entwickelt hätten. In der Normandie hielt es sich im 9. und 10. Jh. nur wenige Generationen lang; in den russ. Städten und Handelsplätzen sowie in England wurde es nach dem 12. Jh. nicht mehr gesprochen, in Irland hielt es sich bis ins 13. Jh. Im Verlauf des 14. Jh. ging das Altnord. an den Küsten Schottlands, auf der Insel Man und auf den Hebriden unter; seine Tradition in Grönland erstarb mit den letzten Kolonisten Anfang des 16. Jh.

Altnord. gehört zur Gruppe der nordgerman. (skandinav.) Sprachen. Um etwa 700 n. Chr. hatte sich in den skandinav. Ländern eine einheitl., gemeinnord. Sprachform ausgebildet. Ab 1050 läßt sich in den Inschriften eine Differenzierung in Westnord. und in Ostnord. erkennen. Das mittelalterl. Westnord. unterschied sich vom Ost-

nord. in phonet. und lexikal. Hinsicht (vgl. westnord. *ek* ‹ich› vs. ostnord. *jak* ‹dass.›, westnord. *kømr* ‹kommt›/3. Pers. Präs. vs. ostnord.
kom(b)er ‹dass.›).

Einige Forscher fassen den Begriff des Altnord. enger und bezeichnen ledigl. das westl. Altskandinav. (in Norwegen, Island, auf
den Färöer-Inseln und in den anderen westl. Wikingerkolonien) als
Altnord. Aus dieser Sicht gehörte das in Dänemark und Schweden
verbreitete östl. Altskandinav. nicht zum Altnord. Die anfängl. Ausgliederung des Altskandinav. in regionale Varianten setzt sich in der
west-östl. Gruppierung der modernen skandinav. Sprachen fort.

Die exakte zeitl. Abgrenzung des Altnord. gegenüber den späteren Entwicklungsstufen nord. Sprachen wird dadurch erschwert,
daß der Schwund grammat. Endungen – das Hauptkriterium der
Abgrenzung – in den einzelnen Regionen zu verschiedenen Zeiten
einsetzte: im 12. Jh. begann sich das Dän. aus dem altnord. Kontinuum auszugliedern; im 13. Jh. das Schwedische; im 14. Jh. entwickelten sich in Norwegen und auf den Orkney-Inseln lokale nord.
Sprachen; im 16. Jh. setzten sich in Island und auf den Färöer-Inseln
mit dem Schrifttum der Reformationszeit sprachl. Veränderungen
durch.

Das Altnord. ist aus zahlreichen Inschriften bekannt, die zwischen ca. 800 und 1150 n. Chr. entstanden sind. Die charakterist.
Schriftart ist die german. Runenschrift. Aus der Zeit vor 800 sind
rund 150 Runeninschriften (auf Stein, Knochen und Metall) überliefert, deren Sprache eine Vorstufe des Altnord. ist, das Proto-Skandi-
nav. Bei diesen Texten handelt es sich um Weihinschriften, um Ge-
denktexte, magische Formeln und um Invokationstexte. Die meisten
Runentexte sind kurz und bestehen nur aus einem oder wenigen
Sätzen; längere Texte sind die Ausnahme. Nach 1150 wird altnord.
Literatur auch in Lateinschrift geschrieben.

Das altnord. Schrifttum fächert sich im Verlauf des Mittelalters
immer weiter aus. In den Texten, die in Lateinschrift geschrieben
worden sind, erkennt man eine grundsätzl. Differenzierung in Sachprosa (Gesetzessammlungen, Chroniken, wissenschaftl. Werke, diplomat. Korrespondenz) und in eigentl. belletrist. Literatur (Sagaliteratur und Skaldendichtung). Die Tradition der vor allem aus Island
bekannten Sagaliteratur stützte sich auf eine lange mündl. Überlieferung; die erhaltenen Texte stammen aber erst aus dem 12. und 13. Jh.
Die isländ. Literatur des Mittelalters zeigt eine ganz eigene lokale

Prägung. Diese altnord.-isländ. Literatur hat nicht nur zahlreiche Originalwerke hervorgebracht, sondern auch Übersetzungen von Werken der höfischen Literatur Westeuropas (z. B. des altfranzös. Romans «Yvain» von Chrétien de Troyes). Die Übersetzungsliteratur wurde ihrerseits zur Mittlerin von Stoffen und Motiven der höfischen Literatur, die in Island adaptiert und weiterverarbeitet wurden.

Die altnord. Sagas sind weit über Skandinavien hinaus bekannt geworden. Auch die ältere und jüngere Edda-Dichtung (mytholog. und epische Lieder sowie spätere Nachdichtungen) gehört zum nordeurop. Kulturerbe des Mittelalters. Das Altnord. hat aber ganz konkrete Spuren hinterlassen, näml. im Lehnwortschatz europ. Sprachen, am nachhaltigsten im Engl. Die Erinnerung an die Präsenz der Skandinavier (dän. und norweg. Wikinger) in Britannien vom Ende des 8. Jh. bis zur normann. Eroberung (zwischen 1066 und 1071) lebt sprachl. bis heute in Gestalt der aus dem Altnord. entlehnten Ausdrücke fort. Dazu gehören ganz geläufige Wörter wie *law* ‹Gesetz›, *to take* ‹nehmen› oder *knife* ‹Messer›. Unter den etwa 900 Elementen skandinav. Herkunft im Engl. sind auch Präpositionen (z. B. *till* ‹bis›), die Konjunktion *though* ‹trotz› und Pronomen wie *same* ‹selbst› oder *they* ‹sie›.

Auch im Französ. haben sich einige Entlehnungen altnord. Herkunft erhalten (z. B. franz. *agrès* ‹Takelwerk (bei Segelschiffen)›, *cingler* ‹peitschen; abschnüren›, *guichet* ‹Klappe (in einer Tür)›, *joli* ‹hübsch› und *vague* ‹vage, unbestimmt›). Die größte Anzahl findet man im niedernormann. Dialekt (Basse-Normandie), z. B. *super* ‹schlürfen› (< altnord. *supa* ‹trinken›), *houvet* ‹Einsiedlerkrebs› (< *hofr* ‹Holzschuh›; mit metaphor. Anspielung an das Krebsgehäuse), *mielle* ‹sandiger Boden› (< *melr* ‹Sanddüne›), *se vâtrer* ‹sich im Schlamm sulen (von Tieren)› (< Ableitung von *vatn* ‹Wasser›).

Lit.: Barnes 1998, Faarlund 1994, Haugen 1976, Kalinke/Mitchell 1985, Noreen 1923, Ohlmarks 1993

Altpreußisch, Pruzzisch (Old Prussian, vieux prussien). Die Altpreußen (Pruzzen) siedelten in der histor. Landschaft Ostpreußen. Sie werden erstmals bei Tacitus im 1. Jh. n. Chr. erwähnt, der sie *Aestii* nennt. Von den Aisten (bzw. Aestiern) ist auch bei späteren Historiographen (Cassiodor, Jordanes) die Rede. Ob es sich bei diesem Volk tatsächl. um die Vorfahren der späteren Pruzzen gehandelt hat, ist nicht sicher. Jedenfalls gehörten die Aisten zu den westbalt. Stammesverbänden, die im Ostseeraum siedelten. Der Name der Pruzzen wird im Jahre 956 erstmals in den Reiseberichten des arab. Geographen Ibrahim ibn-Jakub genannt, dort heißen sie *B(u)rūs*. Aus späterer Zeit sind Namenformen wie *Pruzze, Prousi* und *Borussus* überliefert. Ende des 10. Jh. wurden die Pruzzen von Polen aus missioniert, zunächst nur im Süden mit einigem Erfolg. Mit der Eingliederung des Siedlungsgebiets der Pruzzen in das Territorium des Deutschen Ritterordens wurde die Christianisierung der Pruzzen abgeschlossen.

Altpreuß. (Pruzzisch) ist eine balt. Sprache und der einzige Vertreter des Westbalt. Zur ostbalt. Gruppe gehören das Litauische und Lettische sowie das ausgestorbene → Kurische. Im Wortschatz des westbalt. Altpreuß. zeigen sich deutl. Unterschiede zu den ostbalt. Sprachen (vgl. altpreuß. *dadan* ‹Milch› vs. lit. *píenas* ‹dass›, altpreuß. *aglo* ‹Regen› vs. lit. *lietùs* ‹dass.›, altpreuß. *camstian* ‹Schaf› vs. lit. *avìs* ‹dass.›). In altpreuß. Sprache ist kein Originalschrifttum entstanden. Das erhaltene Sprachmaterial (in fünf Dokumenten und etlichen Fragmenten) ist sämtl. von deutschen Pastoren aufgezeichnet (bzw. verfaßt) worden, für die Altpreuß. eine fremde Sprache war. Die altpreuß. Wortsammlungen und Texte stammen alle aus dem 16. Jh.: ein 800 Wörter umfassendes deutsch-altpreuß. Glossar, das «Elbinger Vokabular», eine Liste von 100 Wörtern in der «Preußischen Chronik» (1517–26) von Simon Grunau, drei Übersetzungen des luther. Katechismus aus den Jahren 1545 und 1561.

Bis gegen Ende des 17. Jh. hatten sich die Pruzzen vollständig assimiliert und einen Sprachwechsel vollzogen, überwiegend zum Deutschen, teilweise auch zum Litauischen.

Lit.: Kilian 1980, Schmalstieg 1974

Alttürkisch (Old Turkic, turc ancien). Die älteste Variante einer türk. Sprache (Turksprache), die inschriftl. überliefert ist, ist das Alttürk. der Altai-Region. Inschriften in dieser Sprachform stammen aus der Zeit vom 8. bis 10. Jh. Der Schriftgebrauch steht im Zusammenhang mit der Staatenbildung türk. Stämme in Asien, der der Kök-Türken im Gebiet der heutigen Mongolei (680–745).

Die Sprache der Kök-Türken liegt den Texten in den Felsinschriften im Flußtal des Orchon (Orkhon) zugrunde. Die ältesten Inschriften stammen aus der Zeit um 720. Auch nachdem die Uiguren die Nachfolge des Reiches der Kök angetreten hatten, wurde eine Zeitlang weiterhin das Alttürk. der Kök als Schriftsprache verwendet. Jüngere Inschriften stammen aus dem Flußtal des Jenisej, die Inschriften der Spätzeit sind im östl. Turkestan gefunden worden.

Die fast 300 bis heute bekannten Inschriften sind in einer besonderen Schriftart aufgezeichnet worden, die man wegen ihrer Ähnlichkeit mit den german. Runen als alttürk. Runenschrift bezeichnet hat. Früher nahm man an, daß die alttürk. Schrift eine lokale Schriftschöpfung sei, deren Zeichenbestand sich aus Tamga-Besitzermarken zusammensetzt. Heutzutage geht man davon aus, daß das System der alten Runenschrift über mehrere Entwicklungsstufen von einer älteren semit. Basisschrift abgeleitet worden ist. Im Laufe des Adaptionsprozesses sind etliche lokale Zeichen dem ursprüngl. Bestand zugefügt worden. Als mögl. Basisschrift kommt die soghdische Schrift oder deren Vorstufe in Frage. Ob die alttürk. Runenschrift in einer histor. Beziehung zu der von den Ungarn im Mittelalter verwendeten Kerbschrift (ungar. *rovásírás*) steht, ist bisher nicht geklärt.

Das Alttürk. war in zwei Varianten vertreten, in der älteren Sprachform der Kök-Türken und in Gestalt des etwas jüngeren Altuigur. Während das Kök-Türk. untergegangen ist, hat sich das Altuigur. kontinuierl. bis ins neuuigur. Sprachstadium weiterentwickelt. Das Altuigur. ist ebenfalls in Runenschrift, außerdem auch in der soghd. Schriftart aufgezeichnet worden. Diese Texte stammen aus der Zeit vom 9. bis 13. Jh.

Lit.: Erdal 1998, Gabain 1974, Nadeljaev et al. 1969, Róna-Tas 1998

Amerika, ausgestorbene Sprachen. Als Franz Boas (1858–1942), der als Begründer der amerikan. Kulturanthropologie gilt, gegen Ende des 19. Jh. seine ersten Untersuchungen durchführte, tat er dies im Bewußtsein, daß die Indianerkulturen Amerikas erforscht werden müßten, bevor sie untergingen. Damals hatte sich bereits der Rhythmus der Auflösung kultureller Traditionen und des Sprachentodes beschleunigt. Boas strebte nach der «vollständigen Erschließung» (engl. *total recovery*) vieler Lokalkulturen, bevor es dem Forscher mögl. sei, generalisierende Aussagen über die Entwicklungstrends menschl. Kultur zu machen. Anthropologen haben sich zusammen mit Linguisten seither bemüht, das von Zerfall und Assimilation bedrohte Kulturerbe Amerikas zu dokumentieren. Kulturaktivisten haben sich seit Jahren auf Revitalisierungsprojekte gefährdeter Sprachen konzentriert. Obwohl dadurch der generelle Trend der Auflösung vieler kleiner Sprachgemeinschaften nicht gestoppt werden kann, hat sich die Dynamik dieses Prozesses doch merkl. verlangsamt.

Besonderes Augenmerk haben Anthropologen und Archäologen auf die Erforschung der → altamerikanischen Sprachen gerichtet, d. h. auf die in Mittel- und Südamerika verbreiteten Kultursprachen der präkolumb. Periode. Über das Studium der altamerikan. Siedlungsgeschichte, deren kultureller Ausstrahlung und vor allem deren Schriftkultur ist die Entwicklung dieser Zivilisationen in der Neuen Welt heutzutage weit besser bekannt als noch vor wenigen Jahrzehnten. Die Schrift, mit der die klassischen → Maya-Sprachen geschrieben wurden, ist erst in den 1990er Jahren erfolgreich entziffert worden. Auch weiß man heute viel genauer, daß die *khipu*-Schnüre der Inka in Südamerika nicht nur für numer. Aufstellungen, sondern auch für die Notation von Informationen über histor. Ereignisse dienten, die in Kombination mit der gesprochenen Sprache, dem klassischen → Quechua, übermittelt wurden.

Seit den Anfängen der span. und portugies., später engl. und französ. Kolonialzeit sind Hunderte von Indianersprachen untergegangen. Die meisten sind nicht einmal namentl. bekannt. Von denen, die ihre Spuren in den modernen Sprachen und in unserer Kulturgeschichte hinterlassen haben, ist hier die Rede. Es wird heutzutage viel über Sprachensterben in Amerika diskutiert, ohne daß man sich über generalisierende Aussagen oder Hinweise auf konkrete Einzelfälle hinaus auch konkret um eine Inventarisierung untergegangener Sprachen bemüht hätte. Im folgenden wird der Versuch unternommen, eine möglichst vollständige Liste all der amerikan. Sprachen zusammenzustellen, die im Verlauf des 20. Jh. ausgestorben sind. Aus ihr wird auch ersichtlich, daß die USA, Brasilien und Kolumbien die größten Sprachenfriedhöfe Amerikas sind:

- Abishira, Aguano, Atsahuaca, Aushiri, Hibito, Mayo, Nocaman, Omurano, Panobo, Sensi, Yameo (Peru)
- Acroá, Guana, Kaimbé, Kamakan, Kamba, Kambiwá, Kapinawá, Kayapó-Kradaú, Kirirí-Xokó, Manitsauá, Otí, Otuke, Pankararé, Paranawát, Pataxó-Hãhãhãi, Potiguára, Puri, Tapeba, Tingui-Botó, Tremembé, Truká, Tupinambá, Tupinikin, Turiwára, Tuxá, Tuxináwa, Uamué, Wakoná, Wasu, Wiraféd, Xakriabá, Xipináwa, Yabaana, Yarumá (Brasilien)

- Aksana, Kunza, Yamana (Chile)
- Alsea, Applegate, Atakapa, Biloxi, Carolina Algonkin, Cayuse, Chasta Costa, Chilula, Chimakum, Chimariko, Chinook, Chitimacha, Chumash, Coquille, Costanoan, Erie, Esselen, Euchre Creek, Gabrielino, Galice, Kitanemuk, Kitsai, Kwalhioqua-Tlatskanai, Lassik, Massachusett/Natick, Mattole, Meherrin, Miami-Illinois, Mobilian, Molala, Nanticoke, Narragansett, Natchez, Nongatl, Nooksack, Nottoway, Ofo, Piscataway, Powhatan, Quapaw, Salinan, Sinkyone, Susquehannock, Takelma, Tillamook, Tunica, Tutelo, Twana, oberes Umpqua, Wailaki, Whilkut, Yana (USA)
- Andaqui, Anserma, Arma, Barbacoas, Cagua, Chibcha, Chipiajes, Coxima, Coyaima, Cumeral, Macaguaje, Natagaimas, Omejes, Peba, Piajao, Ponares, Popayán, Runa, Tama, Tomedes, Yahuna (Kolumbien)
- Baniva, Yavitero (Venezuela)
- Beothuk, Huron, Mahican, Pentlatch, Petun, Tsetsaut, Wenro (Kanada)
- Cacaopera (El Salvador)
- Chiapaneco, Chicomuceltec, Cuitlatec, Pochuteco, Tapachultec, Tepecano, Toboso, Tubar (Mexiko)
- Chirigua, Iñapari, Jorá, Leco, Pauserna, Puquina, Reyesano, Saraveca, Shinabo (Bolivien)
- Choltí (Guatemala)
- → Inselkaribisch (Dominikan. Republik)
- Lule, Ona (Argentinien)
- Matagalpa, Subtiaba (Nicaragua),
- Taino (Westind. Inseln/Karibik)

Aquitanisch (Aquitanian, aquitain). Die Heimat der Aquitanier, eines vorröm. Volkes, lag im Südwesten Frankreichs. Die erste Erwähnung der Aquitanier stammt von Julius Caesar (100−44 v. Chr.), in dessen Werk «Commentarii de bello Gallico» hervorgehoben wird, daß die Aquitani von den übrigen Bewohnern Galliens, den kelt. Galliern, ganz verschieden seien. Volkstum und Sprache der Aquitanier leben teilweise im Bask. weiter, teilweise haben sich die Aquitanier auch in den ersten Jahrhunderten unserer Zeitrechnung an das Sprechlatein Galliens assimiliert.

Vermutl. sind die Gascogner die Nachkommen der Aquitanier. Das Gascognische gehört zu einem sprachl. Kontinuum in Südfrankreich, das sich von der Atlantikküste bis in den westl. Alpenraum erstreckt und auch Occitanisch und Frankoprovenzalisch umfaßt. Die sprachhistor. Entwicklung des Gascogn. ist wie die Kulturgeschichte der Gascogne eigene Wege gegangen, so daß es berechtigt ist, das Gascogn. als eine von der Nahsprache Occitan. unabhängige Sprache zu kategorisieren. Lexikal. unterscheidet sich das Gascogn. vom Occitan. durch seine größere Anzahl aquitan. Substratwörter

(Bezeichnungen von Pflanzen und Tieren der Region, von landschaftlichen und klimat. Eigenheiten).

Das aquitan. Sprachmaterial weist auf enge Verwandtschaft mit dem Bask., der einzigen vor-indoeurop. Sprache Westeuropas, die bis heute weiterlebt. Vermutl. repräsentiert das Aquitan. entwicklungsmäßig dessen älteres Sprachstadium. Das jüngere Bask. ist mit keiner der modernen Sprachen Europas verwandt. Auch in der Sprachenwelt der Antike gibt es keine Sprachfamilie oder Einzelsprache, mit der das Aquitan. und Bask. in einer verwandtschaftl. Beziehung gestanden hätten.

Vom Aquitan. sind rund 400 Personennamen und etwa 70 Namen von Gottheiten erhalten, die alle in latein. Grab- und Weihinschriften überliefert sind und mit latein. Schrift geschrieben wurden. Die Namen enthalten auch verschiedene einheim. Kasusendungen und Ableitungsformantien, so daß einige Strukturen des aquitan. Sprachbaus erkennbar sind. Sowohl das Namengut als auch der Formenschatz stimmen mit dem Bask. überein; vgl. aquitan. *nesca* ‹Wassernymphe›/ bask. *neska* ‹Mädchen›, aquitan. *Hars-* ‹Männername›/ bask. *hartz* ‹Bär›, aquitan. *Andere* ‹Frauenname›/ bask. *and(e)re* ‹vornehme Frau›, aquitan. *-en(n)* (Genitivendung) / bask. *-en* (dass.).

Lit.: Michelena 1954, Trask 1997: 398–403

Aramäisch (Aramaic, araméen). Aram. ist eine der wenigen antiken Kultursprachen, die bis heute nicht nur in geschriebener, sondern auch in gesprochener Form überlebt haben. Die Zahl der Sprecher neuaram. Varianten beläuft sich allerdings auf nicht mehr als 0,45 Mio. Die eigentl. Blütezeit des Aram. ist die Antike.

Das Prestige des Aram. als Kultursprache, als Staatssprache und als Sprache der internationalen Diplomatie im Zeitraum zwischen 700 und 200 v. Chr. erklärt sich einerseits aus der Tatsache, daß Aramäer in alle polit. bedeutenden Reiche des Nahen Ostens migrierten und dort zu einem wesentl. Faktor in der Wirtschaft und im Kulturleben avancierten. Zum anderen bot sich mit dem aram. Alphabet eine Schreibtechnologie an, die wesentl. einfacher und übersichtlicher war als die traditionelle Keilschrift.

Das Besondere an der am Aram. orientierten Kulturtradition ist, daß es als sprachl. Medium den Vertretern der verschiedensten religiösen Weltanschauungen diente. Aram. war das Medium des Polytheismus ebenso wie des Judentums und der christl. Lehre. Als

Bildungssprache der Juden wurde es bis ins 19. Jh. tradiert, als gesprochene Sprache lebt es bei jüdischen und christl. Enklaven im Nahen Osten weiter.

Aram. ist eine nordwestsemit. Sprache und am nächsten mit dem → Hebräischen verwandt. Bedingt durch die frühe geograph. Zersplitterung des aram. Sprachgebiets und die Einwirkung regionaler Kontaktsprachen haben sich in der Zeit nach 200 n. Chr. verschiedene lokale Varianten des Aram. ausgebildet, von denen sechs auch eine selbständige Schrifttradition entfaltet haben. Die teilweise erhebl. divergierenden lokalen Varianten werden von manchen Forschern als selbständige Sprachen identifiziert. Demnach wäre der Name «Aramäisch» eine Sammelbezeichnung für eine Gruppe von histor. Einzelsprachen, ähnl. wie sich das Saam. in Nordeuropa in mehrere selbständige Sprachen ausgegliedert hat.

Der semit. Erbwortschatz des Aram. ist zu einem großen Teil bis ins Lexikon der modernen Sprachvarianten erhalten geblieben. Wichtige Kontaktsprachen des Aram. in der Antike waren das → Akkadische, Pers., → Altgriechische und Hebräische. Die lokalen Varianten des Aram. zeigen die Einwirkung lokaler Kontaktsprachen wie des Arab., Kurd. und Türk.

Aram. war in einem weiten Gebiet verbreitet, das sämtl. Länder des Nahen und Mittleren Ostens einschloß. Inschriften in aram. Sprache sind an der Ostküste der Ägäis, in Südägypten, im Kaukasus, auf der Arab. Halbinsel, im Iran und Afghanistan bis hin nach Indien gefunden worden. Die am weitesten im Osten gelegene Fundstelle ist Kandahar im zentralind. Bundesstaat Marashtra. Die schriftl. Überlieferung des Aram. begann im 10. Jh. v. Chr. Die älteste geschriebene Variante, das Samalische (bzw. Yaudische), verschwand bald. Alle späteren aram. Sprachvarianten basieren auf dem gemeinen Altaram.

Ein großer Teil der Texte in Aram., die während der Antike abgefaßt wurden, sind in der Periode entstanden, als Aram. offizielle Amts- und Kanzleisprache der Königreiche des Nahen und Mittleren Ostens war, d. h. in der Zeit zwischen 700 und 200 v. Chr. Auch das Mittelaram. in der Zeit danach wurde häufig als Schriftsprache verwendet und in zahlreichen lokalen Varianten gesprochen. Einige der Texte in den Schriftrollen vom Toten Meer (Qumran-Texte) sind in Mittelaram. verfaßt.

In der spätaram. Periode wurde das Aram. in sechs verschiedenen

Varianten geschrieben, die sich auf lokale Dialekte in einer Zone zwischen Palästina und Mesopotamien stützten. Eine dieser schriftsprachl. Varianten, das in Palästina verwendete Aram., differenzierte sich kulturell-milieuspezif. in das Jüdisch-Palästinens. und in das Christl.-Palästinens. aus.

Lokale schrift- und verkehrssprachl. Varianten des Westaram.:

- Nabatäisch (Schriftmedium des Nabatäerreichs mit dem Zentrum in Petra; 4. Jh. v.Chr. – Anfang 2. Jh. n.Chr.)
- Palmyrenisch (Schriftmedium der christl. Gemeinden von Palmyra)
- Jüdisch-Palästinensisch (diese Variante des Aram. verdrängte das Hebräische als gesprochene Sprache; es war die Muttersprache des histor. Jesus von Nazareth)
- Christl.-Palästinensisch (Sprache der Melchiten in Palästina)

Lokale schrift- und verkehrssprachl. Varianten des Ostaram.:

- Syrisch (Kanzleisprache von Edessa, der Residenz der Osrhoene-Könige; Schriftsprache der Christen Syriens; Differenzierung in West- und Ostsyr.)
- Jüdisch-Babylonisch (Schriftmedium des babylon. Talmud)
- Mandäisch (Schriftmedium einer christl. Sondergruppe, deren Vertreter heute noch am Schatt Al Arab und in Khusistan (Iran) leben)

Mit dem Vordringen des Islam im 7. Jh. verlor das Aram. rasch an Bedeutung, und seine sozialen Funktionen als Schriftmedium gingen ans Arab. über. Als Bildungssprache und zur Aufzeichnung von biblischen Kommentaren hat sich das Aram. am längsten bei den sephard. und aschkenas. Juden gehalten. Der zweite Teil des Talmud, die Gemara, ist größtenteils in Aram. verfaßt. Da der Talmud neben der Bibel die wichtigste Textsammlung der jüdischen Tradition ist, ist das Aram. neben dem Hebräischen als Schriftsprache immer lebendig geblieben. Als gesprochene Sprache in zahlreichen christl. und jüdischen Enklaven hat sich das Aram. bis heute erhalten.

Die Ausstrahlung des Aram. als Kultursprache kann man u. a. daran messen, daß seine Schrift das Zeichenrepertoire geliefert hat, wovon sich im Westen die hebräische Quadratschrift und im Osten die Schreibung der ind. Zahlen ableitete. Das Syr.-Aram. hat verschiedene lokale Schriftvarianten ausgebildet (Serto, Estrangelo, Nestorian.). Die Araber übernahmen die ind. Konvention der Zahlenschreibung und formten danach ihre eigenen Zahlzeichen, die ihrerseits nach Europa transferiert wurden und von dort aus später in alle Welt gelangten.

Die dreitausendjährige Sprachgeschichte des Aram. wird folgendermaßen periodisiert: Altaram. (10.–7. Jh. v. Chr.), Königsaram. (700–200 v. Chr.), Mittelaram. (200 v. Chr. – 200 n. Chr.), Spätaram. (200–750 n. Chr.), Neuaram.

Lit.: Beyer 1986, Kutscher 1971, Segert 1975

Asien, ausgestorbene Sprachen. Von allen Kontinenten hat Asien die größte Dichte alter Kultursprachen. Gleichzeitig ist dies der Teil der Alten Welt, wo die meisten alten Kultursprachen untergegangen sind. Dies gilt für das → Sumerische ebenso wie für das → Elamische oder → Akkadische, für das → Indus-Dravidische ebenso wie für das → Hethitische oder → Hurritische, für das → Hebräische ebenso wie für das → Ugaritische oder → Phönizische, für das → Avestische ebenso wie für das → Soghdische oder → Tschagataische, usw. Das Chines. gehört zu den wenigen großen Kultursprachen Asiens, deren Tradition von der Antike bis in die Moderne Kontinuität bewahrt haben. Das → Aramäische wird zwar auch bis heute gesprochen, seine eigentl. Leistung als Hochkultursprache liegt aber in seiner alten Geschichte.

Die alten Kultursprachen sind zwar untergegangen, über vielerlei Zwischenstationen ist aber altes Ideengut in andere Regionen transferiert worden und hat sich erhalten. Sumer. ist die älteste Kultursprache des Vorderen Orients. Sumer. Ideengut und kulturelle Errungenschaften (wie beispielsweise die Keilschrift) haben sich weit verbreitet und sind von zahlreichen Völkern adaptiert worden. Über die kulturellen Traditionen des Judentums und die narrativen Inhalte des Alten Testaments sind elementare Wissensinhalte über die sumer. Zivilisation in unser kulturelles Gedächtnis eingegangen. Hierzu gehört u. a. die Einteilung der Woche als Zeiteinheit in sieben Tage.

Das → Sanskrit nimmt in vieler Hinsicht eine Sonderstellung ein. Als Sakralsprache des Hinduismus hat es eine mehr als dreitausendjährige Geschichte. Wir Europäer neigen dazu, den Status und die Leistung des Sanskrit als «tote» Sprache, die angebl. nur noch als Schriftmedium verwendet wird, mit dem → Lateinischen im abendländ. Kulturkreis zu vergleichen. Sanskrit ist aber «lebendiger» als wir gemeinhin vermuten. Es gehört zum Kreis der insgesamt 18 offiziell anerkannten Landessprachen («scheduled languages») Indiens, und es wird nach den Angaben der ind. Volkszählungen bis heute gesprochen (Vijayanunni 1999: 3 ff.). In der Ethnostatistik von 1991 werden 49 736 Personen aufgeführt, die Sanskrit sprechen. Davon sind 25 660 (entsprechend 51,6 %) zwei- oder dreisprachig. Hindi ist Zweitsprache für 22 057 (44,3 %) der Sanskrit-Sprecher, für 1173 (2,4 %) ist es Drittsprache. Von den mehrsprachigen Sanskrit-Sprechern haben 2651 (5,3 %) Engl. als Zweitsprache und 4714 (9,5 %) als Drittsprache erworben.

Zu allen Zeiten sind in Asien Sprachen untergegangen und neue entstanden. Der Umstand, daß wir heutzutage über das Absterben von Sprachen in bestimmten Regionen Asiens relativ gut informiert sind, hängt mit der günstigen Quellenlage zusammen. In Kleinasien, im Nahen Osten und in Mesopotamien sind Informationen über Völker und Sprachen seit dem 3. Jt. v. Chr. aufgezeichnet worden. Viel Datenmaterial ist ebenfalls zu den Verhältnissen in Innerasien verfügbar, obwohl dort die Schrifttradition wesentl. später einsetzte als in Westasien. Spärl. ist das Quellenmaterial über untergegangene Sprachen in Regionen nördl. von China, in Sibirien. Die bekannteste der alten Schriftsprachen Südsibiriens ist das → Alttürkische, dessen Texte außer in der Mongolei auch im Flußtal des Jenisej gefunden worden sind.

Im folgenden sind die Sprachen aufgeführt, die in den vergangenen Jahrzehnten ausgestorben sind:

- Agta/Dicamay-A., Ayta/Tayabas-A., Katabaga (Philippinen)
- Ahom, Aka-Bo, Oko-Juwoi (Indien)
- Basay, Hoanya, Ketangalan, Kulun, Papora, Taokas (Taiwan)
- Kusanda (Nepal)
- Liliali, Lumaete, Mapia, Moksela, Palumata, Ternateño (Indonesien)
- Seru (Malaysia)
- Tay Boi (Vietnam)

Es gibt heutzutage viele Kleinsprachen in Sibirien und in der nördl. Pazifik-Region, die von nur wenigen Dutzend oder einzelnen Sprechern gesprochen werden, wie das Enzische (Jenisej-Samojedische) mit 90 Sprechern oder das Ainu (Hokkaido, Nordjapan) mit 1993 noch 5 aktiven Sprechern. Die Auflösung dieser überalterten Sprachgemeinschaften ist abzusehen.

Assyrisch → Akkadisch

Äthiopisch → Ge'ez

Australien, ausgestorbene Sprachen. Als die ersten weißen Kolonisten im Jahre 1780 in Australien ankamen, gab es schätzungsweise 600 verschiedene Aborigine-Gruppen. Von deren Sprachen ist die Mehrzahl untergegangen. Zu diesen gehört auch das → Tasmanische, dessen letzte Sprecherin im Jahre 1876 starb. Viele untergegangene Sprachen sind zwar namentl. bekannt, aber es ist nichts von deren Wortschatz oder ihrer Grammatik überliefert. Eine solche Sprache ist Yeeman, die bis 1857 in der Gegend von Tarooma im Südosten von Queensland verbreitet war.

Heutzutage werden noch insgesamt 254 Sprachen von ca. 10 % der Aborigine-Bevölkerung gesprochen. Die meisten von diesen Sprachen sind gefährdet. Ledigl. fünf Aborigine-Sprachen werden von mehr als jeweils 1000 Sprechern gesprochen: Anindilyakwa, Kala Lagaw Ya, Pitjantjatjara, Tiwi und Warlpiri. Die zahlenmäßig stärksten einheim. Sprechergruppen sind nicht solche von Aborigine-Sprachen, sondern von Kreolsprachen: Kriol (ca. 10 000 Primärsprachler, ca. 20 000 Zweitsprachler; Kreol.-Engl. im Northern Territory, in Western Australia und in Queensland) sowie Torres Strait-Kreol. (ca. 23 000 Sprecher auf den Torres Strait-Inseln, in den Städten des oberen Cape York und an der Ostküste des nördl. Queensland).

Zahlreiche Aborigine-Sprachen sind erst in den letzten Jahren ausgestorben:

Aghu Tharnggalu, Agwamin, Awabakal, Banggarla, Bayali, Dhurga, Dieri, Gangulu, Gugu Warra, Gureng, Kalarko, Kalkutung, Kamilaroi, Kariyarra, Kungarakany, Kunggara, Leningitij, Malgana, Maykulan, Narrinyeri, Ngandi, Nganyaywana, Nyunga, Pini, Thurawal, Tjurruru, Wandarang, Wariyangga, Worimi, Wuliwuli, Yalarnnga,Yangman, Yawuru, Yora, Yugambal.

Andere werden nurmehr von jeweils einem Menschen gesprochen, so daß der Sprachentod absehbar ist:

Bandjigali, Biladaba, Dirari, Djawi, Djiwarli, Erre, Gugadj, Guwamu, Kuku-Mangk, Kumbainggar, Lamu-Lamu, Mangerr, Muruwari, Narungga, Ngawun, Nyawaygi, Wamin, Wulna, Yawarawarga, Yindjilandji.

Die Aborigine-Sprachen haben exot. Spuren im Engl. und – über engl. Vermittlung – in den anderen Sprachen der Welt hinterlassen. Dazu gehören Ausdrücke wie Bumerang, Dingo (‹austral. Hund›), Känguruh und Koala. Im Wortschatz des austral. Engl. findet man Hunderte von Bezeichnungen, die aus lokalen Aborigine-Sprachen entlehnt sind. Dies sind Wörter aus den verschiedensten Bereichen (Fauna, Flora, Gerätschaften, Landschaftsformen, Bekleidung, Behausung u. a.). Selbst Verben sind aus Aborigine-Sprachen ins Engl. entlehnt worden; z. B. *boomalli* ‹ein Tier schlagen›, *pialla* ‹erzählen›, *wongi* ‹reden›.

Lit.: Dixon et al. 1990, Horton 1994

Avestisch (Avestan, avesta). Mit Avest. werden zwei Sprachvarianten des Iran. bezeichnet, eine ältere (altiran.) und eine jüngere (mitteliran.). Das ältere Avest. zeigt ostiran., das jüngere Avest. westl. Prägung. Das Avest. ist bekannt geworden als Sprache des heiligen Schrifttums der Zoroastrier, der Anhänger des iran. Propheten Zarathustra (pers. Zardust). Während man früher glaubte, Zarathustra hätte in der Zeit von 630–553 v. Chr. gelebt, hat sich heute die Ansicht durchgesetzt, daß der histor. Zarathustra schon vor dem 10. Jh. v. Chr. gelebt hat, möglicherweise in der Zeit um 1200 v. Chr. Darauf weisen einerseits frühe Spuren der zoroastr. Religion im Nordosten des ehemaligen Verbreitungsgebiets iran. Völker, andererseits weist die Sprache der dem Zarathustra zugeschriebenen Texte (die Gathas, 17 metrische Hymnen) Eigenheiten auf, die auf ältere sprachl. Entwicklungszustände als die traditionell angenommenen Lebzeiten des Propheten hindeuten.

Die sakralen Texte im älteren Avest. sind jahrhundertelang ausschließl. mündl. überliefert worden. Ähnl. den altind. Veden bestand auch im Fall der Avesta-Texte ein Tabu, wonach deren sakraler Charakter eben nur in ihrer oralen Tradition gewährleistet sein könne. Die Texte im jüngeren Avest. sind in einer Sprachform überliefert, die entwicklungsmäßig auf die Zeit zwischen dem 6. und 4. Jh. v. Chr. weist. Die schriftl. Aufzeichnung der sakralen Texte in einer eigenen Schriftart (Pehlevi-Schrift) geht auf eine noch spätere Zeit zurück, näml. auf die Ära der Sassaniden (3.–7. Jh. n. Chr.). Hauptthemen der Avesta-Texte sind in Pehlevi, einer mitteliran. Sprache, kommentiert worden. Die Sammlung der Kommentare wird «Zand» (‹Aufklärung der heiligen Schrift›) genannt. Einige Originaltexte, die verloren gingen, sind ausschließl. in Pehlevi-Zand überliefert.

Ursprüngl. umfaßte der «Große Avesta» 21 Abteilungen (in Avest. *nask* genannt). Von der umfangreichen Sammlung der Originaltexte sind nur die Hymnen (*gatha*) und eine alte Liturgie («Yasna Haptanghaiti») erhalten. Die übrigen altavest. Texte sind seit der islam. Eroberung Irans im 7. Jh. verschollen. Die Gathas sind literar. Kompositionen, deren Themen in poet. Dialoge mit dem höchsten Gott (*Ahura Mazda* ‹der weise Herr›) gekleidet sind; sie sind in etwa zeitgleich mit dem ind. Rigveda entstanden. Der «Jüngere Avesta» enthält liturg. Texte, Gebete (*yast*) und Hymnen; bis auf die Yasts sind sie in den «Zand»-Texten kommentiert worden. Das Verhältnis des «Zand» zum «Jüngeren Avesta» ist vergleichbar mit dem des Talmud zum hebräischen Alten Testament. Die zwischen dem 6. und 10. Jh. aufgezeichneten Texte in Pehlevi sind die Hauptquelle für die Kenntnis der zoroastr. Kosmologie, Mythologie, Philosophie und der Rituale.

Die Lehre Zarathustras verbreitete sich vom Ursprungsgebiet des Zoroastrismus nach Medien und Persien. Die dortige Priesterelite, die Magi, bemühte sich um eine präzise Wiedergabe der mündl. tradierten Originaltexte, die mit ihrem ostiran. Gepräge auf die Sprecher des Westiran. fremdartig wirkten. Der rituelle Charakter der textuellen Rezitation beinhaltete verschiedene sehr strikte Konventionen, verbot z. B. die Unterbrechung durch anderssprachige Äußerungen. In Situationen, wo dies nicht vermieden werden konnte, durfte die fremde Sprache nur gemurmelt und mit geschlossenen Lippen gesprochen werden. Als die Ritualsprache, von der sich die Alltagssprache immer weiter fortentwickelte, für die Zuhörer fast unverständl. geworden war, entstanden wörtl. Übersetzungen ins Pehlevi. Die Unverständlichkeit der alten oralen Texte wird von vielen Gläubigen als exklusives Element sprachl. Sakralität gewertet, und das Verstehen der alten Texte liegt danach jenseits der menschl. Auffassungsgabe.

Heutzutage gibt es rund 0,14 Mio. Anhänger der zoroastr. Religion. Dies sind einmal die Farsi-sprachigen Zoroastrier Irans und zum anderen die Parsi in Indien, die Gujarati oder Engl. sprechen. Die wichtigsten Kulturzentren der Zoroastrier sind Mumbay (Bombay) und Teheran. Die zoroastr. Gemeinden im Iran haben sich größtenteils nach der islam. Revolution von 1979 aufgelöst. Die meisten iran. Anhänger der Lehre Zarathustras leben außerhalb Irans in der Diaspora.

Lit.: Boyce 1984, Schlerath 1968, Schmitt 1989

Awarisch (Avar, avare). In chines. Quellen werden die Awaren *Juan Juan* genannt. Im Jahre 552 n. Chr. wurden sie aus ihrem an China angrenzenden ursprüngl. Siedlungsgebiet vertrieben und wanderten nach Westen ab. Die nach Europa einwandernden Awaren werden in byzantin. Quellen als Hephthaliten bzw. Warchoniten erwähnt. Als Steppenvolk sind sie den Europäern bekannt geworden. Ob diese Juan Juan der alten Quellen ethnisch ein mongol. oder ein türk. Volk waren, ist bisher ungeklärt. Vielleicht waren die Migranten, die nach Ungarn eindrangen, gar kein einheitl. Volk, sondern eine lockere Stammesföderation unter awar. Führung. Bis zur Mitte des 7. Jh. gehörte die herrschende Elite des Awarenreichs einem mongol. Clan an.

Der Sage nach stammen die Awaren aus dem Land, wo «die Greifen das Gold bewachen». Der Greif ist ein wichtiges Motiv im Repertoire der awar. Tierornamente. Die Anspielung auf das Edelmetall beinhaltet wahrscheinl. einen Hinweis auf die Region des Altaigebirges mit seinen reichen Goldvorkommen. Vielleicht ist der Migrationsdruck der sibir. Türken verantwortl. für die Dislozierung der Awaren und ihre Abwanderung.

Die Awaren, die vom 6. bis 9. Jh. in Ungarn und Transsylvanien lebten, sind namengleich mit den Awaren (0,532 Mio./1989), einem kaukas. Volk im nördl. Dagestan. Im Hinblick auf ethnische Herkunft, Kultur und Sprache besteht jedoch keine Beziehung. Beim Eindringen nach Europa mögen Teile der awar. Bevölkerung im Kaukasusvorland verblieben sein. Diese Gruppen haben sich später inmitten einer fremdethnischen Umgebung akkulturiert und an das Kaukas. assimiliert. Als Reminiszenz ihrer Existenz hat allerdings ihr Ethnikum überlebt (ähnl. wie der Name der türk. Bulgaren von dem südslaw. Volk angenommen wurde oder das türk. Ethnikum Onogur von den Ungarn).

Die Awaren, die weiter nach Westen vordrangen, verbündeten sich mit den Langobarden, besetzten im Jahre 567 nach mehrjährigen Kämpfen gegen die Gepiden den von diesen bewohnten Karpatenbogen und zogen in Pannonien ein. Schon bald nach der gemeinsamen Eroberung der ungar. Tiefebene standen die Langobarden im Interessenkonflikt mit den ehemaligen awar. Verbündeten, wichen nach Südwesten aus und besetzten Oberitalien. Zwischen 567 und 827 bestand das Reich der Awaren in Ungarn und in Transsylvanien. Im Karpatenbogen konnten sich die Awaren am längsten halten. Reichsgründer war Khan Baian, der einen ähnlich legendären Ruf als Heerführer genießt wie der Hunnenkönig Attila. Die awar. Herrscher unterhielten diplomat. Beziehungen mit Byzanz und sogar mit Persien. Das Verhältnis zum Byzantin. Reich war wechselhaft, zeitweise gutnachbarschaftl., manchmal kriegerisch. Bis in die erste Hälfte des 7. Jh. wurden die Awaren mit Goldtribut aus Byzanz dazu bewogen, auf Angriffe zu verzichten.

Beeinflußt durch die Kontakte mit Byzanz akkulturierten sich die Awaren allmählich. Der Akkulturationsprozeß war bei der awar. Bevölkerung in Westungarn (d. h. westl. der Donau) besonders durchgreifend. Die ursprüngl. nomad. Lebensweise veränderte sich in die soziale Ordnung einer seßhaften agrar. Bevölkerung. Die fränk. Mission im Alpenvorland zeigte auch Wirkung bei den westl. Awaren, die im 8. Jh. christianisiert wurden. Die polit. Vorherrschaft der Awaren wurde durch Karl den Großen in zwei Feldzügen (791 und 795/96) gebrochen. An seiner Krönung zum Kaiser, zu Weihnachten des Jahres 800, nahm eine Gesandtschaft der awar. Vasallen teil. Im Jahre 822 werden die Awaren letztmals erwähnt. Die Reste der awar. Bevölkerung assimilierten sich an das Volkstum und die Sprache der Ungarn.

Auf der Basis des spärl. überlieferten Sprachmaterials kann nur vermutet werden, daß das Awar. eine türk. Sprache war. In welchem Verhältnis es aber zu den anderen zeitgenöss. Turksprachen stand, ist gänzlich unsicher. Es ist andererseits davon auszugehen, daß das Awar. bereits zur Zeit der Landnahme in Ungarn stark von Kontaktsprachen beeinflußt wurde, u. a. vom frühen Ungar. Möglicherweise waren ungar. Stämme unter awar. Führung an der Landnahme beteiligt.

Das Awar. hat keine nennenswerten Spuren hinterlassen. Zu den wenigen Lehnwörtern des Ungar., die möglicherweise awar. Herkunft sind, gehört *kökényes* ‹Schwarzdorndickicht› (über türk. *kükäläy*). Davon abgeleitet ist auch der Flußname Küküllő. In den 1980er Jahren ist in einem Grab des spätawar. Gräberfeldes von Szarvas ein Nadelbehälter aus Knochen mit einer aus 58 Kerbzeichen bestehenden Inschrift gefunden worden. Die Zeichenformen dieser Kerbschrift ähneln einerseits denen der → alttürkischen und andererseits denen der altungar. Schrift. Ob die awar. Kerbschrift ein Bindeglied zwischen den beiden anderen darstellt, ist derzeit ungeklärt.

Lit.: Barta et al. 1994, Daim 1992, Pohl 1988

Aztekisch → Nahuatl (klassisch)

B

Babylonisch → Akkadisch

Baktrisch (Bactrian, kouchan). Die iran. Baktrier bewohnten die histor. Landschaft Baktrien, die bei den Griechen Baktría, bei den Persern Bāhtrish hieß. Baktrien umfaßte in etwa das Gebiet des heutigen Afghanistan und reichte bis nach Tadschikistan hinein. Im 6. Jh. v. Chr. war Baktrien Teil des pers. Achämenidenreichs und dessen wichtigste Satrapie. Kultureller Mittelpunkt war Baktra an der Route der Seidenstraße. Alexander der Große eroberte Baktrien in den Jahren 329–327 v. Chr.; später gehörte es zum Seleukidenreich. Der mächtigste gräkobaktr. Herrscher war Menander bzw. Milinda (reg. 166–ca. 150 v. Chr.); er dehnte sein Reich bis nach Nordindien aus. Die Erinnerung an ihn lebt in einem ind. buddhist. Lehrtext weiter, dem «Milinda-pañha». Dieses ursprüngl. in Sanskrit verfaßte Werk ist nur in Übersetzungen (Pali und Chines.) erhalten.

Der Anteil der iran. Bevölkerung Baktriens verstärkte sich durch die Ankunft von Saken und anderen iran. Nomadenstämmen im 2. Jh. v. Chr. Dazu gehörten auch Tocharer, die 176 v. Chr. von den Chinesen aus dem Gansukorridor abgedrängt worden waren. Sie sind zwar namensgleich mit den indoeurop. Tocharern (→ Tocharisch), waren aber keine Indoeuropäer. Im 1. Jh. n. Chr. erlangte einer der Clans der Tocharer, die Kusana, polit. Einfluß und eroberte ganz Baktrien. Während der Regierungszeit von Kaniska I. (reg. 78–101 n. Chr.), der die Verbreitung des Mahayana-Buddhismus förderte, hatte das Reich der Kusana seine größte Ausdehnung.

Baktr. gehört zum Kreis der iran. Sprachen, einem Zweig der indoeurop. Sprachfamilie. Am nächsten verwandt sind das → Sakische und → Soghdische. Diese und einige andere Sprachen (→ Parthisch, → Sarmatisch) repräsentieren das mitteliran. Sprachstadium.

Aus der Zeit Kaniskas stammt der einzige längere Text in baktr. Sprache: er umfaßt 25 Zeilen, ist in griech. Schrift geschrieben und wurde in einem Tempel in Surkh-Kotal (nördl. Afghanistan) gefunden. In baktr. Sprache sind weiterhin etliche Inschriftfragmente und zahlreiche Legenden auf Münzen und Siegeln überliefert.

Lit.: Davary 1982, Humbach 1966–67, Pičikjan 1991

Burgundisch (Burgundian, burgonde). Die Burgunder, die in latein. Quellen als *Burgundii* oder *Burgundiones* bezeichnet werden, lebten noch im 1 Jh. n. Chr. im Gebiet zwischen Oder und Weichsel. Von dort verlagerte sich ihr Siedlungsschwerpunkt im 2. Jh. in die Lausitz und ins östl. Brandenburg. Seit dem 3. Jh. werden die Burgunder als Nachbarn der Alemannen in der mainfränk. Region erwähnt. Als Verbündete Roms (*foederati*) ließen sie sich zu Beginn des 5. Jh. im Grenzgebiet des röm. Reichs in Germanien nieder (Raum Worms und Speyer). Der Einbruch der Hunnen im Jahre 436 brachte ihnen eine katastrophale Niederlage und erhebl. Bevölkerungsverluste. Dieser Vernichtungsfeldzug hat als epischer Erzählstoff Eingang in ein Werk der Weltliteratur gefunden, näml. in das Anfang des 13. Jh. aufgezeichnete «Nibelungenlied». Die restl. Burgunder wurden im westl. Alpenraum angesiedelt, wo sie in unmittelbarem Kontakt mit romanisierten Bevölkerungsgruppen lebten. Zunächst war ihr Mittelpunkt Genava (Genf), ab 461 war Lugdunum (Lyon) Königssitz. Das Königreich der Burgunder wurde zwischen 532 und 534 von den Franken erobert.

Die wichtigste kulturelle Hinterlassenschaft der Burgunder sind ihre Gesetzessammlungen. Die älteste aus dem Jahre 480, die «Lex Burgundionum», galt für die german. Bevölkerung des Burgunderreichs. Sie entstand auf Betreiben des Königs Gundobad (reg. 480–516) und wird auch als «Lex Gundobada» bezeichnet. Im Jahre 506 wurde eine weitere Sammlung von Gesetzen kompiliert, die «Lex Romana Burgundionum», die für die röm. Untertanen des Reichs bestimmt war.

Die Burgunder haben sich bereits früh an röm. Lebensweisen akkulturiert. Wie die Gallier erlebten auch sie einen allmähl. Sprachwechsel zum Sprechlatein. und später zum Altroman., gaben also ihre Muttersprache, das zur Gruppe der ostgerman. Sprachen gehörende Burgund., auf. Im frühen Mittelalter waren die Burgunder vollständig an ihre roman. Umgebung assimiliert. An ihre Präsenz in den Westalpen erinnert der Name der histor. Landschaft Burgund (franz. Bourgogne).

Es wird angenommen, daß die Sprechgewohnheiten der burgund.

Bevölkerung für die Ausdifferenzierung der galloroman. Sprachvariante des Frankoprovenzal. gegenüber dem Französ. und Provenzal. verantwortl. waren. Burgund. Sprachreste sind als Lehnwörter im Wortschatz des Frankoprovenzal. erhalten (z. B. *brogi* ‹grübeln›, *budda* ‹leichtgebauter Kuhstall›). Das im Französ. *burgonde* genannte Burgund. ist nicht mit *bourguignon* zu verwechseln. Damit wird die lokale Sprachform in der Bourgogne bezeichnet, ein Dialekt des Frankoprovenzal.

Lit.: Price 1998: 47 f., Toporova 1999: 17 f.

C

Camunisch (Camunic, camunien). Camun. war die Sprache eines vorröm. Volkes, das in den zentralen norditalien. Alpen lebte und in griech. und röm. Quellen *Camunni* genannt wurde. Dieser Name ist im heutigen Namen der Region, Valcamonica (in der italien. Provinz Brescia), erhalten. Valcamonica ist bekannt für seine zahlreichen Felsbilder, die wahrscheinl. von den *Camunni* und deren Vorfahren geschaffen worden sind.

Möglicherweise war das Camun. verwandt mit dem → Etruskischen und → Rätischen. Es ist bekannt aus etwa 70 Inschriften, von denen die meisten in Felsen geritzt oder gemeißelt sind. Die Inschriften sind sehr kurz und lassen nur wenige Rückschlüsse auf ihren Inhalt zu. Sie sind in der zweiten Hälfte des 1. Jt. v. Chr. entstanden, geschrieben wurde in einer Variante des etrusk. Alphabets.

Lit.: Mancini 1981

Chasarisch (Khazar, khazare). Im nördl. Vorland des Kaukasus hatte sich im frühen 7. Jh. n. Chr. ein Nomadenstaat unter Führung türk. Stammesverbände gebildet. Als herrschende Elite dieses Staates setzte sich um 630 ein Clan der Chasaren durch, unter dessen straffer Führung das Reich Chasaria erstarkte. Nachdem die westl. Rivalen, die Proto-Bulgaren, besiegt waren, dehnte sich der Machtbereich der Chasaren auch weit nach Westen aus, bis in die Region von Kiev. Der Staat der Wolga-Bulgaren, der sich im 8. Jh. konsolidierte, geriet in ein Vasallenverhältnis zum Reich der Chasaren.

Zu Beginn des 10. Jh. kontrollierten die Chasaren die Handelsrouten im östl. Europa und damit den Ost-West-Handel der Seidenstraße. Der westl. Ausläufer dieses Netzes von Wirtschaftskontakten verlief von Atil (bzw. Itil) an der Mündung der Wolga über Sarkel am Don bis Kiev und Krakau im Norden sowie bis Wien und Regensburg im Süden. Chasaria stand im Bündnis mit dem byzantin. Reich und war während der ganzen Zeit ihres Bestehens in Kriege mit den Arabern verwickelt. Sein Niedergang begann um die Mitte des 10. Jh. als Folge innerpolit. Streitigkeiten und Einbußen in den

Zolleinnahmen. Im Jahre 965 wurde die polit. Vormacht Chasarias gebrochen, als Svjatoslav von Kiev das Reich eroberte. Die Erinnerung an die Chasaren hat sich im kulturellen Gedächtnis der Griechen erhalten: Griech. Kinder warten nicht auf den Nikolaus, sondern auf den heiligen Basilios aus Chasaria.

Ende des 8. Jh. übernahm der herrschende Khan den Judaismus als Staatsreligion. In jener Zeit gewannen die alteingesessenen Juden auf der Krim und jüdische Immigranten, die ins Land kamen, an polit. und wirtschaftl. Einfluß. Der erste Bericht über die Verbreitung der jüdischen Religion bei den Chasaren findet sich in den Aufzeichnungen des Mönchs Druthmar von Aquitanien (864). Als Folge der diplomat. Kontakte Chasarias mit dem maurischen Spanien zeigte die jüdische Bildungselite im Dienst der maurischen Herrscher besonderes Interesse für die Entwicklung des Judaismus an der östl. Peripherie Europas. Der in Toledo wirkende Historiograph Judah Halevi (1075–1141) feierte den Chasarenkhan als Helden des (jüdischen) Glaubens. Der Judaismus hat sich bei den Türken bis in unsere Tage erhalten, und zwar bei den Karaimen, die früher auf der Krim, seit dem Mittelalter in der westl. Ukraine und im östl. Polen leben.

Im Kreis der Turksprachen steht das Chasar. dem → Proto-Bulgarischen verwandtschaftl. am nächsten. Außer einigen Orts-, Personen- und Clannamen ist vom Chasar. nichts überliefert. Möglicherweise geht ein Teil der Entlehnungen, die das Ungar. in der Zeit vor der Landnahme (d. h. vor 896) aus türk. Sprachen übernommen hat, auf chasar. Einfluß zurück. Die meisten Elemente dieser Lehnwortschicht stammen allerdings aus dem Proto-Bulgar.

Lit.: Davies 1996: 236 f., Johanson/Csató 1998

Churritisch → Hurritisch

Cumbrisch → Kumbrisch

D

Dakisch (Dacian, dacien). Die Daker werden in griech. Quellen *Dakoi*, in röm. Quellen *Daci* genannt. Nach diesem Volk benannten die Römer ihre Balkanprovinz nördl. der Donau: Dacia (Dakien). Die Daker unter ihrem König Decebalus, die kurze Zeit mit den Römern verbündet waren, wurden in den Jahren 106 und 108 n. Chr. unterworfen. Nach der militär. Eroberung Transsylvaniens etablierten die Römer dort ihre Herrschaft, die bis 271 dauerte. Danach geriet das Gebiet unter die Kontrolle ostgerman. Stämme wie der Karpen, Goten und Gepiden. Teile der dak. Bevölkerung wurden in Gebiete südl. der Donau umgesiedelt, wo sie die röm. Lebensweise annahmen und sich sprachl. an das in der Balkanregion gesprochene Latein assimilierten. Die romanisierten Daker gingen auf im Rumänentum späterer Jahrhunderte. Für die Selbstidentifizierung der Rumänen spielt das Kriterium ihrer dak. Abstammung eine zentrale Rolle.

Die Daker waren der westlichste Stamm der thrak. Stammesorganisation. Kulturell und sprachl. hatten sie mit den Thrakern so viel gemeinsam, daß das Dak. zum → thrakischen Kontinuum zu rechnen ist. Von einigen rumän. und bulgar. Forschern wird allerdings die Eigenständigkeit des Dak. betont. Das Dako-Thrak. gehört zu den alten indoeurop. Sprachen des Balkans. In dak. Sprache ist zwar ledigl. eine Inschrift (in Lateinschrift) auf einer Tonvase erhalten, in der die Königsnamen Decebalus und Scorilo vorkommen. Aber ein Traktat des Arztes Dioskurides aus der zweiten Hälfte des 1. Jh. n. Chr. verzeichnet 57 dak. Namen von Heilkräutern (z. B. *diesema* ‹Himmelbrand, Fackelkraut›, *dyn* ‹Brennessel›, *zena* ‹Schierling›). Eine andere Liste mit Pflanzennamen stammt aus dem 3. Jh. (Pseudoapuleius); z. B. *amalusta* ‹Kamille›, *budama* ‹Ochsenzunge›, *mantua* ‹Brombeere›. Aus der Provinz Dacia sind etwa 200 Namen von Orten, Gewässern, Personen und Gottheiten überliefert.

Das sprachl. Erbe der Daker ist in Resten erhalten geblieben. Ein Teil des rumän. Wortschatzes besteht aus dak. Substratwörtern. Schätzungen rangieren von etwa 30 bis über tausend; rund 180 Wörter können mit einiger Sicherheit als dak. identifiziert werden, u. a. rumän. *balaur* ‹Drache›, *brânză* ‹Käse› oder *strugure* ‹Trauben-gehänge an der Weinrebe›. Zu den dak. Substratwörtern, die das Dak. dem Rumän. vermittelt hat, gehören auch einige Elemente aus vor-indoeurop. Sprachen (→ Alteuropäisch) wie beispielsweise rumän. *mal* ‹Flußufer›.

Lit.: Georgiev 1983, Mócsy/Vékony 1994, Reichenkron 1966, Tóth 1994

Dalmatisch (Dalmatian, dalmate). Das Dalmat. hat seinen Namen nach der Region erhalten, wo es vorrangig verbreitet war, nach der histor. Landschaft Dalmatien. Dalmatien erstreckt sich von der nördl. Adriaküste bis hinunter nach Dubrovnik. In vorröm. Zeit war diese Region das Siedlungsgebiet der *Delmatae*, eines → illyri-schen Stammes. Dalmatien gehörte ab 9 n. Chr. zur röm. Provinz Illyricum. Unter Diokletian (reg. 284–316) wurde diese zweigeteilt, in Dalmatia und in Praevalitana. Als die Slawen im 6./7. Jh. in die Gebiete des heutigen Kroatien und der Herzegowina einwanderten, lebte in den Städten Dalmatiens eine weitgehend romanisierte Be-völkerung. Das dort gesprochene Balkanlatein wandelte sich im Verlauf des Mittelalters zum Dalmat. und war u. a. in Zadar, Trogir, Split, Dubrovnik und Kotor verbreitet. Dort kam es zu Beginn der Neuzeit außer Gebrauch; auf einigen Inseln in der Adria (Krk, Cres und Rab) hielt es sich noch bis zum Ende des 19. Jh.

Dalmat. ist eine roman. Sprache und gehört zu deren östl. Gruppe. In lautl. und lexikal. Hinsicht nimmt es eine Brückenstellung zwi-schen dem Rumän. auf der einen Seite und dem Alpenroman. (Rätoroman.) sowie Süditalien. auf der anderen Seite ein. Neuerlich wird dem Dalmat. eine Sonderstellung im Kreis der roman. Spra-chen eingeräumt, so von Ž. Muljačić. Begründet wird diese Klassifi-zierung damit, daß sich im dalmat. Sprachbau Einflüsse anderer in-doeurop. Sprachen nachweisen lassen, und zwar des → Venetischen (als Substrat) sowie des Kroat. (als Superstrat). Das Dalmat. zeichnet sich durch einen konservativen Konsonantismus aus, so durch die Bewahrung der velaren Aussprache von sprechlatein. *c* und *g* vor *e* (z. B. latein. *cenare* > dalmat. *kenur, gelatum* > *gelut, decem* > *dik*). Im Vokalismus zeigen sich zahlreiche Neuerungen. Auffällig ist die Vielfalt der Diphthonge (z. B. latein. *veterana* > dalmat. *vetruona* ‹alte Frau›; *noctem* > *nuat* ‹Nacht›; *nepotem* > *nepaut* ‹Neffe›; *lignum* > *lain* ‹Holz›).

Sehr früh stand das Dalmat. unter dem Einfluß des Venezian. Dessen Ausstrahlung in den Küstenregionen der östl. Adria erklärt sich aus der polit. Dominanz der Republik Venedig. Ragusa (kroat. Dubrovnik) war nur für eine kürzere Periode (1205–1358) direkt von Venedig abhängig. Die übrige Zeit war es ein selbständiger Stadtstaat. Nicht nur das Venezian., auch das Kroat. machte dem Dalmat. in den Küstenstädten dessen funktionalen Geltungsbereich zunehmend streitig. In Zara (Zadar) ist das Dalmat. sehr früh untergegangen, in Dubrovnik wohl erst zu Beginn des 16. Jh. Der Senat der Stadt Ragusa erließ im Jahre 1472 ein Dekret, wonach Debatten fortan nur noch in der «alten ragusäischen Sprache» (*lingua veteri ragusea*) zu führen seien. Gleichzeitig wurde der Gebrauch des Kroat. (*lingua sclava*) als Arbeitssprache des Senats verboten. Diese Entscheidung hat man wohl als Schutzmaßnahme für das Dalmat. zu verstehen, das damals bereits unter einem starken situationellen Druck des Kroat. stand.

Das Dalmat. ist in zwei Varianten bekannt, in der mittelalterl. Stadtsprache von Ragusa und in dem jüngeren Inseldialekt, der nach dem italien. Namen der Insel Krk (Veglia) als Vegliotisch bezeichnet wird. Das Ragusäische ist nur spärl. dokumentiert, in zwei Briefen (1325, 1397) sowie in einigen mittelalterl. Dokumenten, deren Sprache aber stark vom Venezian. überformt ist. Das Vegliot. ist aus den Aufzeichnungen von Sprachmaterial des italien. Romanisten M.G. Bartoli bekannt, das dieser im Jahre 1897 in Gesprächen mit dem letzten, damals noch lebenden Muttersprachler auf der Insel Krk zusammenstellte. Antonio Udina (genannt Burbur) wurde 1898 im Alter von 77 Jahren Opfer eines Arbeitsunfalls.

Einige Forscher neigen dazu, das Ragusäische und Vegliot. als selbständige roman. Sprachen zu klassifizieren. Das Dalmat. hat nur wenige Spuren hinterlassen, und zwar in Gestalt von Lehnwörtern in den kroat. Dialekten Dalmatiens (z. B. kroat. *plakir* ‹gefallen› und *kimak* ‹Wanze›).

Lit.: Bartoli 1906, Doria 1989, Muljačić 2000

Drawäno-Polabisch → Polabisch

E

Eblaitisch (Eblaite, éblaïtique). Zu den Königreichen, die die polit.
Entwicklung in Mesopotamien und im Nahen Osten im Verlauf des
3. Jt. v. Chr. mitbestimmten, gehörte auch das von Ebla (Ibla), dessen
Existenz archäolog. Ausgrabungen erst in den 1960er Jahren nachgewiesen haben. Der moderne Name der Ruinenstätte von Ebla, die
etwa 70 km südwestl. von Aleppo in Nordsyrien liegt, ist Tall Mar-
dich (Mardikh). Das Reich von Ebla bestand zwischen ca. 2500 und
1600 v. Chr. Seine größte Ausdehnung erreichte es zwischen 2400
und 2300 v. Chr., dies war auch die Blütezeit der eblait. Schriftkultur.

In den 1970er Jahren wurde der Palast von Ebla mit ausgedehnten
Archiven ausgegraben, in denen rund 6500 Tontafeln gefunden wurden. Die einzige Schriftart, in der die Texte von Ebla aufgezeichnet
wurden, ist die mesopotam. Keilschrift. Die älteren Texte sind überwiegend solche im Dienst der Verwaltungsbürokratie und des
Warenverkehrs. Unter den jüngeren Texten finden sich auch diplomat. Korrespondenz und narrative Literatur. Die literar. Texte haben religiösen und mytholog. Inhalt. Die meisten Texte sind in einer
einheim., nordwestsemit. Sprache aufgezeichnet, die nach ihrem
Fundort Eblait. genannt wird.

Zusätzl. zum Schrifttum in Eblait. sind im Archiv von Ebla auch
Tontafeln mit Texten in → sumerischer und → akkadischer Sprache
gefunden worden. Dank der kulturellen Beziehungen zum Akkad.
gelangte die Keilschrift nach Nordsyrien. Die schriftsprachl. Tradition des Eblait. setzte möglicherweise früher ein als die des Akkad.
Damit wäre das Eblait. die älteste semit. Schriftsprache. Andere Forscher gehen davon aus, daß der eblait. und akkad. Schriftsprachengebrauch ungefähr zeitgleich einsetzte.

Lit.: Archi 1986, Fronzaroli 1995

Elamisch (Elamite, élamite). Elam. wurde vom 4. Jt. v. Chr. bis in die
ersten Jahrhunderte unserer Zeitrechnung gesprochen, und zwar im
Tiefland im Südwesten Irans und im Hochland von Fars. In diesem
Areal wurde schon früh mit den kulturellen Institutionen und Tech-

nologien experimentiert, die für die Ausbildung der archaischen Zivilisationen im Alten Orient typisch sind. Dazu gehören die Organisation städtischer Siedlungen, der Aufbau einer staatl. Verwaltung und der Gebrauch von Schrift. Die kulturelle Entwicklung verlief in Elam zunächst in etwa zeitgleich, aber unabhängig von der im benachbarten Mesopotamien. Seit der zweiten Hälfte des 3. Jt. v. Chr. aber machte sich → sumerischer und insbesondere → akkadischer Einfluß geltend, und seit 2500 v. Chr. wurde das Elam. in einer Variante der sumer. Keilschrift geschrieben.

Das Elam. ist eine genealog. isolierte Sprache. Die Ähnlichkeiten in der kulturellen Entwicklung zwischen Elam und Sumer seit dem 3. Jt. v. Chr. resultierten aus den engen Kontakten zwischen den Gemeinschaften, nicht aus einer Verwandtschaft der Sprachen, denn auch das → Sumerische ist mit keiner anderen bekannten Sprache verwandt. Das Elam. ist in eine engere Beziehung zu den dravid. Sprachen gestellt worden. Die auffälligen Ähnlichkeiten im Sprachbau des Elam. im Vergleich mit dem Tamil., Telugu oder Kannada (z. B. grammat. Kasusbezeichnung ausschließl. für Personalpronomen, Verwendung von Postpositionen, Beschränkung der Verben im Satz auf eine einzige finite Verbform) beruhen aber vielleicht auf typolog. Konvergenz, nicht auf sprachhistor. Gemeinsamkeiten.

Um 3200 v. Chr. (nach anderer Datierung um 3050 v. Chr.) setzte die schriftl. Überlieferung des Elam. ein. Mehr als 1500 Tontafeln mit Texten in einer einheim. Schriftart sind in der Residenz des elam. Königreiches, in Susa, und an anderen Orten gefunden worden. Dieses alte Schriftsystem wird «proto-elam. Strichschrift» genannt. Es ist ein ideograph. System mit weniger als 1000 Einzelzeichen. Bei den Umrissen der Zeichen handelt es sich überwiegend um abstrakte, geometr. Formen, die keine bildhaften Ursprünge erkennen lassen. Es wird angenommen, daß diese Schrift eine bewußte eigenständige Schriftschöpfung ist, bei der abstrakte Zeichenformen bevorzugt wurden. Die erhaltenen Texte, die von rechts nach links und in Zeilen von oben nach unten geschrieben wurden, sind offensichtl. Dokumente der Verwaltungsbürokratie zur Feststellung von Waren, deren Mengen und zugeordneten Personen oder Institutionen. Von der älteren Version der Strichschrift wurde später eine lineare Version abgeleitet.

Elam. Keilschrifttexte stammen aus einer langen Periode: von ca. 2500 bis 331 v. Chr. Die Keilschrift wurde in Elam zunächst dafür

benutzt, Texte in Akkad. zu verfassen, bald aber auch, um das einheim. Elam. (Altelam.) zu schreiben. Der Zeichenbestand der akkad. Keilschrift wurde drastisch reduziert. In der gesamten Schrift-
periode des Elam. wurden nicht mehr als 206 Zeichen verwendet. In
vielen Texten ist der Zeichenbestand bedeutend kleiner (durch-
schnittl. etwa 130 Einzelzeichen).

Aus der altelam. Periode sind nur wenige Texte erhalten. Der
längste ist ein Vertragsdokument («Vertrag von Naram-Sin») aus der
Zeit um 2300 v. Chr. Zahlreich sind die Texte, die der mittelelam.
Periode (ca. 1300–1100 v. Chr.) zuzuordnen sind. Dabei handelt es
sich um Königsinschriften (auf Ziegeln an öffentl. Gebäuden wie
beispielsweise Tempeln) und administrative Dokumente (überwiegend aus Malyan in Fars). Das Schrifttum der neuelam. Periode
(7.–4. Jh. v. Chr.) fächert sich in zahlreiche Gattungen aus: Widmungsinschriften, administrative und jurid. Texte sowie Königsinschriften der Achämeniden-Periode (ca. 705–331 v. Chr.). Aus der
Regierungszeit von Dareio I. (reg. 522–486 v. Chr.) und seinen
Nachfolgern sind zahlreiche zwei- oder mehrsprachige Inschriften
erhalten.

Lit.: Englund 1996, Hinz 1962, Hinz/Koch 1987, König 1965, Reiner 1969

Eteokretisch → Minoisch

Eteokyprisch (Eteo-Cypriot, étéo-chypriote). Bevor im 12. Jh.
v. Chr. griech. Siedler vom griech. Festland (aus der Landschaft Arkadien) nach Zypern einwanderten, war die Insel bereits bewohnt.
Die Sprache der sog. Eteokyprer (‹Altkyprer›) war weder mit dem
Indoeurop. noch mit dem Semit. verwandt. Über die Handelskontakte mit dem minoischen Kreta in der Zeit zwischen 2000 und 1750
v. Chr. wurden auf Zypern auch die altkret. Schriftsysteme bekannt.
Zur Schreibung des Eteokypr. sind verschiedene Schriftvarianten
adaptiert worden: Kypro-Minoisch, Levanto-Minoisch, Kypr.-Syl-
lab. An deren Formation hatte die altkret. Schrift Linear A entscheidenden Anteil. Einflüsse auch von Linear B sind nachzuweisen.

Um 1500 v. Chr. setzte die Schrifttradition des Eteokypr. mit
einem längeren Text auf der sog. Tafel von Enkomi ein. Von der älteren Schriftart (Kypro-Minoisch I) unterscheidet sich eine jüngere
(Kypro-Minoisch II), die aus Schriftzeugnissen des 13.–12. Jh.
v. Chr. bekannt ist. Mehr als 400 eteokypr. Schriftdokumente wur-

den in den kypro-minoischen Schriftvarianten geschrieben. Schriftzeugnisse in einer dritten Variante der altkypr. Schrift sind in Ugarit (die Ruinenstätte von Ras-Schamra), der Hafenstadt an der syr. Küste, gefunden worden. Ugarit war der wichtigste Umschlagplatz für kret. Waren, die nach Zypern transportiert wurden und der wichtigste Ort für kulturellen Austausch. Der Zeichenbestand dieser dritten Variante, die als Levanto-Minoisch bezeichnet wird, ist gegenüber den beiden anderen Schriftvarianten stark reduziert (vgl. 58 im Zylindertext von Enkomi gegenüber 25 auf der Tafel von Ugarit).

Im 11. Jh. v. Chr. kam die kypro-minoische Schrift außer Gebrauch und wurde durch ein neues Schriftsystem ersetzt: Kypr.-Syllab. Diese aus 58 Zeichen bestehende Silbenschrift wurde zur Schreibung sowohl des Eteokypr. als auch des Griech. verwendet. Seit dem 6. Jh. v. Chr. rivalisierte die kypr.-syllab. Schrift mit dem griech. Alphabet, das sich im Verlauf des 4. Jh. v. Chr. durchsetzte. Aus dem 3. Jh. v. Chr. stammen die letzten Inschriften in Kypr.-Syllab. Danach verlieren sich die Spuren sowohl der einheim. Schrift als auch des Eteokypr.

Lit.: Haarmann 1997a, Masson 1961

Etruskisch (Etruscan, étrusque). Das Etrusk. gehört zum Kreis der → altmediterranen Sprachen. Es ist die Sprache der vorröm. Bevölkerung Mittel- und Norditaliens, deren polit. und kulturelle Zentren hauptsächl. in der histor. Landschaft Etrurien lagen. Die Etrusker wurden von den Römern *Tusci* genannt (daher u. a. der Landschaftsname Toscana). Die Herkunft dieses Volkes ist bis heute nicht eindeutig geklärt. Es spricht vieles dafür, daß die Vorfahren der Etrusker ursprüngl. in der östl. Ägäis (wohl auch im Küstengebiet Kleinasiens) gesiedelt haben. Durch den Zusammenbruch der myken. Macht und die nachfolgenden polit. Umwälzungen im 12. und 11. Jh. v. Chr. wurde eine Migration ausgelöst, in deren Verlauf die Etrusker in mehreren Siedlungsschüben nach Italien abwanderten. In Mittelitalien finden sich geschlossene etrusk. Siedlungen, in Norditalien stellten die Etrusker für die einheim. Bevölkerung die polit. und soziale Elite.

Das Etrusk. ist mit keiner modernen Sprache der Welt näher verwandt. Versuche, eine Verwandtschaft des Etrusk. mit dem → Sanskrit und anderen indoeurop. Sprachen, mit dem Bask. und mit westkaukas. Sprachen aufzuzeigen, sind nicht überzeugend. Näher verwandt ist das Etrusk. allerdings mit zwei antiken Sprachen, mit dem → Lemnischen auf der Insel Lemnos in der Ägäis sowie mit dem → Rätischen in Norditalien. Auch das → Camunische steht womögl. in einer verwandtschaftl. Beziehung zum Etrusk. Als gesprochene Sprache starb das Etrusk. zu Beginn unserer Zeitrechnung aus. Allerdings wurde es als Ritualsprache von etrusk. Priestern (*haruspices*) bis zu Beginn des 5. Jh. n. Chr. verwendet. Es ist überliefert, daß Priester etrusk. Gebete sprachen, um im Jahre 408 die Eroberung Roms durch die Westgoten abzuwenden.

Zum ägäischen Kulturerbe der Etrusker gehört u. a. ihre Schrift, die von der westgriech. Variante des Alphabets abgeleitet ist. Abgesehen von rund 30 spätetrusk. Inschriften, die im röm. Alphabet geschrieben worden sind, war die etrusk. Schrift in Gebrauch, und Texte wurden von rechts nach links geschrieben. Die Römer lernten das Schreiben von den Etruskern, um 600 v. Chr. wurde der älteste → lateinische Text in etrusk. Schrift (die Inschrift auf dem *lapis niger* ‹schwarzer Stein›) aufgezeichnet.

Das Etrusk. ist eine der wenigen untergegangenen Sprachen der europ. Antike, in der mehr als nur Schriftfragmente erhalten sind. Bisher sind mehr als 13 000 Inschriften aus der Zeit zwischen dem 7. und 1. Jh. v. Chr. gefunden worden, von denen die meisten allerdings sehr kurz sind. Sie enthalten überwiegend Namen (Personen und Gottheiten) sowie rituelle Formeln. Diese auf Sarkophagen, in Grabfresken und auf vielerlei Gegenständen (z. B. Vasen, Urnen, Bronzespiegel, Bleiplatten, Elfenbeintäfelchen, Artefakte aus Stein) gefundenen Texte sind ledigl. der kleine Rest eines ursprüngl. reichen Schrifttums. Der italien. Etruskologe Massimo Pallottino hat die Etrusker das «Volk der Bücher» genannt, und in den Werken röm. Autoren wird auf heute verlorene Werke der etrusk. Literatur hingewiesen. Beispielsweise findet sich bei Terentius Varro (116–27 v. Chr.) ein Hinweis auf einen etrusk. Dichter namens Volnius (*qui tragoedias Tuscas scripsit* ‹der etrusk. Tragödien schrieb›).

Es gibt nur wenige längere Texte in etrusk. Sprache. Der längste Text ist gleichzeitig der geheimnisvollste. Er wurde im 19. Jh. auf den Binden einer aus Ägypten stammenden Mumie im Nationalmuseum von Zagreb (Kroatien) gefunden. Insgesamt enthält dieser Text rund 1 200 Einzelwörter. Viele Wörter treten wiederholt auf, so daß die Zahl der verschiedenen Wörter etwa 500 ausmacht. Es ist unbekannt, wie der Text nach Ägypten und von dort zurück nach Europa gelangte.

Rund 300 Wörter enthält der etrusk. Ritualtext auf einem Terracotta-Ziegel aus Capua (5. Jh. v. Chr.). Aus Perugia stammt ein 130 Wörter umfassender Text, der in einen Steinpfeiler gemeißelt ist. Im Heiligtum von Pyrgi (in der Nähe der Hafenstadt Caere) wurde eine zweisprachige (phöniz.-etrusk.) Inschrift aus der Zeit um 500 v. Chr. gefunden, dessen etrusk. Text rund 50 Wörter enthält. Die längste Liste etrusk. Götternamen findet sich auf dem Bronzemodell einer Schafsleber aus der Zeit um 150 v. Chr., die im Dienst der Augurentätigkeit stand.

Außer der archäolog. Hinterlassenschaft und dem Umstand, daß die Etrusker vieles an griech. Kunst und Kultur den Römern vermittelt haben, ist das Kulturerbe der Etrusker auch sprachl. erhalten geblieben. Im Latein. gibt es zahlreiche etrusk. Lehnwörter (z. B. *atrium* ‹Eingangshalle eines röm. Hauses›, *histrio* ‹Schauspieler›, *Graecus* ‹Grieche›). Dazu gehört auch eine größere Zahl solcher Ausdrücke, die über das Latein. in die roman. Sprachen und von dort in andere Sprachen Europas gelangten (z. B. *persona* ‹Person, Individuum›, *populus* ‹Volk›, *elementum* ‹Element›, ursprüngl. ‹Buchstaben des Alphabets: l, m, n›, *stilus* ‹Schreibgriffel›, davon abgeleitet ‹Schreibstil›). Sogar in der Stadt Rom haben sich während der röm. Zeit Geländenamen etrusk. Herkunft erhalten (z. B. Saxum Tarpeium am Südhang des Kapitols).

Lit.: Barker/Rasmussen 1998, G. und L. Bonfante 1983, L. Bonfante 1986, Cristofani 1985, Facchetti 2000, Haarmann 1995, Pallottino 1984, Pfiffig 1989

Europa, ausgestorbene Sprachen. Es ist schwer zu sagen, ob es in der Antike in Europa mehr Sprachen als heute gegeben hat, wenn man die modernen Immigrantensprachen mitzählt. In spätröm. Zeit sind viele der alten Sprachen untergegangen (das → Iberische und → Keltiberische in Spanien, das → Gallische in Frankreich, das → Etruskische und die meisten → italischen Sprachen in Italien, das → Illyrische, → Dakische und → Thrakische in Südosteuropa), zumeist aufgrund freiwilliger Assimilation ihrer Sprecher. Andererseits sind seit dem frühen Mittelalter zahlreiche neue Sprachen entstanden. Damals gliederten sich die roman., german., slaw. und finn.-ugr. Einzelsprachen aus. Die Entstehung neuer Sprachen ist ein Prozeß, der sich bis in die Neuzeit fortgesetzt hat, so bei den

Turkvölkern, bei den West- und Südslawen. Im gleichen Zeitraum sind viele Kleinsprachen untergegangen, die dem situationellen Druck größerer Sprachgemeinschaften erlegen sind.

Das → Aquitanische ist wohl die älteste der vor-indoeurop. Sprachen, die namentl. bekannt sind, seine Spuren lassen sich lexikal. noch im Wortschatz des Gascogn. nachweisen. Bask., die älteste lebende Sprache Europas, ist wiederum eine Tochtersprache des Aquitan. Von der Zeit des Untergangs dieser Sprache spannt sich ein weiter chronolog. Bogen bis in die Moderne, bis hin zu Sprachen wie → Manx-Gälisch (ausgestorben seit 1974) oder Zarphatisch (Shuaditisch bzw. Jüdisch-Provenzal.; ausgestorben seit 1977), die zu den jüngsten untergegangenen Sprachen Europas zählen. Es gibt in diesem Kontinent einige Kleinsprachen, bei denen so gut wie keine Chancen einer Revitalisierung bestehen. Dazu gehören das Wotische (im Verwaltungsgebiet Leningrad, das im Unterschied zur Metropole St. Petersburg seinen alten Namen bewahrt hat) mit 56 Sprechern und das Liwische (in Kurland/Lettland) mit 21 Sprechern.

Die beiden bekanntesten untergegangenen Sprachen Europas sind das → Altgriechische und das → Lateinische. Griech. wurde zunächst in den myken. Kulturzentren des Festlandes und auf Kreta in Linear B geschrieben (17.–11. Jh.), danach von den aus Arkadien stammenden griech. Flüchtlingen auf Zypern in Kypr.-Syllab. (11.–3. Jh.) und frühestens seit dem 9. Jh. in der Ägäis und auf dem Festland in Alphabetschrift. Das sog. «dunkle Zeitalter» nach dem Niedergang der myken. Seeherrschaft war vielleicht auf dem Festland, aber nicht auf Zypern und in der Ägäis «dunkel». Die Verwendung als Schriftsprache zeigt im Fall des Griech. eine Kontinuität im Horizont der Zeit; allerdings haben sich die lokalen kulturellen Schwerpunkte mehrfach verlagert.

Als Kultursprache hat das Griech. seit der Antike die anderen Sprachen Europas beeinflußt, zum einen direkt, zum anderen indirekt über die Vermittlung anderer Kultursprachen wie des Latein. Das griech. Sprach- und Ideengut, das bis heute ein essentieller Bestandteil unserer modernen Sprachen ist, stammt überwiegend aus der klassischen (5.–4. Jh. v. Chr.) und hellenist. Periode (Ende des 4. Jh. v. Chr. bis Mitte des 1. Jh. n. Chr.) und wurde bis in die Spätantike hauptsächl. über das Latein. vermittelt. Seit der Renaissance wird Griech. als Bildungssprache gepflegt, mit direkter Einwirkung auf die zeitgenöss. Sprachen in Westeuropa. Im östl. Europa wirkte das byzantin. Griech. als Kirchensprache auf die süd- und ostslaw. Sprachen ein. Der moderne Kulturwortschatz und die wissenschaftl. Terminologie sind in den meisten Sprachen Europas durch lexikal. Elemente aus dem Griech. (und Latein.) geprägt.

Man spricht von der griech.-röm. Zivilisation der Antike und meint damit die Hochkulturen, die von den Sprechern des Griech. und Latein. getragen wurden. Dabei bleibt zumeist ein wichtiges sprachl. Bindeglied zwischen dem Griech. und dem Latein. unbeachtet, das → Etruskische. Denn griech. Einfluß hat sich erst in spätröm. Zeit unmittelbar im Latein. bemerkbar gemacht; zuvor wurde griech. Wort- und Kulturgut von den Etruskern an die Römer vermittelt. Beispielsweise ist der Ausdruck latein. *littera* ‹Buchstabe› (mit dem Pl. *litterae* in der Bedeutung ‹Brief›) nicht direkt, sondern über etrusk. Vermittlung aus griech. *diphtera* ‹Tierhaut (auf die geschrieben wurde)› entlehnt.

Obwohl Latein schon seit fast eineinhalb tausend Jahren nicht mehr gesprochen wird, ist es als Hochsprache in bestimmten Funktionen bis in die Moderne vital. Bis heute fungiert es als Amtssprache des Vatikans und es wird immer noch gelegentl. als Titelsprache für internationale Tagungen und Kongresse gewählt, selbst wenn deren Arbeitssprachen moderne Weltsprachen sind. Bis ins 20. Jh. wurde Latein. immerhin als Wissenschaftssprache verwendet. Das Flair der Universalität – und damit auch der Zeitlosigkeit – ist bis heute vital geblieben. Als gesprochene Sprache allerdings ist das Latein. schon lange tot, spätestens seit der Zeit, als sich aus dem lokalen Sprechlatein der ehemaligen röm. Provinzen roman. Sprachen ausbildeten.

Das Latein. ist in vieler Hinsicht die erfolgreichste und produktivste Kultursprache der Welt: Da ist einmal seine äußerst produktive Vermittlerrolle für antikes (mytholog., philosoph., literar.) Kulturgut; außerdem die große lexikal. Produktivität und das enorme Transferpotential latein. Kulturwörter, entweder auf direktem Wege oder über die zahlreichen Mittlersprachen; und schließlich die Popularität und der Variantenreichtum des latein. Alphabets, das auf allen Kontinenten benutzt wird.

Festlandkeltisch (Continental Celtic, celtique continental). In den griech. Quellen der Antike werden die «Barbaren» des Nordens und Westens *Keltoi* genannt, bei den Römern hießen sie *Celtae*. Ob es sich aber bei der Benennung einzelner Stämme durch antike Autoren in jedem Fall tatsächl. um Kelten gehandelt hat, ist unsicher. Nach Aussage der Orts- und Gewässernamen gilt jedoch die weite Verbreitung festlandkelt. Stämme als gesichert. Zu den produktivsten Elementen in kelt. Ortsnamen gehören die Formantien *-dunum* (‹befestigte Siedlung›) wie in Lugdunum (> Lyon), *-acum* wie in Mogontiacum (> Mainz) und *-magus* wie in Rigomagus (> Remagen). Vor der Verbreitung des → Lateinischen in den Provinzen des röm. Reiches war das Festlandkelt. mit seinen regionalen Varianten die am weitesten verbreitete Sprachgruppe Europas.

Nach ihrer geograph. Verteilung in Europa werden die kelt. Ethnien in zwei Hauptgruppen eingeteilt, in die Inselkelten auf den brit. Inseln und in die Festlandkelten (Kelten des europ. Festlandes). Entsprechend differenzieren sich die Sprachen in Inselkelt. und Festlandkelt. aus. Etliche der inselkelt. Sprachen (Kymr., Breton., Irisch, Schott.-Gäl.) sind bis heute erhalten, andere untergegangen (→ Kumbrisch, → Kornisch, → Manx-Gälisch, → Piktisch). Dagegen sind sämtl. Varianten des Festlandkelt. seit langem ausgestorben. Hierzu gehören das → Keltiberische im antiken Spanien, das → Gallische in Frankreich und das → Lepontische in Norditalien. Inwieweit sich die Varianten des Festlandkelt., die in Osteuropa (Balkankelt.) und in Kleinasien (Galatisch) verbreitet waren, als lokale Sprachen mit Eigenprofil von den westl. Varianten des Festlandkelt. unterschieden, kann auf der Basis des erhaltenen Namen- und Sprachmaterials nicht mit Sicherheit geklärt werden.

Kelt. wurde im Westen bis an die span. Atlantikküste (Galicien), im Süden bis nach Oberitalien, im Norden bis nach Norddeutschland, im Osten bis nach Rumänien (Transsylvanien) und bis ins nordwestl. Kleinasien (Galatia) gesprochen; die größte Ausdehnung bestand im 3. Jh. v. Chr. Die meisten Festlandkelten assimilierten sich im Lauf der Zeit ans Sprechlatein. Dies gilt in jedem Fall für die drei lokalen Hauptgruppen: die Keltiberer, deren Eigenständigkeit aus ihrer ursprüngl. kulturell-sprachl. Fusion mit den Iberern der Pyrenäenhalbinsel resultierte, die Gallier und die Leponter in den norditalien. Voralpen. Der Assimilationsprozeß zog sich bis in die ersten Jahrhunderte unserer Zeitrechnung hin. Als das Röm. Reich zerfiel, gab es nur noch periphere Restgruppen von Festlandkelten, die ihre Muttersprache bewahrt hatten. Einige dieser Gruppen hielten sich im Nordwesten Galliens, in der histor. Landschaft Ar(e)morica.

Kelt. ist einer der Hauptzweige der indoeurop. Sprachfamilie; seine Ausgliederung geht auf das 2. Jt. v. Chr. zurück. Das Kelt. steht im Kreis der indoeurop. Sprachen ohne nähere Verwandtschaft zu anderen Sprachzweigen für sich. Frühere Annahmen über engere Beziehungen zwischen den kelt. und den → italischen Sprachen sowie auch den german. Sprachen sind inzwischen aufgegeben worden.

Regionale kelt. Sprachen sind seit Mitte des 1. Jt. v. Chr. zu identifizieren. Festlandkelt. Sprachen sind zwischen dem 3. Jh. v. Chr. und dem 4. Jh. n. Chr. inschriftl. belegt. Texte sind in vier Schriftarten überliefert: in griech. Schrift (Gall. in Südfrankreich), in latein. Alphabet (Gall. in Frankreich), in einer Variante der → etruskischen Schrift (Luganer Alphabet) zur Schreibung des Lepont. und in einer Variante der iber. Schrift zur Schreibung des Keltiber. in Spanien.

Nicht zu verwechseln mit den Festlandkelten sind die Bretonen im Nordwesten Frankreichs, die der Landschaft ihren Namen gaben: Bretagne. Sie stammen von inselkelt. Migranten ab, die im 5. und 6. Jh. n. Chr. aus dem Südwesten Britanniens vor den Angeln und Sachsen in die Ar(e)morica geflohen waren. Dort trafen sie auf sprachverwandte Kelten, die noch nicht vollständig romanisiert waren. Die Reste der festlandkelt. Sprachkultur gingen in der breton. Sprachgemeinschaft auf, die sich in der Bretagne konsolidierte.

Lit.: Cunliffe 1997, Eska/Evans 1993, Haarmann 1997b, Maier 2000

Fränkisch (Frankish, franc). Die Franken (latein. Franci) sind als german. Stammesverband seit dem 5. Jh. n. Chr. bezeugt. Das ursprüngl. Siedlungsgebiet lag noch im 3. Jh. n. Chr. östl. des Rheins. Im Osten grenzte es an das der Sachsen, im Nordosten an das der Friesen, im Westen an das röm. Gallien. Ab 358 siedelten die Franken als Verbündete des Röm. Reiches auch westl. des unteren

Rheins. Einer der Stämme, der als salische Franken bekannt wurde, besiegte im Jahre 486 unter Führung Chlodwigs (reg. 482–511) den röm. Dux Syagrius und besetzte dessen Teilreich im nördl. Teil Galliens zwischen Somme und Loire.

Die Franken dehnten ihren Machtbereich sukzessive in das Gebiet der Westgoten im Südwesten und der Burgunder im Südosten aus. Bis zum Jahre 536 kontrollierten die Salier den größten Teil des heutigen Frankreich. Unter den Herrschern des Königshauses der Merowinger (bis 751) dehnte sich ihr polit. Machtbereich bis nach Mitteleuropa aus. Die Rechtsverhältnisse der fränk. Stämme sind im «Pactus Legis Salicae» (Gesetz der salischen Franken, 507) und im «Pactus Legis Ribuariae» (Gesetz der ripuarischen Franken, 7. Jh.) aufgezeichnet. Die german. Franken gaben dem Land Frankreich, den Bewohnern und der Sprache ihren Namen.

Mit Chlodwigs Taufe zu Weihnachten 497 avancierte das Christentum im gesamten Frankenreich zur Staatsreligion. Dies brachte erhebl. Veränderungen im offiziellen Sprachgebrauch mit sich. → Latein fungierte als Sprache der sich institutionalisierenden Amtskirche und als Medium der fränk. Staatskanzlei. Wahrscheinl. wurden amtl. Urkunden auch in Fränk. ausgefertigt; davon ist allerdings nichts erhalten. Das Fränk. erlebte eine Renaissance unter Karl dem Großen (reg. 768–814, seit 800 als Kaiser); zu dessen Reformen gehörte auch die Förderung des Fränk. als Arbeitssprache im Reichstag, der in Aachen abgehalten wurde.

Die Franken stellten in ihrem Großreich nur einen kleinen Teil der Bevölkerung. Die soziale und polit. Elite des Landes sprach Fränk., die Muttersprache der meisten Untertanen dagegen war Sprechlatein mit gall. Lokalkolorit, das sich allmählich zum Altroman. wandelte. Bis zum Ende der Merowingerherrschaft in Frankreich hatte es sprachl. Eigenheiten des Altfranzös. angenommen.

Das Fränk. ist eine westgerman. Sprache. Von den zeitgenöss. altgerman. Idiomen steht das Altsächs. verwandtschaftl. am nächsten. Der Name der Landschaft Franken erinnert an die alten Wohnsitze der ripuarischen Franken. Der fränk. Dialekt des Deutschen ist aber keine direkte Fortsetzung des mittelalterl. Fränk., sondern bildete sich erst später im Zuge der geograph. Verschiebung der roman.-german. Sprachgrenze aus. Im engl. Sprachgebrauch wird zwischen *Frankish* (Sprache der Franken) und *Franconian* (fränk. Dialekt des Deutschen) unterschieden.

Das Fränk. war zwar ledigl. die Sprache einer kleinen Elite im fränk. Reich, wirkte aber dennoch nachhaltig auf das Roman. der einheim. Bevölkerung ein. Mehr als 200 Lehnwörter fränk. Herkunft sind im Wortschatz des Altfranzös. nachzuweisen (heute aber viele veraltet): Spezialausdrücke wie *flèche* ‹Pfeil›, *hêtre* ‹Buche› oder *feutre* ‹Filz›, Elemente des Alltagswortschatzes wie *robe* ‹Kleidung›, *salle* ‹Saal› oder *jardin* ‹Garten›, dazu auffällig viele Farbbezeichnungen (z. B. franz. *blanc* ‹weiß›, *bleu* ‹blau›, *gris* ‹grau›, *blond* ‹blond›). Das Fränk. hat dem Französ. auch viele Verben vermittelt (z. B. franz. *gagner* ‹gewinnen›, *danser* ‹tanzen›, *souhaiter* ‹wünschen›, *choisir* ‹(aus)wählen›).

Der fränk. Einfluß auf das Französ. greift noch weiter: Während in den roman. Sprachen das Adjektiv nach dem Substantiv plaziert ist, das es modifiziert (z. B. franz. *la cuisine française* ‹die franz. Küche›), gibt es im Französ. z. T. auch eine alternative Voranstellung des Adjektivs (wie in den german. Sprachen); bei manchen (z. B. *vieux* ‹alt›) ist sie sogar obligator.: *une vieille femme* ‹eine alte Frau›. Zahlreiche Ortsnamen im nördl. Frankreich zeigen die Position des modifizierenden Adjektivs vor dem Substantiv (z. B. Longchamp, Francheville, Clairvaux, Rougemont). Ortsnamen dieses Typs machen zwischen 80 % und 90 % der Namenformen im nördl. und nordöstl. Frankreich aus, in jenem Gebiet, wo sich die meisten fränk. Siedler niedergelassen hatten.

Auch in der Phonetik des Französ. hat das Fränk. über Sprechgewohnheiten der sich assimilierenden fränk. Bevölkerung seine Spuren hinterlassen. Während in den roman. Sprachen das aus dem Latein. tradierte anlautende *h*- nicht mehr gesprochen wird, hat sich unter fränk. Einfluß im Französ. ein behauchter Anlaut in den fränk. Lehnwörtern erhalten, das sog. *h aspiré* (‹behauchtes h›); z. B. franz. *honte* ‹Schande›, *haie* ‹Zaun›, *hache* ‹Axt›. Bei Wörtern mit *h aspiré* wird auch die ansonsten charakterist. satzphonet. Bindung blockiert (also *la hache* ‹die Axt› ohne *liaison* im Unterschied zu *l'habit* ‹die Kleidung›).

Lit.: Berschin/Lühr 1995, James 1988, Petri 1977, Walter 1994: 234–240, Zöllner 1970

G

Gallisch (Gaulish, gaulois). Gall. war die Sprache der Festlandkelten, die seit dem 5. Jh. v. Chr. aus dem Alpenvorland nach Westen und Nordwesten migrierten und die charakterist. Eigenheiten der La Tène-Kultur in Westeuropa verbreiteten. Als die Römer ihr Imperium nach Westen ausdehnten, siedelten Gallier im Gebiet des heutigen Frankreich (ausgenommen die südwestl. Region von Aquitanien), in Belgien, im Westen Deutschlands und in der norditalien. Tiefebene. Gall. Kultur und Sprache standen seit dem 1. Jh. v. Chr. unter dem Einfluß des → Lateinischen, das mit Kolonisten, Kaufleuten, Verwaltungsbeamten und mit den Soldaten der zahlreichen Garnisonen nach Gallien transferiert wurde.

Die meisten Gallier akkulturierten sich und nahmen röm. Lebensweisen an. Bis in die spätröm. Zeit hatte sich ein fast vollständiger Sprachwechsel vollzogen. Gall. Sprachinseln hielten sich noch im Nordwesten Galliens, in der Landschaft Ar(e)morica. Die populäre Comic-Serie «Asterix und Obelix» spiegelt die Erinnerung an das nostalg. gall. Kulturbewußtsein. In jenes Rückzugsgebiet migrierten auch die inselkelt. Bretonen während der Völkerwanderungszeit. Die festlandkelt. Bevölkerung war bereits fast vollständig romanisiert, als die Franken das Land im 5. Jh. eroberten.

Das Gall. steht im Kreis der → festlandkeltischen Sprachen dem → Lepontischen in Norditalien am nächsten. Es ist in mehreren hundert Inschriften überliefert, und zwar in griech. Schrift (3. Jh. v. Chr. – Anfang 1. Jh. n. Chr.) und in Lateinschrift (Ende 1. Jh. v. Chr. – Ende 4. Jh. n. Chr.) Die griech. Schrift lernten die Kelten in Südfrankreich kennen. Das um 600 v. Chr. als phokäische Kolonie gegründete Massalia (Massilia), das heutige Marseille, war nicht nur eine griech. Handelsniederlassung, sondern auch ein Kulturzentrum, das in den kelt. Kulturkreis ausstrahlte. Der griech. Einfluß verstärkte sich im 4. Jh. v. Chr. mit der Gründung von Nikaia (das moderne Nizza), einer Tochterstadt Massalias. Nachdem Gallien röm. Provinz geworden war, verbreitete sich rasch die Lateinschrift. Das südl. Frankreich (Gallia Narbonensis) stand bereits seit 121 v. Chr. unter röm. Verwaltung.

Die erhaltenen Texte sind entweder einsprachig oder zweisprachig (gall.-latein.), eingraviert auf Stein und Metallplatten oder auf Tongefäße und Spinnwirtel gemalt. Die meisten Inschriften (Grab- und Weihinschriften) sind kurz, enthalten außer Namen nur einige stereotypische Wendungen und sind häufig nur fragmentar. erhalten. Die wenigen längeren Texte in Gall. sind sämtl. im latein. Alphabet geschrieben. Hierzu gehören drei Bleiplatten aus dem 1. Jh. n. Chr. (die von Lezoux mit rund 50, von Chamalières mit mehr als 50, von Larzac mit mehr als 160 Wörtern) sowie Fragmente des «Kalenders von Coligny» (Ain) aus dem 2. Jh. n. Chr.

Noch in der ersten Hälfte des 3. Jh. n. Chr. war das Gall. als lebende Sprache in weiten Teilen Galliens gebräuchl., denn es wird neben dem Latein., Griech. und Pun. in einem Dekret erwähnt, mit dem der Sprachgebrauch für die Abfassung von Testamenten festgelegt wird. Auch nachdem das Gall. ausgestorben war, hinterließ es bleibende Spuren in der roman. Sprachlandschaft Frankreichs und im Französ. Zu den produktivsten Formantien in der Toponymie Frankreichs gehört das gall. -acos, das in unterschiedl. Lautgestalt in Ortsnamen auftritt: als -ac in der Bretagne (St-Briac), als -ai oder -y in Nordfrankreich (Vitrai, Vitry), als -ac im Süden (Cognac, Vitrac). Im französ. Wortschatz sind etliche Lehnwörter gall. Herkunft erhalten geblieben wie *chemin* ‹Weg›, *charrue* ‹Pflug›, *bouge* ‹Ausbauchung (z.B. einer Tasche, eines Fasses)›, *débraillé* ‹unordentlich, schlampig› (< *braie* ‹Pluderhose›).

Zu den Substratelementen kelt. Herkunft im Französ. gehören auch verschiedene Techniken des Sprachbaus. Abweichend von den anderen roman. Sprachen ist die Zählweise von 60 an aufwärts im Standardfranzös. nach der für das Kelt. charakterist. Zwanziger-Zählung strukturiert: franz. *soixante-dix* ‹70› (wörtl. ‹sechzig-zehn›), *quatre-vingts* ‹80› (wörtl. ‹vier Zwanziger›), *quatre-vingts-dix* ‹90› (wörtl. ‹vier-Zwanziger-zehn›). Im belg. Französ. dagegen sind die Zehnerzahlen roman. organisiert (*soixante, septante, octante, novante*). Ebenfalls kelt. beeinflußt ist das Strukturprinzip der periphrast. Frage vom Typ franz. *est-ce que tu viens?* ‹kommst du?› (wörtl. ‹ist es, daß du kommst?›) oder *qu'est-ce que tu vois?* ‹was siehst du?› (wörtl. ‹was ist es, das du siehst?›).

Lit.: Lambert 1994, Meid 1992, Russell 1995

Ge'ez, (Alt)Äthiopisch (Ge'ez/Gi'iz, gué'ez). Ge'ez ist die alte Kultursprache des christl. Äthiopien. In der Antike nannten die Griechen die südl. von Ägypten lebenden Völker *aithiopoi* (Sg. *aithiopos* ‹Mensch mit sonnenverbranntem Gesicht›). Der Name wurde sowohl auf die dunkelhäutigen Nubier als auch auf Äthiopier selbst bezogen, später dann ausschließl. auf die Bewohner Äthiopiens. (Der Ländername Abessinien leitet sich über sprachl. Vermittlung des Arab. vom Stammesnamen der Habashat her; entspr. Namenformen treten in europ. Sprachen seit dem 12. Jh. auf.)

Der größte Teil des Schrifttums, das vor dem 19. Jh. in Äthiopien entstand, ist in Ge'ez geschrieben. Ge'ez ging zwar schon im Laufe des 12. Jh. als gesprochene Sprache unter, wurde aber weiterhin als Literatur- und Ritualsprache verwendet. Obwohl das Amhar. die wichtigste Schriftsprache des modernen Äthiopien für offizielle und praktische Zwecke ist, hat das Ge'ez – ähnl. wie das → Koptische bei den Christen Ägyptens – seine Nischenfunktion als liturg. Sprache der christl. Kirche bis heute bewahrt.

Das Ge'ez bildet mit den lebenden Sprachen Tigre und Tigrinya die nordäthiop. Gruppe der äthiop.-semit. Sprachen, die ihrerseits zum Kreis der südsemit. Sprachen zählen. Dagegen gehören das Amhar. und zahlreiche andere Sprachen Äthiopiens zur südäthiop. Gruppe. Früher nahm man an, Ge'ez sei die Basissprache für die modernen äthiop. Sprachen. Tatsächl. aber war es eine ältere Schwestersprache des Tigre und Tigrinya, die keine direkten Fortsetzer hatte. Metaphor. betrachtet repräsentiert Ge'ez einen toten Ast im nordäthiop. Sprachzweig. Ge'ez und Amhar. sind auch keine Nahsprachen, sondern ihre Strukturen unterscheiden sich merklich. In der Phonetik und in der Morphologie weist das Ge'ez konservativere Züge als südäthiop. Sprachen auf (z.B. die Erhaltung altsemit. Laryngale, die Produktivität des sog. «gebrochenen» Plural nach dem Muster Sg. *negus* ‹König› vs. Pl. *nägäst* ‹Könige›, die Bewahrung der morpholog. Markierung *-t* für das Femininum beim Nomen und Adjektiv).

Die Anfänge des äthiop. Schrifttums in Ge'ez gehen auf das 4. Jh. n. Chr. zurück und sind assoziiert mit dem damals aufstrebenden Königreich von Aksum. Dieses Reich war bereits im 1. Jh. n. Chr. gegründet worden, erlebte aber erst nach der Annahme des Christentums um 350 seine eigentl. Machtfülle und kulturelle Blüte. Das polit. und kulturelle Zentrum, dem dieses Reich seinen Namen verdankt, liegt im Norden Äthiopiens, im nördl. abessin. Hochland. In Aksum gab es schon in vorchristl. Zeit eine hochentwickelte Kultur. Die Krönungskirche Marjam Sejon von Aksum ist wohl der älteste Kirchenbau des Landes.

Die Periode des alten Schrifttums in Ge'ez dauerte von der Mitte des 4. bis zum Ende des 7. Jh. Zu den ältesten Schriftdenkmälern gehören die monumentalen, in Stein gemeißelten Königsinschriften aus Aksum. Die weitere Schrifttradition war zunächst durch Übersetzungen und Adaptionen christl. Literatur aus anderen Sprachen geprägt, v.a. dem → Altgriechischen, Syr. und Kopt. Zu den elementaren Werken dieses Übersetzungsschrifttums gehören die Bibel, das dogmat.-patrist. Sammelwerk «Kerellos» (= Kyrillos), der «Physiologus», die Mönchsregeln des Pachomius, u.a. Während der gesamten aksumit. Periode war Ge'ez sowohl als Umgangs- als auch als Schriftsprache in Gebrauch.

Die zweite Periode literar. Aktivität in Ge'ez setzte im 13. Jh. ein. Damals wurde Ge'ez nicht mehr gesprochen und fungierte ausschließl. als Sprache des Klerus und der äthiop. Bildungselite. Während der Regierungszeit des Kaisers Amdä Sejon I. (reg. 1314–1344) erlebte das mittelalterl. Schrifttum in Ge'ez eine erste Blüte. Zu den bedeutendsten Werken jener Zeit gehören Übersetzungen aus dem Byzantin.-Griech. und Arab. Als Übersetzer wurde in jener Periode Abunä Abba Sälama bekannt. Eine besondere Breitenwirkung bei den äthiop. Christen hatte die «Weddase Marjam» (Lobpreisung Marias), ein Marienoffizium in sieben Gesängen (jeweils für einen bestimmten Wochentag). Während der Regierungszeit von Dawit I. (reg. 1380–1412) wurde eine Sammlung von Marienlegenden aus dem Abendland und dem Orient, die «Täamrä Marjam» (Wunder Marias), zusammengestellt.

Das klassische Werk der religiösen Literatur in Ge'ez ist das Anfang des 14. Jh. kompilierte «Kebrä nägäst» (Herrlichkeit der Könige), eine Sammlung von Erzählungen, in denen vom Besuch der Königin von Saba bei Salomon, von der Geburt ihres gemeinsamen Sohnes Menilek und von der Überführung der Bundeslade aus Jerusalem nach Äthiopien berichtet wird. Der einheim. Überlieferung zufolge begründete Menilek das äthiop. Kaiserhaus und regierte selbst das Land als erster Herrscher. Das Werk spiegelt die Jahrhunderte alte äthiop.-christl. kulturelle Identität.

Ge'ez (wie auch die anderen verschrifteten Sprachen Äthiopiens) ist zu allen Zeiten in der äthiop. Schrift geschrieben worden – einer Ableitung von der in Südarabien verbreiteten Form zur Schreibung des → Sabäischen. Die sabäische, äthiop. u. a. verwandte Schriftarten gehören zum südsemit. Schriftenkreis. Zunächst wurden ledigl. Konsonanten geschrieben, seit dem 4. Jh. auch Vokale. Die 33 Konsonantenzeichen werden je nach ihrer lautl. Umgebung im Wortkörper variiert, in jeweils sieben Variationen. Dadurch wächst der Bestand individueller Zeichen enorm an. Andererseits wird die äthiop. Schrift damit zur vollkommensten aller semit. Schriften. Zur Schreibung des modernen Amhar. ist neuerdings ein vereinfachtes System in Gebrauch.

Lit.: Dillmann 1899, Haile 1996, Hetzron 1972, Uhlig 1987, Ullendorff 1955

Getisch (Getic, guétique). Der griech. Geograph Strabo (ca. 64 v. Chr. – ca. 21 n. Chr.) sagte von den Geten, sie seien einer der thrak. Stämme. Diese Ansicht wird auch von der modernen Forschung vertreten. Die Geten siedelten im östl. Teil des thrak. Stammesgebiets (südl. des Donaudeltas). Einige rumän. Forscher sind der Ansicht, daß die Sprache der Geten aufs engste mit dem → Dakischen verwandt war, und postulieren eine dako-get. Spracheinheit. Allgemein verbreitet ist die Auffassung, daß das Get. – wie das Dakische und → Moesische – ein Dialekt des → Thrakischen, einer der alten indoeurop. Sprachen der Balkanregion, war.

Der röm. Dichter Ovid (Ovidius Naso; 43 v. Chr. – ca. 17 n. Chr.), der ab 8 n. Chr. in der Verbannung an der Schwarzmeerküste lebte, berichtete, er habe während seines Exils in Tomis (dem heutigen Constanța) Gedichte in get. Sprache geschrieben (*Getico scripsi libellum sermone* ‹Ich habe einen Gedichtband in Get. geschrieben›). Diese Texte sind jedoch verschollen.

Lit.: Duridanov 1999

Gotisch (Gothic, gotique). Aus dem 6. Jh. stammen die ersten Berichte über die Herkunft der Goten. Der got. Historiograph Jordanes lokalisiert ihre Urheimat im südl. Skandinavien; dies wird auch von der modernen Forschung als histor. Tatsache anerkannt. Ob auch die Insel dazugehörte, die ihren Namen nach den Goten erhalten hat (Gotland), ist nicht geklärt. Im frühen 1. Jh. v. Chr. wanderten die Goten nach Süden ins Mündungsgebiet der Weichsel (Gothiscandza); im 2. Jh. n. Chr. verlagerten sie ihr Siedlungsgebiet ins

Schwarzmeergebiet. Die Migrationen der Goten stehen vermutl. im Zusammenhang mit dem Bernsteinhandel. Die südl. Ostseeküste war das Fundgebiet, die Region nördl. des Schwarzen Meeres war der Hauptabsatzmarkt dieser Handelsware. In Südeuropa bildeten sich zwei Hauptgruppen der Goten in getrennten Siedlungsräumen heraus: Ostgoten und Westgoten.

Die Westgoten siedelten zunächst in Dakien, das seit dem 3. Jh. n. Chr. unter dem Namen Gutthiuda bekannt war. Die dort lebenden Goten wurden *tervingi* ‹Goten des Waldes› genannt. Sie wichen später dem Druck der Hunnen aus und begaben sich als Foederati in den Schutz des oström. Reichs. Sie wurden in Moesien und Thrakien angesiedelt. In der zweiten Hälfte des 4. Jh. nahmen die Westgoten den christl. (arian.) Glauben an. Zu Beginn des 5. Jh. migrierten sie nach Westen, plünderten im Jahre 410 Rom, zogen weiter nach Westen und gründeten in Südfrankreich ein Reich. Dieses ältere Westgotenreich, das von 419 bis 507 bestand, wird nach der Hauptstadt Tolosa (Toulouse) «tolosanisch» genannt. Nachdem dieses Reich von den Franken zerstört worden war, organisierten sich die Westgoten erneut in Spanien, in einem Reich mit der Hauptstadt Toledo. Das toledan. Westgotenreich existierte bis zur arab. Invasion der Pyrenäenhalbinsel im Jahre 711. Spuren des westgot. Sprach- und Kulturerbes sind in einigen Lehnwörtern (z. B. franz. *guerre*, span. *guerra* ‹Krieg›), in span. Vornamen (z. B. Rodrigo, Alfonso und Fernando sind got. Herkunft) und im Bauwesen zu erkennen (die Vorliebe für Backsteinbauten in Südwestfrankreich stammt aus got. Zeit).

Die Ostgoten siedelten zunächst im Gebiet zwischen Dnestr und Dnepr. Sie wurden *greuthingi* ‹Goten der Steppe› genannt. Während der Zeit, als die Hunnen in Pannonien, Dakien und später in der Walachei herrschten, gehörten zu ihren Verbündeten auch ostgerman. Stämme, die Gepiden und die Ostgoten. Der Anteil german. Truppen am militär. Erfolg der Hunnen ist nicht zu unterschätzen. Auch dürfte sich der intensive Kontakt kulturell ausgewirkt haben. Der Name des größten hunn. Heerführers ist in seiner got. Form überliefert (Attila ‹Väterchen›). In der Schlacht auf den katalaun. Feldern (451) kämpften Ostgoten auf hunn. Seite gegen Westgoten. Später zogen german. Stammesverbände unter Führung der Ostgoten nach Italien, wo Theoderich der Große im Jahre 493 das Reich der Ostgoten begründete. In Norditalien dauerte die ostgot. Herrschaft bis 553.

Teile der Ostgoten blieben im östl. Europa zurück. Zu ihnen gehörten auch diejenigen Goten, die seit der zweiten Hälfte des 3. Jh. auf der Halbinsel Krim siedelten. Während sich die restl. Ostgoten auf dem Balkan bald assimilierten, bewahrten die Krimgoten ihr sprachl. und kulturelles Erbe noch lange. Im 9. Jh. werden sie in einer byzantin. Quelle erwähnt, und während des Mittelalters kursierten Gerüchte über Germanen im Schwarzmeergebiet. Der fläm. Franziskaner Wilhelmus de Rubruk (Ruysbroek), der 1253 als Gesandter eine Reise ins Reich der Mongolen unternahm, berichtete von den *Goti* auf der Krim und bezeichnet ihre Sprache als «*ydioma Teutonicum*». Aus dem 16. Jh. stammen weitere Berichte über die Krimgoten: von Joachim Cureus («Historia de reliquiis Gothorum in Taurica Chersoneso», 1571) und von Ogier Ghiselin von Busbecq («Augerii Gislenii Busbequii D. Legationis Turcicae epistolae quattuor», Paris 1589). Von besonderem Interesse ist die «epistola quarta» aus dieser Sammlung.

Der fläm. Aristokrat von Busbecq war zwischen 1560 und 1562 als Gesandter am Hof des Sultans in Istanbul tätig und zeichnete Wörter und Sätze aus der Sprache der Krimgoten auf. Trotz etlicher Ungereimtheiten in der schriftl. Wiedergabe läßt das Sprachmaterial (68 Einzelwörter und einige Numeralia) den jüngeren Lautstand des Krimgot. im Unterschied zum konservativeren Westgot. in den Bibeltexten erkennen. Das Krimgot. steht mit seinen phonet. Eigenheiten dem Ostgot. nahe, dessen Besonderheiten aus Handschriften Norditaliens und aus zahlreichen Personennamen bekannt sind (vgl. krimgot. *mine* ‹Monat› vs. bibelgot. *mena*, *schlipen* ‹schlafen› vs. *slepan*, *goltz* ‹Gold› vs. *gulþ*). Das Krimgot. hat sich noch lange erhalten. Seine Tradition dürfte Anfang des 18. Jh. endgültig erloschen sein.

Got. ist eine ostgerman. Sprache und mit dem Gepid., → Burgundischen, → Vandalischen und Herulischen verwandt. Alle diese Sprachen sind wie das Got. auch ausgestorben. German. Erbwörter stellen den Grundbestand des got. Wortschatzes (z. B. got. *fimf* ‹fünf›, *handus* ‹Hand›, *raíhts* ‹richtig, gerade›). Im Zuge ihrer Christianisierung kamen die Goten in Kontakt mit den Kultursprachen der frühen Kirche auf dem Balkan, mit dem Griech. und Latein. Im got. Wortschatz des religiösen Übersetzungsschrifttums finden sich Entlehnungen aus beiden Quellen. Wörter wie got. *aggilus* ‹Engel›, *aíkklesjo* ‹Kirche›, *aíwaggeljo* ‹Evangelium› oder *praufetja* ‹Prophet› können sowohl aus dem Griech. als auch aus dem Latein. stammen. Das Got. hat aber auch etliche Elemente des Balkanlatein. übernommen, die zum Alltagswortschatz gehörten (z. B. got. *wein* ‹Wein›, *lukarn* ‹Leuchte›, *mes* ‹Tisch; Schüssel›). Diese Ausdrücke latein. Herkunft finden sich auch in anderen german. Sprachen.

Aus dem 3. Jh. n. Chr. sind einige wenige Runeninschriften erhalten, deren Sprache got. Eigenheiten zeigt. Die schriftsprachl. Überlieferung des Got. setzt im 4. Jh. mit den Übersetzungen von Bibeltexten (hauptsächl. den Büchern des Neuen Testaments) ein. Die in Abschriften aus dem 5. und 6. Jh. bekannten Texte werden dem arian. Bischof Ulfilas (ca. 311–383) zugeschrieben, der bei den Goten in Dakien missionierte. Die Namenform Ulfilas entspr. dem got. *Wulfila* ‹kleiner Wolf›. Die got. Bibeltexte sind in mehreren Prachthandschriften überliefert, von denen der Codex Argenteus (Silberkodex) der schmuckvollste und künstler. wertvollste ist. Dieses Manuskript gelangte von Norditalien nach Prag und wurde im Jahre 1648 der Königin Christine von Schweden geschenkt. Andere Manuskripte sind der Codex Gissensis, der Codex Carolinus und die Codices Ambrosiani aus Mailand.

Die got. Texte sind in der sog. «westgotischen» Schrift geschrieben; sie ist von der im 4. Jh. gebräuchl. griech. Unzialschrift abgeleitet und enthält einige Sonderzeichen aus dem latein. Alphabet sowie aus der Runenschrift.

Lit.: Krause 1953, Lehmann 1986, Stearns 1989, Tollenaere/Jones 1976, West 1998

Guantschisch, Altkanaresisch (Guanche, gouanche). Die Guantschen (Alt-Kanarier) sind die Urbevölkerung der Kanar. Inseln vor der Westküste Afrikas. Wann ihre Vorfahren in den kanar. Inselarchipel eingewandert sind, ist ungeklärt. Die ältesten Migrationen kann man für das 2. Jt. v. Chr. rekonstruieren. Die kanar. Inseln waren den Karthagern, Griechen und Römern bekannt. Der letzte Migrationsschub von Nordafrika her erfolgte im 8. und 9. Jh. n. Chr. Damals wurden auf den Kanaren noch Megalithbauten errichtet. Die materielle Hinterlassenschaft der Alt-Kanarier weist deutl. auf eine insuläre Spezialisierung ihrer Kultur hin.

Die Sprache der Alt-Kanarier, das Guantsch., gehört zum Kreis der Berbersprachen und zeigt ostberber. Prägung. Der Name «Guantsche» ist eine abgekürzte Eigenbezeichnung (ursprüngl. *guančinet* oder *guančinerfe*), die sich aus *guan* ‹Mensch› und der Komponente *činet* bzw. *činerfe* (einheim. Name der Insel Teneriffa) zusammensetzt. Die Alt-Kanarier verwendeten eine besondere Pfeifsprache (span. *silbo*), um sich von den Berghängen aus über die Täler hinweg verständigen zu können. Dieses Zeichensystem basierte auf der Silbe als Grundeinheit. Die Silben von Wörtern wurden nach drei distinktiven Merkmalen bezeichnet: Länge, Höhe und Stärke des Pfeiftons.

Anfang des 18. Jh. ist das Guantsch. ausgestorben. Die span. Kolonisten haben Teile der berber. Urbevölkerung des Inselarchipels dezimiert oder ins Inland abgedrängt. Andere Guantschen haben sich assimiliert, ihre Muttersprache aufgegeben und das Span. angenommen.

Das Guantsch. ist nur spärl. überliefert, und zwar hauptsächl. in Form von Einzelwörtern in den Berichten europ. Reisender und Kolonisten. Die ersten Informationen über die Guantschen stammen aus dem 14. Jh. Umfangreicheres Wortmaterial ist von Caspar Fruktuoso und Abreu de Calinda y Torriani im 17. Jh. aufgezeichnet worden. Auf den Kanar. Inseln – und zwar auf der südwestl. Insel Hierro – sind einige kurze Felsinschriften in der berber. Schrift (Tifinagh) gefunden worden, die seit der Antike zur Schreibung des → Numidischen bezeugt ist.

Lit.: Ajchenval'd/Militarev 1991, 1998, Álvarez Delgado 1964, Vycichl 1952

Guaraní, klassisches (Classical Guaraní, guaraní classique). Das klassische Guaraní war die wichtigste Verkehrssprache in den Missionsniederlassungen (span. *reducciones*), die im 17. Jh. von den Jesuiten in Paraguay gegründet wurden. Motiviert wurde das Projekt der *reducciones* durch die Idee, in den Missionsstationen eigentl. Arbeitslager für die lokale indian. Bevölkerung einzurichten, und dies zum Zweck eines gesellschaftl. Großexperiments mit Modellcharakter für die «Domestizierung» der Indianer Lateinamerikas. Das Domestizierungsprojekt, dessen Anfänge auf das Jahr 1604 zurückgehen, wurde mit dem Verbot des Jesuitenordens im Jahre 1767 ersatzlos aufgegeben.

Das damals von etwa 0,3 Mio. Menschen (als Primärsprache von Indianern und als Zweitsprache von Europäern) gesprochene Guaraní hat keine direkten sprachl. Fortsetzer gehabt und steht als untergegangene Sprache allein im Kreis der anderen Sprachen, die zum Zweig der Guaraní-Sprachen in der Tupí-Guaraní-Sprachfamilie gehören. Das klassische Guaraní ist in den Werken von Antonio Ruiz de Montoya («Arte y bocabulario de la lengua guaraní», 1640) und von Paulo Restivo («Arte de la lengua guaraní», 1724) dokumentiert worden.

Die modernen Guaraní-Sprachen werden vor allem in Paraguay, außerdem auch in angrenzenden Regionen Argentiniens, Boliviens und Brasiliens gesprochen. Die Sprache mit den meisten Sprechern (ca. 3 Mio.) ist das paraguayan. Guaraní.

Lit.: Dooley 1992

H

Hattisch (Hattic, hattique). Hatt. war die Sprache der vorindoeurop. Bevölkerung in Zentralanatolien. Diese alte Bevölkerung war auch namengebend für diese Region, die in hethit. Quellen *Hatti* genannt wird. Bevor bekannt wurde, daß es in Altanatolien eine ältere Sprache als das → Hethitische gegeben hatte, nannte man die Indoeuropäer, die dorthin eingewandert waren, Hethiter (‹Einwohner von Hatti›), obwohl sich dieser Name eigentl. auf die Urbevölkerung beziehen müßte. Die Volksbezeichnung für das indoeurop. Volk (Hethiter) und der Name für ihre Sprache (Hethit.) hatten sich aber bereits eingebürgert, so daß man für die ältere Bevölkerung den Namen Hattier (bzw. *hattili*-Sprecher) und für ihre Sprache den Namen Hatt. (bzw. Proto-Hatt.) einführte.

In den hethit. Schriftdokumenten wird deutl. unterschieden zwischen *hattili* (Adverb) ‹auf Hattisch› und *nasili* bzw. *nesili* (Adverb) ‹auf Nesisch (= auf Hethit.)›. Der Ausdruck *nasili* ist abgeleitet vom Namen des ältesten Fürstenbesitzes (Nesa), wo sich die indoeurop. Einwanderer zuerst festsetzten. Das Siedlungsgebiet der *hattili*-Sprecher wurde von den Hethitern mehrheitl. übervölkert, und die Altanatolier assimilierten sich im Verlauf des 15. Jh. v. Chr. Auch nachdem das Hatt. nicht mehr als gesprochene Sprache verwendet wurde, nahm es weiterhin wichtige Funktionen in der hethit. Gesellschaft wahr, und zwar als Ritualsprache im Kultleben und in der religiösen Literatur. Vom hatt. Schrifttum sind keine selbständigen Texte erhalten, ledigl. Einsprengsel in hethit. Dokumenten. Das Hatt. wird jeweils in der hethit. Variante der Keilschrift wiedergegeben. Hatt. Namen finden sich auch in assyr. Texten.

Die Bedeutung des Hatt. als Ritualsprache bei den Hethitern stand im Zusammenhang mit dem hatt. Einfluß auf den hethit. Götterpantheon. Die beiden höchsten Götter im Staatskult des Alten Reiches (1590–1420 v. Chr.) waren hatt. Gottheiten: der Wettergott Taru und die Sonnengöttin Wurusemu (bzw. Wurunschemu). Kultzentrum der Sonnengöttin, die zugleich Göttin der Unterwelt war, war Arinna. Nach den Informationen in hethit. Quellen lag diese Stadt eine gute Tagesreise von der Hauptstadt des Hethiterreiches, Hattusa, entfernt. Der Ort ist bislang nicht identifiziert worden. Arinna war eine wichtige Station auf den alljährl. Kultreisen des hethit. Königs.

Das Hatt. ist mit keiner anderen Sprache Anatoliens oder Mesopotamiens verwandt, steht also isoliert da. Zu den Besonderheiten der hatt. Sprachstruktur gehören agglutinierende Techniken, bei denen sowohl Präfigierung als auch Suffigierung produktiv waren.

Lit.: Hauschild 1964, Schuster 1974

Hebräisch (Hebrew, hébreu). Die Aufzeichnung der Texte des Alten Testaments in hebr. Sprache zog sich über Jahrhunderte hin, vom 10. Jh. bis zum 2. Jh. v. Chr. In der älteren Phase dieser schriftl. Überlieferung war das Hebr. auch als gesprochene Sprache bei den Israeliten verbreitet. Seit dem 6. Jh. v. Chr. machte sich der Einfluß des → Aramäischen geltend, das insbesondere während der persisch-hellenist. Periode das Hebr. zunehmend verdrängte. In Judäa hörte Hebr. als gesprochene Sprache im 2. Jh. n. Chr. auf zu existieren. Danach war es auf spezielle, an das Schriftmedium gebundene Funktionen beschränkt, und zwar als Sakralsprache (Offenbarungs-Sprache) der Tora. Inhaltl. eng mit den Grundlehren der biblischen Überlieferung assoziiert ist die bildungssprachl. Funktion des Hebr., die nicht nur auf Vertreter der jüd. Bildungselite beschränkt blieb, sondern Breitenwirkung hatte. Durch die Jahrhunderte hat das Hebr. seine Rolle als Sakralsprache (hebr. *leshon ha-kodesh* ‹heilige Sprache›) beibehalten, und es ist das universale Symbol kultureller Identität für das Judentum in aller Welt.

Die Sprache der archaischen poet. Texte (seit dem 12. Jh. v. Chr.) unterscheidet sich von der Standardsprache der biblischen Überlieferung, dem Standard-Bibelhebr. In dieser Sprachform ist zwar der größte Teil des Alten Testaments abgefaßt, jüngere Bibeltexte – solche, die nach 500 v. Chr. aufgezeichnet wurden – sind aber in einer von der älteren Bibelsprache abweichenden Variante, im sog. «späten Bibelhebr.» geschrieben. Die im nördl. Königreich Israel verwendete Sprache unterschied sich dialektal vom Hebr. des südl. Königreichs Judäa.

Hebr. ist – wie auch das → Phönizische und → Moabitische – eine der alten → kanaanitischen Sprachen (in der histor. Landschaft Kanaan), die in einem weiteren Kreis genealog. verwandter

Sprachen stehen. Zusammen mit dem → Aramäischen und → Ugaritischen werden sie zur Gruppe der nordwestsemit. Sprachen zusammengefaßt. Aus dem vergleichenden Studium der verwandtschaftl. Verhältnisse der semit. Sprachen untereinander läßt sich eine gemeinsame ursprachl. Form erschließen, das Proto-Semit. (bzw. Ursemit.), ein theoret. Konstrukt, das nicht inschriftl. belegt ist. Das Semit. seinerseits ist einer der Sprachzweige der afroasiat. Sprachfamilie.

Das Hebr. ist eine agglutinierende Sprache. Die Eigenheiten dieses Sprachtyps sind besonders gut im Verbsystem zu erkennen. Die Verbwurzel besteht überwiegend aus drei Radikalen (Drei-Konsonanten-Kombination), teilweise aus vier, selten aus fünf. Im Nominalsystem dominieren analyt. Sprachtechniken. Das für das Proto-Semit. rekonstruierte Kasussystem ist im Hebr. nicht erhalten. Kasusbeziehungen werden im Hebr. mittels Präpositionen zum Ausdruck gebracht. Das Hebr. ist aber von den semit. Sprachen diejenige, die im Satzbau die Sprachtechniken des Altwestsemit. vergleichsweise am besten bewahrt hat. Mit dem Aramäischen teilt das Hebr. eine sprachhistor. Besonderheit: die Umsetzung alter Verschlußlaute in Spiranten.

Das Hebr. hat mit anderen semit. Sprachen zahlreiche Elemente des semit. Erbwortschatzes gemein. Hierzu gehören Ausdrücke aus den verschiedensten Lebensbereichen: Siedlungsmilieu und Lebensweisen, die vom jahreszeitl. bedingten Weidewechsel bestimmt sind (hebr. *naweh* ‹Weideland›, *ayin* ‹Quelle›, *rkb* ‹reiten›), Witterung und natürl. Umgebung (hebr. *majim* ‹Wasser›, *shemesh* ‹Sonne›, *lajla* ‹Nacht›), die Vielfalt der Fauna und Flora im Nahen Osten (hebr. *namer* ‹Leopard›, ‹*aqrab*› ‹Skorpion›, *kammon* ‹Kümmel›), soziale Beziehungen und Stammesgliederung (hebr. *goy* ‹Volksstamm›; seltener ‹Stammland›; *bath* ‹Tochter›, *ham* ‹Schwiegervater›), Autoritätsstrukturen (hebr. *ama* ‹Sklavin›, *melekh* ‹König›) u. a.

Der hebr. Wortschatz ist durchsetzt mit Hunderten von Entlehnungen. Dies sind entweder Elemente, die direkt aus dem Aramäischen stammen oder von diesem vermittelt wurden, aber ursprüngl. → akkadischer Herkunft sind. Die Kontakte zum Akkad. (in seiner babylon. Variante) gehen zurück auf die Periode vor dem sog. «babylonischen Exil» (hebr. *galut*), zwischen 598 und 539 v. Chr. Während des Exils wurde in Babylon bereits überwiegend Aramäisch gesprochen. Diese Sprache hat langfristig auf das Hebr. eingewirkt.

Etwa vierzig Ausdrücke hat das Hebr. aus dem → Ägyptischen entlehnt, darunter zentrale Begriffe des biblischen Kultlebens. Dazu gehört mit Sicherheit der Name des jüd. Passahfestes (hebr. *pesach*), vielleicht ist auch die Bezeichnung für den Zustand vor der Schöpfung (hebr. *tohu wa bohu* ‹Tohuwabohu, Durcheinander›; *wa* ist Konjunktion und bedeutet ‹und›) ägypt. Herkunft.

In seiner Gesamtheit ist der althebr. Wortschatz synonymenreich und ausdrucksstark. Die soziokulturelle Leistungskraft des althebr. lexikal. Potentials ist sehr treffend von einem der besten Kenner der semit. Sprachen beschrieben worden: «So ist das Hebr. [Althebr.] eine nuancen- und farbenreiche Sprache, vorzüglich befähigt zum Ausdruck gesteigerten Erlebens wie zu lebendiger Schilderung und anschaulicher Erzählung, ohne doch einen hohen Grad gedanklicher Schärfe zu erreichen; eine Dichter- und Propheten-, keine Denkersprache» (Bergsträsser 1928 [1963]: 46).

Erst die schriftsprachl. Tradition des Mittelhebr. bewirkte eine Modernisierung und Ausweitung des Wortschatzes. Während des Mittelalters übernahm das Hebr. – wie schon in althebr. Zeit – aramäische Lehnwörter, zusätzl. auch Ausdrücke aus anderen antiken Kultursprachen (Griechisch). Im maurischen Spanien bildete es eine minutiöse philosoph. Terminologie aus, mit der es eine hohe Blüte erlebte, u.a. in den Werken von Maimonides (gest. 1204) aus Córdoba.

Lediglich auf Vermutung beruht die Annahme, es habe eine vorbiblische Literatur in Hebr. gegeben. Andeutungen dazu finden sich in der Bibel (z.B. Numeri XXI, 14; Josua X, 13; 2. Samuel I, 18). Neben der Bibel (Altes Testament) ist der Talmud das wichtigste Monumentalwerk der jüd. Kultur. Lediglich der erste Teil des Talmud, die zwischen 200 v.Chr. und 200 n.Chr. entstandene Mischna, ist in Hebr. verfaßt; die um 500 n.Chr. in Babylon entstandene Gemara ist überwiegend in Aramäisch geschrieben. Ein weiteres klassisches Werk des Judentums ist der Midrasch, ein Sammlung homilet. Literatur (Schriftauslegung), der in derselben Epoche entstanden ist wie der Talmud.

Die Sprache der Mischna, das mischnaische Hebr., wurde während des gesamten Mittelalters für die Redaktion religiöser Literatur verwendet. Der Wortschatz dieser Sprachform wurde nach und nach von Lehnwörtern aus den wichtigen Kontaktsprachen der Juden bereichert, etwa durch das Jüd.-Arab. auf der Pyrenäenhalbinsel. Die

rabbin. Schrifttradition im Nahen Osten verlor in der zweiten
Hälfte des 1. Jt. u. Z. mehr und mehr an Bedeutung. Das jüd.-hebr.
Kulturschaffen verlagerte sich nach Südeuropa, in die Mittelmeer-
länder Italien und Spanien.

Seit dem 9. Jh. erlebte das Hebr. eine neue Blütezeit in den jüd.
Kulturzentren Süditaliens (v.a. in Palermo) und im maurischen
Spanien (Sevilla, Córdoba, Granada in Andalusien). Die 500 Jahre
Kulturschaffen der Juden (Sepharden) auf der Pyrenäenhalbinsel
werden als das «goldene iberische Zeitalter» bezeichnet. Im 12. Jh.
erweiterte sich der hebr. Kulturkreis durch die Emigration von Juden aus der Pyrenäenhalbinsel nach Südfrankreich (Provence). In
jener Region entstand im Mittelalter auch eine neue Gattung von Literatur in Hebr., die Kabbalah, das religiös-philosoph. Schrifttum
des jüd. Mystizismus. Zur Zeit der Renaissance interessierten sich
Literaten und Gelehrte v.a. in Italien für das kabbalist. Schrifttum,
denn hier wurden Erläuterungen zu einem Themenkreis angeboten,
zu dem die christl. Tradition nichts bereithielt: zur Beschaffenheit
des Universums jenseits der sichtbaren Welt. Einer der nichtjüd.
Kabbalisten ist weltbekannt: Giordano Bruno (1548–1600), der wegen seiner Ansichten auf dem Scheiterhaufen endete.

Hebr. war die Sprache der biblischen Überlieferung, und es diente
auch zur Aufzeichnung der zahlreichen Kommentare zu biblischen
Themen, die den Midrasch beständig ergänzten. Es wurde auch für
die Abfassung religiöser und weltl. Dichtung verwendet. Über die
Verwendung des Hebr. als Wissenschaftssprache war man zerstrit-
ten. Das Bibelhebr. als Sakralsprache kam nicht in Frage, da sein
Wortschatz keine wissenschaftl. Terminologie ausgebildet hatte. Das
Mischna-Hebr. war als Literatursprache geeignet, nicht aber für wissenschaftl. Zwecke. Das vielsprachige Milieu im maurischen Spanien
bot eine geeignete Alternative an: das Arab., das nun auch die Juden
für ihr wissenschaftl. Schrifttum verwendeten. Arab. Terminologie
wurde auch ins Hebr. übernommen, in Gestalt direkter Entlehnungen oder als Lehnübersetzungen.

Die jüd. Kulturentwicklung in Spanien wurde abrupt mit der Vertreibung der sephard. Juden im Jahre 1492 unterbrochen. Damals
verarmten viele Regionen Spaniens kulturell und wirtschaftlich. Das
Kulturschaffen der Sepharden verlagerte sich zwangsweise erneut,
diesmal in die Balkanländer und nach Holland.

Hebr. war auch die Hochsprache der aschkenas. Juden in Osteuropa, deren Kulturschaffen im Verlauf des 18. und 19. Jh. seine Blüte erlebte. Zur Zeit der Säkularisierung der Juden in Mitteleuropa verstärkte sich das Image des Hebr. als Sakralsprache. Um die Isolation des sakralen Mediums vom alltägl. Sprachgebrauch der Juden abzumildern, bildeten sich zwei gegensätzl. Trends im Kulturschaffen aus. Bei den Vertretern der Hebraisten (Maskilim) wurde Hebr. als Hochsprache gepflegt, sowohl in der schönen Literatur (Romane) als auch in der Publizistik (in Tageszeitungen und literar. period. Journalen). Als Gegengewicht gegen diese intellektuellen Aktivitäten schufen die Hassidim eine volkstüml. Literatur in Hebr.

Der Holocaust bewirkte den Zusammenbruch nicht nur der jidd., sondern auch der hebr. Kulturtradition in Europa. Die heutige Pflege des Hebr. als Kultursprache in europäischen Zentren aschkenas. Juden wie Paris, London oder Oxford bleibt weit hinter der Dynamik während der Blütezeit des 19. Jh. zurück.

Hebr. ist die einzige antike Bildungssprache, die nach einer langen Periode ihrer Nichtverwendung für die Alltagskommunikation in der Moderne revitalisiert worden ist und heute in Form des Neuhebr. (Ivrit) von mehr als viereinhalb Millionen Menschen gesprochen wird.

Lit.: Bergsträsser 1918–29, 1928 [1963], Haarmann 1998a, Murtonen 1989–90, Ranke-Graves/Patai 1986, Steiner 1992, Wigoder 1989

Hethitisch (Hittite, hittite). Hethit. wurde im 2. Jt. v. Chr. in Anatolien gesprochen. Es war die Sprache der Mehrheitsbevölkerung im Kerngebiet des hethit. Königreichs, das zwischen ca. 1600 und 1200 v. Chr. Bestand hatte. Dort waren mehrere Sprachen in Gebrauch: Hethit. in gesprochener und geschriebener Form, → Luwisch als häufig verwendete und → Palaisch als sporadisch verwendete Schriftsprache, → Hattisch als Ritualsprache, → Sumerisch als Bildungssprache. Ab ca. 1400 v. Chr. fand zusätzlich das → Hurritische als Ritualsprache Verwendung.

Hethit. (hethit. *nesili/nasili, nesumnili*) gehört zum Kreis der indoeurop. Sprachen und bildet mit dem am nächsten verwandten Luw. sowie dem Palaischen, → Lydischen und → Lykischen den anatol. Sprachzweig. Das Hethit. ist eine Centum-Sprache (wie auch das → Lateinische oder die german. Sprachen), es hat also die palatalen Verschlußlaute des Indoeurop. erhalten (vgl. hethit. *kardi-,* lat. *cor,* griech. *kardia,* got. *haírto* ‹Herz›). Das Luw. weicht ab, denn es ist trotz seiner verwandtschaftl. Nähe zum Hethit. eine Satem-Sprache (wie die ind. oder slaw. Sprachen). Zu den ältesten Bestandteilen des Hethit. gehören indoeurop. Erbwörter (z. B. hethit. *wa-a-tar* ‹Wasser›, *si-i-us* ‹Gott›, *at-ta-as* ‹Vater›).

Über die Verwendung von Logogrammen der sumer. Keilschrift (d. h. von Ganzwortzeichen, denen in den hethit. Texten gelegentlich Determinative beigefügt werden) sind auch sumer. Lesungen in hethit. Texte eingegangen, die den Synonymenschatz des Hethit. bereichert haben. So steht das sumer. Logogramm (bzw. Sumerogramm) *sal* ‹Frau› als Synonym für hethit. *kwinna-,* die sumer. Lesung *babbar* ‹weiß› für hethit. *harki-.* Das Sumer. war auch die Vermittlersprache für → akkadische Elemente, die ebenfalls ins hethit. Lexikon gelangten, wie *qabû* ‹sagen›, *mannu* ‹wer (Fragepronomen)› und *sumu* ‹Name›. Während der Spätzeit des hethit. Reichs wirkte auch das Hurrit. auf das Hethit. ein, v. a. in der religiösen und technischen Terminologie.

Das Hethit. wurde etwa 400 Jahre lang geschrieben. Die archäolog. Ausgrabungen in der Gegend von Bogazköy (Türkei), wo die ehemalige Hauptstadt des Hethiterreichs, Hattusa, entdeckt wurde, haben reichhaltige Archive mit einer Fülle von Schriftdenkmälern (Tontafeln) aufgedeckt. Die hethit. Texte sind in einer Variante der babylon. Keilschrift aufgezeichnet worden. Bis heute sind rund 25 000 Texte und Textfragmente in hethit. Sprache bekannt. Der größte Teil dieser Texte entstand im 14. und 13. Jh. v. Chr.

Nach Jahrzehnten der Spekulation über mögl. Lesungen der Texte gelang es Friedrich Hrozný Professor für semit. Sprachen an der Universität Wien, im Jahre 1915, die Sprache eindeutig als indoeurop. zu identifizieren.

In der Sprachgeschichte des Hethit., die sich am Schriftsprachengebrauch orientiert, werden folgende Perioden unterschieden: Althethit. (1570–1450 v. Chr.), Mittelhethit. (1450–1380 v. Chr.), Neuhethit. (1380–1220 v. Chr.).

Lit.: Adams/Mallory 1997a, Friedrich 1960, Puhvel 1984–90, Starke 1998

Hottentottisch (Hottentot, hottentot). Die Hottentotten (Eigenbezeichnung: Khoi-khoi) gehören zu den Ureinwohnern Afrikas. Dies bedeutet, daß sie entfernte Nachkommen der ältesten Vertreter des modernen Menschen (moderner Homo sapiens bzw. Homo sapiens

sapiens) sind, dessen Spuren sich nach humangenet. Erkenntnissen auf ca. 150000 Jahre zurückverfolgen lassen. Ob sich in den alten Populationen Südafrikas, wozu die Hottentotten gehören, genet. Komponenten früherer Menschenarten wie des Homo erectus oder des Neandertalers erhalten haben, konnte bislang nicht sicher geklärt werden.

Die Khoi-khoi waren die ersten Einheimischen, mit denen die Europäer ab 1488 im Süden Afrikas Kontakt hatten. Auf ihren Namen geht die Benennung einer ganzen Sprachfamilie zurück, der Khoisan-Sprachen. Der Afrikanist C. Meinhof bezeichnete diese Sprachfamilie als «Hottentottensprachen» (1930). Die Herkunft des Namens «Hottentotten», den die holländ. Siedler der Kapregion verwendeten, ist ungeklärt. Vielleicht spiegelt sich in dieser Namenform der Versuch, die für die Khoisan-Sprachen typischen «Schnalzlaute» (click sounds) nachzuahmen.

Das Siedlungsgebiet der Khoi-khoi lag in Küstennähe und erstreckte sich westl. und östl. der Südspitze Afrikas, die die Europäer «Kap der Guten Hoffnung» nennen. Die Khoi-khoi standen in Kontakt mit den sog. Buschmännern (niederländ. Boesmans, Eigenbezeichnung: San) im Nordwesten und mit der Bantu-Bevölkerung im Norden (Herero) und im Nordosten (Nguni). Anders als die San waren die Khoi-khoi nicht in erster Linie Wildbeuter, ihre wichtigste Wirtschaftsform in histor. Zeit war die Viehzucht. Die Lebensweise als Viehnomaden hatten sie im Kontakt mit ihren Nachbarn im Osten, der dortigen Bantu-Bevölkerung, kennengelernt. Die Rinder- und Schafarten, die bei den Khoi-khoi der Kapregion verbreitet waren, sind die Grundlage für die modernen Züchtungen der weißen Siedler. Die Khoi-khoi verarbeiteten auch einheim. Kupfer und Eisen, das sie von europ. Seefahrern im Austausch gegen Proviant erwarben.

Der Niedergang der Khoi-khoi -Kultur begann bald nach der Ankunft der ersten holländ. Siedler, die sich im Jahre 1652 unter der Führung von Jan van Riebeek, dem ersten Gouverneur der Kapkolonie, an der Südspitze Afrikas niederließen. Von Anbeginn standen die Khoi-khoi unter dem Druck der holländ. Landnahme. Die europ. Kolonisten machten den einheim. Viehnomaden ihre Weidegründe streitig und vertrieben sie auch mit Gewalt. Andere wurden «domestiziert» und als sog. «Haussklaven» gehalten. Die Khoi-khoi assimilierten sich bald, ihre früheren Sozialbindungen als kulturelle

Gemeinschaft lösten sich auf. Nurmehr in Resten konnten sich einige lokale Sprachinseln bis ins 20. Jh. erhalten.

Die in mehrere lokale Stämme gegliederten Khoi-khoi unterschieden sich sprachl. wie kulturell von den Buschmännern, die weiter im Inland wohnten. Das Hottentott. gliederte sich in zwei Hauptdialekte: Kap-Hottentott. und Ost-Hottentott. Sprachmaterial zur Kapvariante findet sich seit 1658 in den Aufzeichnungen holländ. Reisender und Siedler; die östl. Variante ist erst aus Quellen des späten 18. Jh. näher bekannt. Die Zuordnung des überlieferten Sprachmaterials zu einzelnen Stämmen ist unsicher.

Die Khoisan-Sprachen (insbesondere das Hottentott.) der Kapregion haben dem Afrikaans, der Sprache der aus Holland eingewanderten Buren, zahlreiche Bezeichnungen der einheim. Flora und Fauna sowie Namen für geograph. Formationen vermittelt (z. B. Bezeichnungen für Pflanzen wie *boegoe* oder *dagga* und für Tiere wie *kwagga* oder *koedoe*, für Gebrauchsgegenstände wie *karos* ‹Felldecke›, für bestimmte Gewohnheiten wie *abba* ‹ein Kind auf dem Rücken tragen›; Geländenamen wie *Gamka* ‹Löwenfluß› oder *Karreedouw* ‹Schakalpaß (im Gebirge)›. In der Toponymie Südafrikas gibt es auch zahlreiche hybride Namen mit einem Khoisan- und einem Afrikaans-Element (z. B. *Tarkastad: tarka* ‹Mädchen› aus dem Khoikhoi + -*stad* ‹Stadt, Ort› aus dem Afrikaans).

Das Hottentott. ist eine von mehreren Khoisan-Sprachen, die im Laufe des 19. und 20. Jh. ausgestorben sind. Die nach ihrer Sprecherzahl bedeutendste noch lebendige Sprachgemeinschaft der Khoisan ist das Nama (0,146 Mio.), das hauptsächl. in Namibia verbreitet ist. Das Nama wird auch «Hottentott.» genannt; es ist mit dem ausgestorbenen Hottentott. verwandt, aber nicht identisch.

Lit.: Shaw 1972, Winter 1981

Hsi-Hsia → Tangutisch

Hunnisch (Hunnic, hunne). Im 3. Jh. v. Chr. begannen die Nomaden Südsibiriens, nach Nordchina vorzudringen. Unter ihnen waren auch hunn. Stammesverbände. In zeitgenöss. chines. Quellen finden sich Berichte über die Hsiung-nu, die möglicherweise mit den Hunnen zu identifizieren sind. Sie stellten die militär. und polit. Elite in den lockeren Stammesbünden, die an den Einfällen nach Süden beteiligt waren. Im 4. Jh. n. Chr. werden die Hunnen in europ. Quellen erwähnt. Um 350 gelangten sie bis an die Wolga und drängten viele dort ansässige Stämme ins Schwarzmeergebiet und ins Kaukasusvorland ab. Im Jahre 395 überquerten hunn. Verbände den Kaukasus und fielen in die östl. Provinzen des Röm. Reiches ein.

Bereits vorher waren hunn. Verbände nach Westen vorgedrungen, besiegten german. Truppen im Jahre 376, drängten die Goten nach Westen und Süden ab und unterwarfen die Gepiden. Innerhalb kurzer Zeit besetzten die Hunnen Transsylvanien und den östl. Teil Ungarns, die histor. Landschaft Pannonien. Südl. des Körös-Flusses errichteten sie ihr Hauptlager (*ordu*). Der byzantin. Historiker Priscus von Panium besuchte den hunn. Königshof im Jahre 449; er nennt die Hunnen «*basileioi Skuthai*» (Königsskythen), so wie die Steppennomaden allgemein seit Herodot benannt worden waren.

Jahrzehntelang brandschatzten die Hunnen die Grenzgebiete des weström. und oström. Reiches und erpreßten von den Herrschern in Konstantinopel und Rom hohe Summen für zeitweiliges militär. Stillhalten. Hunn. Truppen allein hätten aber die Angriffe auf die röm. Heere und die ihrer Verbündeten kaum erfolgreich ausführen können. In ihrem Gefolge kämpften german. Vasallen, v. a. Gepiden und Ostgoten. In der Schlacht auf den katalaun. Feldern (451) in der Nähe der französ. Stadt Troyes in der Champagne kämpften ostgot. Hilfstruppen der Hunnen gegen ihre Stammesverwandten, die Westgoten. Die Gepiden hatten als Vasallen der Hunnen einen privilegierten Status. Der gepid. König Ardarich war von 445 bis 453 Mitglied in Attilas Kronrat.

Nach Attilas Tod rebellierten die Gepiden erfolgreich gegen die hunn. Vorherrschaft. Im Jahre 455 wurden die Hunnen unter Führung von Attilas Sohn und Nachfolger, Ellak, militär. geschlagen. Danach zogen sie sich nach Südrußland zurück, wo sie am Asovschen Meer im Bund mit den Proto-Bulgaren ein neues Reich gründeten. Nachdem dieses Staatsgebilde von den Chasaren zerstört worden war, zogen hunn. Bevölkerungsgruppen nach Norden an die mittlere Wolga, wo sie im Machtbereich der Wolgabulgaren siedelten. Später gingen die Reste der hunn. Bevölkerung kulturell und sprachl. eine Fusion mit anderen türk. Stämmen ein, aus denen sich eine neue ethnische Identität ausgliederte, das Volk der Tschuwaschen.

Hunn. Stammesverbände demonstrierten ihre Macht auch in Südasien. Im 2. Jh. n. Chr. fielen die Shvetahûna (‹weiße Hunnen›) in Nordwestindien ein und verdrängten die dort herrschenden Shaka nach Osten. Im Flußtal des Oxus (Amudarya) gründeten sie ein Reich. Um 460 griffen sie das Gupta-Reich (um 240 – Ende 7. Jh.) an, wurden aber von Skanda Gupta zurückgeschlagen. Ein erneuter Vorstoß unter dem Hunnenführer Toramana im Jahre 484 in den Panjab war erfolgreich. Von dort aus beherrschten die Hunnen das westl. Indien. Um 515 gründete der Nachfolger Toramanas, Mihirakula, die neue Hauptstadt des Hunnenreichs: Siâlkot. In der Folgezeit unternahmen die Hunnen immer wieder Raubzüge ins Gangestal, wo sie u. a. zahlreiche hinduist. Heiligtümer zerstörten.

Um 565 gelang es den letzten Herrschern des Gupta-Reichs, die Vormacht der Hunnen zu brechen. Die Reste der hunn. Bevölkerung wurden zerstreut und assimilierten sich sprachl. wie kulturell an ihre ind. Umgebung. Humangenet. Spuren der hunn. Bevölkerung lassen sich noch in einigen lokalen Ethnien im ind. Bundesstaat Rajasthan nachweisen.

Obwohl sprachl. Zeugen des Hunn. äußerst spärl. sind und sich fast ausschließl. auf Namenmaterial beschränken, läßt sich dennoch mit Sicherheit feststellen, daß das Hunn. eine sehr frühe individuelle Sprachvariante des türk. Sprachzweigs der altaischen Sprachfamilie war – die älteste bekannte türk. Einzelsprache.

Lit.: Bóna 1994, Frédéric 1987: 1001 (zum Stichwort Shvetahûna), King 1987, Thompson 1996

Hurritisch, Churritisch (Hurrian, hourrite). Das Hurrit. ist eine → altkleinasiatische Sprache, die aus Inschriften sowie aus Personennamen (z. B. Menua, Ispuini) in → akkadischen (bzw. babylon.) Quellen bekannt ist. Verbreitungsgebiet der Hurriter war das nördl. Mesopotamien und die Region nordöstl. davon (Zagros-Gebirge). Sie gründeten verschiedene kleinere Stadtstaaten an der nördl. und östl. Peripherie der Großmacht Assyrien. Um 1500 v. Chr. erreichte ihre polit. Macht im Reich der Mitanni ihren Höhepunkt. Das Kerngebiet dieses Königreichs erstreckte sich am Habur, einem Nebenfluß des Euphrat, die Hauptstadt war Washukanni, dessen Ruinen bisher nicht gefunden worden sind. Bald nach 1000 v. Chr. verloren sich jedoch ihre Spuren, später werden die Hurriter nicht mehr erwähnt.

Bereits seit etwa 2300 v. Chr. sind hurrit. Personennamen in ak-

kad. Quellen überliefert. Das Hurrit. hat eine eigene, reiche schriftsprachl. Tradition entwickelt, die in den Zeitraum von 2230 bis
ca. 1200 v.Chr. fällt. Die meisten Texte, die in einer Variante der
Keilschrift geschrieben worden sind, stammen allerdings nicht aus
dem ursprüngl. Siedlungsgebiet der Hurriter, sondern aus den Regionen, wo sich der kulturelle Einfluß des Hurrit. geltend gemacht
hat. Von den Kanzleitexten des Mitanni-Reiches sind zumeist nur
Fragmente erhalten. Der längste, bislang bekannte Text in Hurrit. ist
ein Brief des Königs Tušratta von Mitanni an den ägypt. Pharao
Amenophis IV. (reg. 1353–1336 v.Chr.), der sich Echnaton (‹der
dem Gott Aton Gefällige›) nannte. Dieser Brief mit über 400 Zeilen
Text in Hurrit. wurde in den Archiven von Achetaton (Tell el-
Amarna), Echnatons Hauptstadt, gefunden.

Eine besondere Funktion übernahm das Hurrit. in Anatolien, wo
es ab ca. 1400 v.Chr. von den Hethitern als Ritualsprache verwendet
wurde. Es ist eine größere Anzahl zweisprachiger Texte in Hurrit.
und → Hethitisch erhalten, die schwer zu lesen und bisher zum
größten Teil noch nicht übersetzt sind. Der kulturelle Einfluß der
Hurriter im Reich der Hethiter zeigt sich u.a. darin, daß sie die
Schreibtechnologie der Keilschrift aus Mesopotamien nach Anatolien vermittelt haben. Über hurrit. Vermittlung gelangte die Kenntnis der Keilschrift auch in den südl. Kaukasus, wo sie von den Urartäern verwendet wurde.

Früher nahm man an, das Hurrit. sei eine isolierte Sprache. Nach
neueren Erkenntnissen wird es als ostkaukas. Sprache klassifiziert.
Es ist demnach mit modernen Vertretern der ostkaukas. Sprachfamilie wie Lesgisch, Lakisch oder Awarisch (nicht zu verwechseln mit
dem untergegangenen → Awarisch) verwandt. Der Sprachbau des
Hurrit. ist agglutinierend. Die Nominal- und Verbalflexion erfolgt
ausschließl. mit Hilfe von Suffixen; z.B. hurrit. *zen(a)-iffu-we [-ne-
we] asti[-we] nihari* ‹die Mitgift (meiner Schwägerin, d.h.) der Frau
meines Bruders› (wörtl. ‹Bruder-mein-Gen.-bestimmter Artikel-
Gen. Frau-Gen. Mitgift›). In der Nominalflexion werden mindestens zwölf Kasus unterschieden. Die Verbalflexion unterscheidet
insgesamt 14 Positionen für Ableitungssuffixe, die dem Stamm an-
gefügt werden können. Das Hurrit. kennt die für andere kaukas.
Sprachen ebenfalls typischen Ergativkonstruktionen: Das direkte
Objekt transitiver Verben (= Patiens) steht in einem eigenen Kasus
(Absolutiv), während das Subjekt des Satzes als solches durch den

Kasus Ergativ näher bestimmt wird. Dabei nimmt das transitive Verb dafür typische Personenanzeiger an; z. B. *Mane-nna-ân šen(a)-iff-u-š pašš-oš-a* ‹und mein Bruder (Subjekt) hat den Mane (Objekt) geschickt› (wörtl. ‹der Mane befindet sich im Stadium des von meinem Bruder Geschickt-Seins›).

Lit.: Gragg 1992, Laroche 1980, Wegner 2000, Wilhelm 1982

Iberisch (Iberian, ibérique). Die Iber. Halbinsel (auch Pyrenäenhalbinsel genannt) hat ihren Namen von den vorröm. Iberern (latein. *Hi-
beri, Iberi*, griech. *Iberes*), deren spezif. Kulturtraditionen sich im
6. Jh. v. Chr. herausbildeten. An der Kulturchronologie iber. Siedlungen in Andalusien und in Südost-Spanien ist zu erkennen, daß
sich die iber. Kultur auf der Basis lokaler spätbronzezeitl. Kulturen
des 8. und 7. Jh. v. Chr. ausformte. Charakteristika der iber. Kultur
findet man in weiten Regionen Spaniens, vom Süden über den Südosten bis in den Nordosten und sogar bis nach Südfrankreich hinein.
Die iber. Siedlungen sind im Küstengebiet und dessen Hinterland
am dichtesten, im Inland spärlicher.

Die Ethnogenese der Iberer fällt in eine Zeit, als sich im Süden
Spaniens → phönizischer Einfluß, im Nordosten griech. Einfluß
geltend macht. Von der alten Kolonie Gades (span. Cádiz) aus, die
schon um 1100 v. Chr. gegründet worden war, dehnten die Phönizier
ihren Wirkungskreis weiter nach Osten aus. Ihr nördlichster Handelsstützpunkt war Malaca (span. Málaga). Dort gerieten sie in
Konflikt mit den Griechen, die nicht weit von Malaca eine Kolonie
(Mainake) gegründet hatten. Im 5. Jh. v. Chr. wichen diese dem
Druck der Karthager. Haupteinflußgebiet der griech. Kolonisation
war der Nordosten Spaniens (Katalonien). Das wichtigste Ausstrah-
lungszentrum griech. Kultur war Emporion (span. Ampurias), eine
Kolonie Massalias (franz. Marseille).

Typisch iber. ist die Art und Weise, wie autochthone Kulturele-
mente mit solchen phöniz. und griech. Provenienz fusionieren. Die
Organisation der phöniz. und griech. Siedlungen hatte eine unmittelbare und weitreichende Wirkung auf die iber. Umgebung. Es dauerte nur wenige Jahrzehnte, bis die ersten iber. Städte insbesondere
nach griech. Vorbild entstanden. Die älteste iber. Stadt, deren Ruinen bei dem heutigen Ort Ullastret liegen, wurde um 550 v. Chr. ausgebaut, nur 20 km von der griech. Kolonie Emporion entfernt, die
ihrerseits 575 v. Chr. gegründet wurde. Als die Römer im Jahre 201
Jh. v. Chr. den Osten Spaniens ihrem Machtbereich anschlossen, wa-

ren sie erstaunt über das hohe Niveau der iber. Urbanisation. Die Iberer akkulturierten sich und gaben im Prozeß des Sprachwechsels das Iber. zugunsten des → Lateinischen auf. In der späten röm. Kaiserzeit war die Romanisierung der Iberer im wesentl. abgeschlossen.

Die iber. Kultur hat ihrerseits auf andere Völker im Binnenland der Iber. Halbinsel ausgestrahlt, so auf die kelt. Bevölkerung, die eine ethnische und kulturelle Fusion mit den Iberern einging. Das → Keltiberische nahm als Variante des → Festlandkeltischen in diesem Fusionsprozeß sprachl. Eigenprofil an. Das Iber. selbst war keine indoeurop. Sprache wie das Kelt., sondern gehörte zum Kreis der → altmediterranen Sprachen, die bereits vor Ankunft indoeurop. Populationen in den Mittelmeerländern verbreitet waren.

Seit dem 18. Jh. haben sich Forscher bemüht, das Iber. in eine verwandtschaftl. Beziehung zum Bask. zu setzen, denn auch diese Sprache ist vorindoeurop. Einige Forscher sehen im Bask. sogar eine Tochtersprache des älteren Iber. Diese Idee hat zuerst Manuel Larramendi in seinem Traktat «La antigüedad y universalidad del Bascuenze en España» (1728) vorgetragen. In der Forschungsgeschichte wird aber allgemein Wilhelm von Humboldt als Vater der Hypothese von der iber.-bask. Sprachverwandtschaft betrachtet, der einige Gedanken dazu in seiner «Prüfung der Untersuchungen über die Urbewohner Hispaniens vermittelst der Vaskischen Sprache» (1821) entwickelte.

Es gibt in der Tat etliche lexikal. Parallelen zwischen dem Iber. und Bask. Bask. Ausdrücke wie *bizkar* ‹steile Bergwand›, *beltz* ›schwarz›, *argi* ‹hell› oder *ilun* ‹dunkel› haben eine auffällige Ähnlichkeit mit iber. Wörtern. Andererseits haben grammat. Vergleiche gezeigt, daß das Lesen iber. Inschriften mit Hilfe des Bask. zu Fehldeutungen führte. Neuerl. gehen die Forscher davon aus, daß sich die Ähnlichkeiten zwischen beiden Sprachen aus alten kulturellsprachl. Kontakten der Iberer zu den Vorfahren der Basken, den Aquitaniern, erklären. Das → Aquitanische und Iber. hätten demnach im Rahmen ihrer Kontakte lexikal. Parallelismen und Ähnlichkeiten im Sprachbau entwickelt.

Das Iber. ist aus zahlreichen Inschriften aus der Zeit zwischen dem 5. und 1. Jh. v. Chr. bekannt: Weih- und Grabinschriften, Briefe und Münzlegenden wurden in Stein oder auf Metall (insbesondere Bleiplatten) eingraviert. Die Anfänge der Schriftlichkeit im iber. Kulturkreis stehen in unmittelbarem Zusammenhang mit der phöniz.-karthag. und griech. Schrifttradition. Beide Schriftarten, das semit. und das griech. Alphabet, haben die Entwicklung der iber. Schrift beeinflußt. Da die iber. Schrift ein Mischsystem von Buchstaben- und Silbenzeichen ist, muß auch noch mit anderen Einflüssen gerechnet werden. Kürzlich ist die Hypothese geäußert worden, daß über die Handelskontakte zum östl. Mittelmeer auch zyprische Griechen in die Hafenstädte Hispaniens gelangten und sich mit ihnen die Kenntnis der kypr. Silbenschrift verbreitete. Auch deuten einige Zeichenformen der iber. Schrift auf kypr. Einfluß hin.

Die iber. Schrift differenzierte sich in drei regionale Varianten aus, in eine ältere südwestl. Variante, eine südl., die in Andalusien verbreitet war, und eine östl. (levantin.) im Nordosten Hispaniens. Die meisten iber. Inschriften stammen aus Fundorten in Andalusien. Die südwestl. Variante der Schrift verwendet ausschließl. Buchstabenzeichen, während die beiden anderen sowohl Buchstaben als auch Silbenzeichen kennen. Die Inschriften in der südwestl. und südl. Schriftvariante sind linksläufig, d. h. von rechts nach links geschrieben, die in der östl. Variante dagegen fast alle rechtsläufig. Mit der iber. Schrift wurden außer dem Iber. selbst auch das → Tartessische (in der südwestl. Variante) und das Keltiber. (in der östl. Variante) geschrieben.

Lit.: Haarmann 1997a, 1998b, Les Ibères 1997, Swiggers 1996, Untermann 1975 ff.

Illyrisch (Illyrian, illyrique). Das Siedlungsgebiet illyr. Stammesgruppen erstreckte sich im balkan. Küstengebiet der Adria, von Dalmatien im Nordwesten bis nach Makedonien im Südosten; Kerngebiet war das nördl. und südl. Albanien. Dort wohnten nach den Berichten röm. Autoren (P. Mela, II 56, und Plinius, Naturalis historia) die *Illyrii proprie dicti* (‹Illyrer im eigentl. Sinn›). Über die interne Stammesgliederung der Illyrer sind keine Einzelheiten bekannt, ledigl. verschiedene Stammesnamen wie Dalmater, Liburner, Dardaner, Taulantier, Breuker u. a.

Im 3. Jh. v. Chr. unternahmen die Römer die ersten militär. Operationen gegen die Illyrer (latein. *Illyrii*, griech. *Illúrioi*). Die Kämpfe dauerten Jahrzehnte. Im Jahre 155 v. Chr. wurde der Stamm der *Delmatae* (daher der Landschaftsname Dalmatien) unterworfen. Aber erst im Jahre 59 v. Chr. konnten die Römer im illyr. Siedlungsgebiet eine Provinz einrichten, die ab 42 v. Chr. Dalmatia genannt, 10 Jahre später dann in Illyricum umbenannt wurde. Die Provinz erstreckte sich von den rätischen (norditalien.) Alpen bis nach Makedonien. Die Grenzziehung entsprach keiner ethnischen Gliederung; Illyricum schloß nicht nur das Siedlungsgebiet der Illyrer, sondern auch anderer Balkanvölker ein.

Große Teile der Illyrer haben sich während der Zeit der röm. Herrschaft auf dem Balkan akkulturiert, es fand ein Sprachwandel zum → Lateinischen statt. Aus der Fusion dieser romanisierten Küstenbewohner mit thrak. und illyr. Bevölkerungsteilen des Binnenlands bildeten sich im Frühmittelalter alban. Kultur und Sprache heraus. Das roman. Spracherbe ist im Wortschatz und in der Wortbildung des Alban. in Gestalt von latein.-frühroman. Lehnwörtern sowie Suffixen erhalten geblieben. In einigen Teilen Bosniens hat sich das Illyr. bis ins 7. Jh. n. Chr., d. h. bis zur Ankunft der Slawen, gehalten.

Obwohl das Illyr. nur spärl. überliefert ist, läßt sich aus dem lexikal. Material die indoeurop. Verwandtschaft dieser Sprache rekonstruieren. Am nächsten verwandt ist das Illyr. mit dem ebenfalls ausgestorbenen → Messapischen in Süditalien und entfernter mit dem → Venetischen in Nordostitalien. Überliefert sind nur wenige, sicher als illyr. Wörter identifizierbare Glossen in griech. und röm. Quellen. Hierzu gehören illyr. *rhinós* ‹Nebel› (vgl. alban. *rê*, altgegisch *ren* ‹Wolke›), *sabaia* ‹bierartiges Getränk› und *sybina* ‹Jagdspieß›. Zahlreicher sind die illyr. Orts-, Personen- und Götternamen, die in den Werken antiker Autoren zu finden sind (z. B. illyr. *Scordus, Skardon,* ein Bergname, dessen Wurzel auch im Stadtnamen Scardona enthalten ist; *Bato,* ein Männername; *Ica* und *Iria,* Göttinnen in Flanona).

Lit.: Duridanov 1999, Wilkes 1992

Indus-Dravidisch, Altdravidisch der Indus-Zivilisation (ancient Dravidian, dravidien ancien). Für die Sprache, die im 3. und 2. Jt. v. Chr. in den alten Kulturzentren des Industals (Mohenjo-Daro, Harappa u. a.) geschrieben wurde, gibt es noch keinen konventionellen Namen. Die hier gewählte Bezeichnung «Indus-Dravid.» entspricht einer Statusbestimmung nach soziolinguist. Kriterien. Erst kürzlich hat der finn. Forscher A. Parpola den Nachweis erbracht, daß die Sprache der Texte in der alten Indus-Schrift eine archaische Form des Dravid. ist. Dies bedeutet, daß die Träger der alten Indus-Zivilisation Draviden waren, die später von den um 1600 v. Chr. nach Indien eindringenden Indo-Ariern nach Osten und Süden abgedrängt wurden. Die Indo-Arier haben die Stätten der Indus-Kultur nicht zerstört. Die dortige Kulturgemeinschaft hatte bereits vorher ihren Niedergang erlebt, ausgelöst durch Dürrekatastrophen und Rivalitäten zwischen den Stadtstaaten. Spätformen der Harappa-Kultur hielten sich aber noch bis um 1500 v. Chr. in peripheren Regionen (insbesondere in Gujarat und Maharashtra). Dort ist es wohl zu frühen und intensiven Kontakten zwischen Draviden und Indo-Ariern gekommen. Bis heute haben sich Ortsnamen dravid. Ursprungs erhalten, obwohl die heutige dravid. Bevölkerung (Tamilen, Malayali u. a.) weiter südl. wohnt.

Das archaische Indus-Dravid. ist in Texten überliefert, deren älteste um 2600 v. Chr. entstanden. Die Schrifttradition setzt sich bis um 1800 v. Chr. fort und bricht dann ab. Nur wenige Texte stammen aus späterer Zeit. Der jüngste bekannte Text in der alten Indus-Schrift stammt aus der Zeit um 1700 v. Chr. Die Sprache läßt sich bisher erst fragmentar. rekonstruieren, denn die Entzifferung der Indus-Schrift ist noch nicht endgültig gelungen, und die Texte sind erst zum Teil lesbar. Seit den 1920er Jahren sind rund 4000 Inschriften gefunden worden, die meisten stammen aus den Städten im Tal des Indus und seiner Nebenflüsse. Der Gebrauch der Indus-Schrift ist aber auch in Bahrain im Pers. Golf, das im Altertum Dilmun hieß, nachgewiesen. Dilmun war ein wichtiger Umschlagplatz für Waren aus Mesopotamien und Indien. Möglicherweise sind die Inschriften in Bahrain ein Indiz dafür, daß die Indus-Schrift von den Bewohnern der Insel für ihre Sprache adaptiert wurde.

Die meisten Texte sind sehr kurz und bestehen nur aus drei bis fünf Einzelzeichen. Nur drei längere sind bekannt (26, 17 und 14 Zeichen). Die Indus-Schrift setzt sich aus rund 400 Zeichen zusammen. Das Schreibprinzip war logograph. mit einer syllab. Komponente. Überliefert sind ledigl. einsprachige Inschriften, keine Bilinguen, wie sie aus Mesopotamien bekannt sind. Texte findet man eingraviert auf Stein, auf Keramikobjekten und Amulettplättchen sowie auf Tontäfelchen. Besonders zahlreich sind beschriftete Siegelsteine. Der Schriftgebrauch war ganz offensichtl. religiös motiviert. Viele Texte weisen auf ihre Rolle in Verbindung mit Ritualen. Ein zentrales Motiv in der religiösen Ikonographie und im Zeichenbestand war das Fischsymbol. Als Schriftzeichen steht es für dravid. *min* und bedeutet ‹Stern, Gestirn›. Eine ökonom.-administrative Funktion der Schrift, wie sie die frühe Schriftverwendung in Mesopotamien dominiert, ist für die Indus-Zivilisation nur in Ansätzen nachzuweisen.

Um 1700 v. Chr. brach die Schrifttradition des Dravid. für mehr als eineinhalb Jahrtausende ab. Die schriftl. Überlieferung setzte erst wieder um 100 v. Chr. ein. Damals enstanden die ersten Werke in alttamil. Sprache.

Lit.: Joshi/Parpola 1987, Parpola 1994, Shah/Parpola 1991

Inka → Quechua/klassisches Quechua

Inselkaribisch (Island Carib, caribe insulaire). Das Inselkarib. war die erste Sprache Amerikas, mit der die Europäer Ende des 15. Jh. in Kontakt kamen. Kolumbus gelangte im Dezember 1492 nach Haiti, das er Hispaniola nannte, und traf dort auf die ersten «Indianer». Diese Inselbewohner waren keine Kariben, sondern Arawaken. Die Bevölkerung der karib. Inseln war damals mehrheitl. von karib. Siedlern bewohnt, die ihrerseits vom südamerikan. Festland in die Inselwelt eingewandert waren und der Region ihren Namen gaben: Karibik. Die Europäer hielten daher auch die Ureinwohner der Inseln für Kariben.

Aus dieser anfängl. Verwechslung zwischen Kariben und Arawaken sind irreführende Benennungen von Völkern und Sprachen der Region entstanden. Die alteingesessenen Arawaken, die Kolumbus und seine Gefolgsleute trafen, sprachen eine Sprache, die mit dem Karib. nicht verwandt war. Trotzdem hat diese Sprache den Namen «Inselkaribisch» bis heute behalten. Die Sprecher selbst nannten ihre Sprache Iñeri. Sie war ursprüngl. auf mehreren der großen Karibik-Inseln verbreitet, später fand sie auf den Inseln der Kleinen Antillen (allerdings ohne Trinidad) ein Rückzugsgebiet. Um 1920 ist das Iñeri in Dominica ausgestorben.

Das Iñeri war auch die erste Sprache des «neuen» Kontinents, die nach Europa transferiert wurde. Als Kolumbus im April 1493 von seiner ersten Amerika-Reise zurückkehrte und triumphalen Einzug in Barcelona hielt, waren in seinem Gefolge auch einige Inselkariben. Diese «Wilden» wurden in der Kathedrale von Barcelona im Beisein des span. Königspaars Ferdinand und Isabella getauft. Dies war der Beginn der span. Missionsbewegung, deren Vertreter das Christentum kathol. Prägung im span. Kolonialreich verbreiteten. Wie lange die karib. Neuchristen, die mit Kolumbus nach Spanien gekommen waren, ihre Muttersprache noch gesprochen haben, ist nicht bekannt.

In der Karibik ist das Iñeri zwar ausgestorben, eine Tochtersprache, das sogenannte «schwarze Karib.» (Black Carib bzw. Garífuna), wird aber heute noch von etwa 0,105 Mio. Menschen auf dem amerikan. Festland gesprochen: in Honduras (75 000), Guatemala (16 700), Belize (12 200) und Nicaragua (1 500). Seit dem 19. Jh. sind religiöse Texte in Garífuna aufgezeichnet worden, hauptsächl. Übersetzungen von Teilen der Bibel. Eine moderne Übersetzung des Neuen Testaments erschien im Jahre 1994.

Lit.: Derbyshire 1992

Italische Sprachen (Italic, italique). Alle histor. Einzelsprachen, die zu diesem Zweig der indoeurop. Sprachfamilie gehören und im Gebiet des heutigen Italien verbreitet waren, sind ausgestorben. Dies bedeutet, daß sie nicht mehr als Muttersprache gesprochen werden. Die bekannteste der ital. Sprachen, das → Lateinische, wird bis heute geschrieben. Sofern Personen in der Lage sind, Latein. zu sprechen, handelt es sich um aktive Fremdsprachenkenntnisse. Obwohl auch das Latein. als ausgestorbene Sprache zu kategorisieren ist, haben sich ältere Verwendungen in funktionalen Nischenplätzen erhalten. Dies gilt insbesondere für den Status des Latein. als Amtssprache des Vatikanstaates. Auch als Wissenschaftssprache wird Latein noch gelegentl. verwendet.

Die ital. Sprachen gliedern sich in zwei Untergruppen: Latein. und Faliskisch einerseits; Oskisch-Umbrisch (= Sabellisch) andererseits. Zum Osk.-Umbr. gehören folgende Einzelsprachen: → Oskisch, → Umbrisch, Äquisch, Marrukinisch, Marsisch, Pälignisch, Prä-Samnitisch, Sabinisch, Nord- und Süd-Picenisch, Vestinisch und Volskisch, Sikanisch, vielleicht auch das Sikulische im Südosten Siziliens. Die Einzelsprachen waren zwischen den beiden Sprachzonen des Umbr. im nördl. Mittelitalien und des Osk. in Süditalien verbreitet.

Das Latein., Osk. und Umbr. sind die einzigen ital. Sprachen, in denen ein Schrifttum von histor. Bedeutung überliefert ist. Das Latein. ist in diesem Kreis der Schriftsprachen wiederum die einzige, in der sowohl Belletristik als auch Sachprosa verfaßt worden ist. Die übrigen ital. Sprachen sind nur aus wenigen, meist sehr kurzen Inschriften bekannt.

Zwar waren die meisten Sprachen des antiken Italien Vertreter des ital. Sprachzweigs, es gab aber auch andere indoeurop. Sprachen, die nicht zu dieser Gruppe gehörten. Dies gilt für das → Messapische in Süditalien, das → Venetische und → Lepontische, außerdem für die gall. Sprache der cisalpinen Kelten. Im antiken Italien waren auch etliche nichtindoeurop. Sprachen verbreitet: → Etruskisch, → Camunisch, → Rätisch und → Ligurisch; letztere werden zu den → altmediterranen Sprachen gezählt.

Lit.: Coleman 1990, Prosdocimi 1978, Vetter 1953

K

Kanaanitische (kanaanäische) Sprachen. Zu den altsemit. Sprachen, die in der histor. Landschaft Kanaan verbreitet waren, gehören das → Hebräische, → Phönizische (sowie Punische) und das → Moabitische. Sie werden zusammen mit dem → Aramäischen und anderen Sprachen des Nahen Ostens (z. B. → Ugaritisch) als nordwestl. Gruppe des Semit., eines Sprachzweigs der afroasiat. Sprachfamilie, klassifiziert.

Karisch (Carian, carien). Die Karer bewohnten die Landschaft Karien (griech. Karía, latein. Caria, pers. Karka) im Südwesten Kleinasiens. Karien gehörte seit 547 v. Chr. nominell als Satrapie zum pers. Reich. Der polit. Status dieses Landesteils war aber de facto der eines Königreichs, das ledigl. in einem lockeren Vasallenverhältnis zum Perserreich stand. Der wohl einflußreichste Herrscher Kariens war Mausolos (reg. 377–353 v. Chr.). Nach dessen Tod ließ seine Witwe Artemisia II. ihm in Halikarnassos ein Grabmal erbauen, das als eines der sieben Weltwunder der Antike galt. Der Ausdruck «Mausoleum» geht auf den Namen Mausolos zurück. Seit 133 v. Chr. war Karien Teil des Röm. Reiches, zunächst verwaltungsmäßig der Provinz Asia eingegliedert, seit der Regierungszeit Diokletians (reg. 284–316 n. Chr.) selbständige Provinz.

Das Kar. ist eine → altkleinasiatische Sprache und gehört zur Gruppe der alten indoeurop. (altanatol.) Sprachen Kleinasiens. Am nächsten steht es dem → Luwischen.

Das Kar. ist in mehr als 200 Inschriften überliefert, die aus der Zeit zwischen dem ausgehenden 8. Jh. und dem Beginn des 3. Jh. v. Chr. stammen. Die älteren Inschriften sind in Stein geritzt, sie wurden an verschiedenen Stätten in Nubien und Ägypten gefunden. Dorthin gelangten kar. Söldner, die im Dienst der Pharaonen Psammetich I. und II. (7./6. Jh.) standen. Kar. Inschriften sind in die Monumentalstatuen von Abu Simbel und in Tempelwände (Abydos, Memphis) eingeritzt worden. Es gibt auch kar. Grabinschriften (z. B. auf dem Tierfriedhof von Sakkara). Die jüngeren Inschriften stammen aus Karien selbst, z. B. aus Kaunos im Süden Kariens der bisher längste bekannte kar. Text und eine im Jahre 1996 ausgegrabene kar.-griech. Bilingue.

Die kar. Inschriften sind in einer lokalen Schriftart geschrieben, in der sich 45 Einzelzeichen unterscheiden lassen. Ein Teil der Zeichen weist auf optische Parallelen zum griech. Alphabet westl. Prägung, ein anderer Teil zeigt Ähnlichkeiten mit dem Zeichenrepertoire der kypr.-syllab. Schrift. Die bisherige Entzifferung hat ergeben, daß es sich bei der kar. Schrift um ein Buchstabenalphabet handelt (ohne Silbenzeichen), wobei ledigl. ein Teil der Zeichen in regelmäßigem Gebrauch war, andere Zeichen dagegen nur selten verwendet wurden. Allerdings besteht noch keine endgültige Klarheit hinsichtl. der Buchstabenwerte.

Lit.: Blümel et al. 1998, Giannotta et al. 1994

Karthagisch → Phönizisch

Keltiberisch (Celtiberian, ibéroceltique). Spuren kelt. Siedlungen im Norden der Iber. Halbinsel lassen sich bis ins 8. Jh. v. Chr. zurückverfolgen. Eine größere Einwanderungswelle aus dem südl. Frankreich erfolgte im 6. Jh. v. Chr. Die materielle Kultur der Kelten Hispaniens zeigt im 5. Jh. v. Chr. deutl. Beziehungen zur späten Hallstattkultur Mitteleuropas. Nach Aussage kelt. Elemente in Ortsnamen Spaniens und Portugals (am häufigsten -*briga*) gab es kelt. Siedlungen im größten Teil der Iber. Halbinsel. Das Kerngebiet der Keltiberer lag zwischen den Flüssen Ebro (im Norden) und Duero (im Süden).

Die Kelten waren in Stammesverbänden organisiert. Aus röm. Zeit sind einige dieser Stämme namentl. bekannt. Hierzu gehörten außer den eigentl. Keltiberern (*Celtiberi*) die *Arevaci, Autrigones, Berones, Vaccaei* südl. des Ebro, die *Galli* nördl. des Ebro und die *Gallaeci* in der Landschaft Spaniens, der sie ihren Namen gegeben haben: in Galicien (span. Galicia). Der Widerstand der Kelten gegen die röm. Vorherrschaft war härter als im Fall der urbanisierten Iberer im Osten (→ Iberisch). Die Arewaker verteidigten ihre Unabhängigkeit am längsten. Ihr Siedlungsgebiet lag in der heutigen span. Provinz Soria, und ihre Hauptstadt war Numantia im Tal des Duero (6 km nördl. der Stadt Soria). Länger als zwei Jahrzehnte (seit 154 v. Chr.) widersetzten sich die Kelten unter Führung der Arewaker den röm. Angriffen. Im Jahre 133 v. Chr. schließl. wurde Numantia erobert und zerstört. Damit war das keltiber. Siedlungsgebiet der röm. Herrschaft unterstellt und wurde in die Provinz Hispania Citerior eingegliedert.

Im Süden und Osten ihres Siedlungsgebiets standen die Kelten in intensiven Kontakten mit ihren iber. Nachbarn. Es entwickelte sich eine eigentl. kulturelle Fusion beider Kulturkomplexe. Die kelt. Traditionen hielten sich in der Bekleidung und in der Bewaffnung, → iberischer Einfluß ist aber deutl. in der Keramikherstellung, in der Anlage städtischer Siedlungen und im Totenkult der Keltiberer zu erkennen. Ihre Sprache, das Keltiber., ist eine Variante des → Festlandkeltischen. Wie die anderen vorröm. Völker haben sich auch die Keltiberer in röm. Zeit akkulturiert.

Zu den Kulturgütern, die die Kelten von den Iberern übernahmen, gehörte die Schrift. Das Keltiber. ist in der östl. (levantin.) Variante der iber. Schrift geschrieben worden. Inschriften in Keltiber. stammen aus der Zeit vom frühen 2. Jh. v. Chr. bis zum 1. Jh. n. Chr. Zunächst wurde die iber. Schrift verwendet, die späten keltiber. Inschriften sind im → lateinischen Alphabet geschrieben. Einer der wenigen längeren keltiber. Texte ist der auf der Bronzetafel von Botorrita (keltiber. Contrebia Belaiska) nahe Zaragoza, der aus mehr als 200 Wörtern besteht. Hierbei handelt es sich wahrscheinl. um eine Landbesitzurkunde.

Lit.: Almagro-Gorbea 1991, Hoz 1988, Lorrio 1997

Khoi-khoi → Hottentottisch

Khotanisch → Sakisch

Kimmerisch (Cimmerian, cimmérien). Von etwa 1600 v. Chr. bis ins 8. Jh. v. Chr. siedelten die Kimmerier in einem weiten Gebiet, von der Ukraine im Westen bis ins Vorland des Kaukasus. Die Kimmerier, die in griech. Quellen *Kimmerioi*, von den Assyrern *Gimmirraja* und in der hebräischen Überlieferung *Gomer* genannt werden, waren das erste, namentl. bekannte Reitervolk im Gebiet nördl. des Schwarzen Meeres. Ihre histor. Präsenz in der Region ist im Namen für die Straße von Kertsch erhalten, die Wasserstraße, die das Schwarze Meer mit dem Azowschen Meer verbindet. Diese Meerenge hieß bei den Griechen der Schwarzmeerküste Bosporos Kimmerios (Kimmerischer Bosporus). Die kimmer. Nomadenkultur hatte bis ins 8. Jh. v. Chr. Bestand. Dann wurde ihr Siedlungsgebiet rasch von Skythen übervölkert und polit. kontrolliert.

Westl. Gruppen der Kimmerier zogen nach Makedonien, Norditalien und nach Süddeutschland und assimilierten sich dort an die bodenständige Bevölkerung. Die östl. Kimmerier drangen über den Kaukasus nach Anatolien ein und führten Kriege gegen die dortigen Staaten. Im Jahre 714 v. Chr. zogen sie gegen das Reich Urartu, in den Jahren 696 und 695 v. Chr. zerstörten sie das phryg. Reich. Nach wechselhaften Auseinandersetzungen eroberten sie im Jahre 652 v. Chr. Sardes, die Hauptstadt Lydiens. Die Lyder vertrieben die Kimmerier aber später aus ihrem Reich. Nach 600 v. Chr. werden die Kimmerier nicht mehr in den Quellen erwähnt.

Die Kimmerier waren ethnisch kein homogenes Volk, sondern ein lockerer Bund von thrak. und iran. Stammesverbänden. Ihre Sprache war eine indoeurop. Sprache, die in engeren verwandtschaftl. Beziehungen zum → Thrakischen einerseits, zum → Skythischen andererseits stand. Die einzigen sprachl. Spuren, die das Kimmer. in Europa hinterlassen hat, sind einige wenige Lehnwörter in balt. und slaw. Sprachen, darunter vermutlich russ. *svobodnyj* ‹frei› und *testo* ‹Brotteig›.

Lit.: Kristensen 1988

Koptisch (Coptic, copte), → Ägyptisch. Kopt. ist die Sprache, die seit dem 3. Jh. n. Chr. in Ägypten gesprochen und geschrieben wurde. Die Araber nannten die einheim. Christen Ägyptens *Qibt* (Kopten), abgeleitet vom griech. Namen für die Ägypter (*Aigyptioi*). Das Kopt. hat sich aus dem Spätägypt. entwickelt, das in Ägypten vom 11. Jh. v. Chr. bis ins 4. Jh. n. Chr. gesprochen wurde. Die gesprochene und geschriebene Sprache läßt eine Differenzierung in zwei Hauptdialekte erkennen: oberägypt. Kopt. (Sahidisch) und unterägypt. Kopt. (Boheirisch bzw. Memphitisch).

Mit dem Ägypt. hat das Kopt. einen großen Teil des afroasiat. Erbwortschatzes gemeinsam. Anders als das ältere Ägypt. hat es eine große Anzahl von Lehnwörtern übernommen. Das → Altgriechische hat das kopt. Lexikon tiefgreifend überformt, v. a. den religiösen Wortschatz, denn über die Übersetzung biblischer Texte sind die meisten griech. Elemente in die Sprache der ägypt. Christen gelangt. Auch die Syntax des Kopt. hat sich unter der Einwirkung des

Griech. gewandelt. Während für das Ägypt. die Wortfolge V(erb)–S(ubjekt)–O(bjekt) typisch ist, findet im Kopt. ein Wandel zu S–V–O statt.

Die klassischen christl. Texte entstanden zwischen dem 3. und 7., aber auch noch bis ins 11. Jh., also nach der islam. Invasion Ägyptens und der Einwanderung von Arabern. Mit zunehmender sprachl. Assimilation der einheim. Kopten an die Importsprache Arab. beschränkte sich die Rolle des Kopt. auf die einer Schrift- und Ritualsprache. Als solche behielt sie auch bis ins 11. Jh. in Nubien Geltung. Diese Region war zwar polit. unabhängig, unterstand aber der kopt. Kirche Ägyptens. Bereits im Verlauf des 9. Jh. assimilierten sich viele Kopten an die Sprache der arab. Einwanderer. Bis ins 14. Jh. wurde Kopt. gesprochen, danach nurmehr geschrieben. Es gibt allerdings Berichte, wonach sich das gesprochene Kopt. in einigen abgelegenen Oasen noch bis ins 19. Jh. gehalten hat. In spätkopt. Zeit erlahmte auch die literar. Tätigkeit, und das Kopt. wurde immer weniger als Schriftsprache verwendet; im 18. Jh. ist so gut wie kein kopt. Schrifttum entstanden. Im 20. Jh. hat das Kopt. als Schrift- und Ritualsprache eine Renaissance erlebt. Die rund 6 Mio. Angehörigen der christl.-kopt. Minderheit in Ägypten sprechen heute jedoch alle Ägypt.-Arab. als Muttersprache.

Die kopt. Schrift ist vom griech. Alphabet abgeleitet und unterscheidet sich damit fundamental von der einheim. ägypt. Schrift. Insgesamt werden 31 Zeichen (32 beim Boheir.) verwendet. Von diesen sind 6 Zeichen aus der demot. Schrift entlehnt, womit ebenso wie mit den griech. Buchstaben Einzellaute geschrieben werden.

In der Sprachgeschichte des Kopt. werden folgende Perioden unterschieden: Altkopt. (1.–5. Jh. n. Chr.), Klassisches Kopt. (3.–11. Jh. n. Chr.), Spätkopt. (11.–17. Jh.), Neokopt. (19. und 20. Jh.).

Lit.: Stern 1880, Vergote 1973, Westendorf 1965–67

Kornisch (Cornish, cornique). Korn. war im Mittelalter die Hauptsprache der Bevölkerung Cornwalls. Bereits im späten 6. Jh. war das kelt. Siedlungsgebiet im Südwesten Britanniens durch das Vordringen der Sachsen von der kelt. Zone in Wales abgeschnitten worden, was die sprachl. Sonderentwicklung in Cornwall einleitete. Die Anfänge der Ausgliederung des Korn. aus dem Kontinuum des Inselkelt. liegen im 7. Jh. Die Sachsen drangen auch nach Cornwall ein, was die Infiltration des Altengl. in die Region mit sich brachte.

Cornwall war lange Zeit Durchzugsgebiet für kelt. Flüchtlinge, die über den Ärmelkanal segelten und auf der Halbinsel Ar(e)morica (Bretagne) eine neue Heimat fanden. Der Kontakt zwischen Festland und Insel riß jedoch nicht ab, so daß in Cornwall im frühen Mittelalter ein reger kulturell-sprachl. Austausch herrschte. Im Jahre 926 errang die östl. Region Cornwalls mit der Siedlung Athelstan einigen polit. Einfluß. Der Fluß Tamar markierte lange Zeit die Grenze zum benachbarten Wessex. Unter diesen Bedingungen konsolidierte sich die korn. Sprachgemeinschaft im Mittelalter.

Der Einfluß des Engl. verstärkte sich zunehmend, und über die Zwischenstufe der korn.-engl. Zweisprachigkeit kam es auch zum Sprachwechsel bei der Bevölkerung des mittelalterl. Cornwall. Der Prozeß zog sich über Jahrhunderte hin: Noch im 16. Jh. wurde Korn. bis zum Tamar gesprochen, und zeitgenöss. Berichten zufolge waren die meisten Bewohner Cornwalls zu Beginn des 17. Jh. zweisprachig. Erst infolge der Industrialisierung Cornwalls im 18. Jh. kam es um 1750 zum fast völligen Verschwinden des Korn. Zum Rückgang des Korn. sind folgende Schätzungen angestellt worden: um 1300: ca. 38000 Sprecher, um 1600: ca. 22000, um 1700: ca. 5000, um 1750: wenige Dutzend. Nach volkstüml. Überlieferung war Dolly Pentreath, die im Jahre 1777 verstorbene Frau eines Fischers, die letzte Sprecherin des Korn., doch sind noch für das 19. Jh. Personen bezeugt, die korn. Texte rezitieren, Lieder singen und Redensarten memorieren konnten.

Das Korn. gehört mit dem Breton., Kymr. und → Kumbrischen zur britann. (Brittonic) Untergruppe der inselkelt. Sprachen. Verwandtschaftl. am nächsten steht das Breton. in der Bretagne. Korn. Sprachmaterial (Glossen) findet sich verstreut in Quellen des 9., 10. und 11. Jh. Aus dem frühen 12. Jh. ist eine 961 Wörter umfassende latein.-korn. Übersetzung eines latein.-engl. Wörterbuchs erhalten. Erst aus dem 13. Jh. ist ein vollständiger Satz überliefert; gegen Ende des 14. Jh. entstanden die ersten zusammenhängenden mittelkorn. Texte.

In der Folgezeit wurde Korn. v.a. als Medium eines im späten Mittelalter beliebten literar. Genres verwendet: religiös inspirierte Dramatisierungen des Lebenswerks Jesu und der um ihn rankenden Erzählungen über Wundertaten (sog. «miracle plays»). Die «Ordinalia» (in drei Teilen) wurden über drei Tage in den für Cornwall typischen Amphitheatern (korn. *plen an gwarry* ‹Aufführungsplatz›) unter freiem Himmel aufgeführt. Von besonderer Bedeutung ist der Text des «Beunans Meriasek» (Leben des hl. Meriasek), die einzige vollständige Version der Vita dieses Heiligen in ganz Britannien.

Ein Interesse für die Sammlung korn. Kulturtraditionen regte sich bereits im 17. Jh. Die erste Sammlung ihrer Art sind die «Antiquities Cornu-Britannick» (ca. 1680) von William Scawen. Für die Erforschung des Korn. ist die Kompilation «Archaeologia Britannica» (um 1700) von Edward Lhuyd besonders wichtig, denn hier finden sich die einzigen verläßl. Informationen zur Phonetik der Sprache. Im 19. Jh. verstärkte sich das Interesse für die kelt. Sprachen, das sich aus zwei Quellen speiste. Auf der einen Seite förderte die romant. Sprachauffassung das Bewußtsein für die Muttersprache als kulturelles Gut bei der kelt. Bevölkerung, auf der anderen Seite richtete sich in akadem. Kreisen das Augenmerk auf die Erforschung der kelt. Sprachen als Teilprojekt der histor.-vergleichenden Sprachwissenschaft.

Die Idee, das ausgestorbene Korn. als gesprochene Sprache wiederzubeleben, wurde zuerst von F. W. Jago im Jahre 1887 geäußert. Die 1901 gegründete Cowethas Kelto-Kernuak (Celtic-Cornish Society) richtete ihre Aktivitäten in diese Richtung aus. Der Vizepräsident der Gesellschaft, Henry Jenner, publizierte im Jahre 1904 sein «Handbook of the Cornish Language». Dieses Werk diente den Aktivisten des Cornish Revival als Hauptquelle.

Zwischen den beiden Weltkriegen verdichteten sich die Bemühungen um die Erhaltung des kelt. Kulturerbes und die Reaktivierung des gesprochenen Korn. Ein wichtiges Forum waren Vereinigungen zur Kulturpflege wie die Federation of Old Cornwall Societies (1924) und der Gorsedd of Cornwall (1928). Von den führenden Aktivisten sind hier R.M. Nance und A.S.D. Smith zu nennen. In den ersten Jahrzehnten bedeutete der Schriftgebrauch des Korn. den eigentl. Rückhalt für dessen Revitalisierung. Es entstand eine beachtl. Sammlung literar. Werke. Dazu gehörten auch Presseorgane, am längsten (1952–1983) konnte sich «An Lef Kernewek» (The Cornish Voice) halten.

Seit den 1970er Jahre ist ein Umschwung zu beobachten. Die Bewegung des Cornish Revival konzentriert sich seither auf die gesprochene Sprache. Die Zahl derer, die Korn. verstehen und sprechen können, ist auf fast tausend angestiegen. Fast alle haben Korn. im Erwachsenenalter als Zweitsprache gelernt. In einigen Familien allerdings bemühen sich die Eltern, ihre Kinder in Korn. zu sozialisieren. Welche Breitenwirkung diese Bemühungen haben werden, bleibt abzuwarten. Der soziolinguist. Status des Korn. ist wie folgt spezifiziert worden: «Obwohl es [das Korn.] ohne Frage eine lebende Sprache ist, fungiert es nicht als Sprache einer kommunalen Gemeinschaft. Es gibt in Cornwall kein Dorf, wo Korn. überwiegend und von den meisten Bewohnern gesprochen würde. Heutzutage kommt man der Idee einer korn.-sprachigen Gemeinschaft am nächsten in den Cornish Language Weekends, die in jedem Frühjahr seit 1976 abgehalten werden» (George 1989: 367).

Lit.: George 1989, Payton 1998, Payton/Deacon 1993, Weatherhill 1995

Kumanisch (Cuman, koumane). Die Kumanen gehören zu den türk. Völkern, die im Mittelalter die Wald- und Steppenzone Südrußlands und der Ukraine kontrollierten und auf europ. Boden Reiche gründeten. Die Anfänge der kuman. Herrschaft gehen auf das 11. Jh. zurück. Damals bestand in Zentralasien und Westsibirien eine Stammesföderation von Turkvölkern (Kumanen, Kiptschaken) und einem iran. Volk (Shari). 1068 besiegten die Kumanen die Heere dreier russ. Fürsten und etablierten ihre Macht im Süden. In mehreren militär. Operationen erweiterten sie ihren polit. Einflußbereich im Westen bis an die untere Donau. Die Region im Westen wurde von den Chronisten Cumania genannt, denn das polit. Schwergewicht des sich organisierenden Nomadenstaates lag bei den Stammesverbänden westl. des Dnepr. Ihre militär. Überlegenheit verdankten die Kumanen einer disziplinierten Kriegerelite, den *nökör*.

Die Europäer kannten die Kumanen unter verschiedenen Namen. In altruss. Chroniken werden sie *Polovcy* genannt, bei den Armeniern hießen sie *Khardes*. In byzantin.-griech. Quellen finden sich die Namenformen *Komanoi* und *Kumanoi*. Diese Varianten treten auch in → lateinisch geschriebenen Texten auf (*Cumani, Comani*). Das Ethnikum der Kumanen im Ungar. (*kun*) läßt vergleichsweise am besten die Herkunft der Namensform erkennen, die wohl auf türk. *qu(n)*- ‹bläßlich, fahl› zurückgeht. Möglicherweise fielen die Kumanen wegen ihrer iran. Truppeneinheiten mit den hellhäutigen, blonden Shari auf. Die Kumanen machten von sich reden, indem sie in unregelmäßigen Abständen ins Byzantin. Reich, nach Ungarn, Rußland und Polen einfielen und brandschatzten.

In den 1220er Jahren kämpften die Kumanen mit wechselndem

Erfolg gegen die vorrückenden Mongolen. Im Jahre 1223 erlitten sie eine Niederlage am Fluß Kalkha nahe dem Azovschen Meer. 1229 konnten sie unter Khan Köten die von dem Armeeführer Sübedei kommandierten mongol. Truppen bis zum Grenzfluß Ural zurückdrängen, der damals als die Westgrenze des Mongol. Reiches galt. Als aber die Mongolen unter Führung von Sübedei und Khan Batu, einem Enkel Dschingis Khans, mit einem großen Heer nach Europa einfielen und im Jahre 1237 eine Reihe russ. Städte plünderte, erkannten die Kumanen die Aussichtslosigkeit, sich einem solchen Truppenaufgebot zu widersetzen.

Es setzte eine Massenflucht von Vertretern der aristokrat. Elite (*beg*) und kuman. Truppenverbände nach Westen ein. Khan Köten bat den ungar. König Béla IV. (reg. 1235–1270) um Aufnahme in dessen Reich. Als Gegenleistung für das polit. Asyl bot Köten der ungar. Krone den westl. Teil von Cumania an, verpflichtete sich, zum Christentum überzutreten und dem ungar. Heer Truppen zur Verfügung zu stellen. Zu Ostern des Jahres 1239 zogen die kuman. Flüchtlinge in Ungarn ein. Den Mongolen gelang es 1241, bis nach Westungarn vorzustoßen. Sie nutzten ihren siegreichen Vormarsch aber nicht, denn Khan Batu zog sich mit seinen Truppen zurück, als ihn die Nachricht vom Tod des Großkhans Ögedei erreichte.

Die Kumanen wurden in verstreuten Siedlungen südl. und östl. von Budapest zwischen den Flüssen Donau, Tisza und Körös ansässig, geordnet nach vier Hauptclans (Borchol im Südosten, Cherthan im Süden, Olas im Nordosten, Koor südl. des Maros im Bezirk Csanád). Die kuman. Siedlungen blieben bis zum Ende des 16. Jh. bestehen. Die Bevölkerung bewahrte durch die Jahrhunderte ihre Sprache und Kultur. Während des Krieges gegen das osman.-türk. Heer (1593–1606) wurden die kuman. Siedlungen verwüstet, ihre Bewohner kamen teilweise um, teilweise gelang es ihnen, Zuflucht in größeren Ortschaften zu finden oder außer Landes zu fliehen. Damit zerfiel die alte soziale Ordnung der Clans, und die überlebenden Kumanen assimilierten sich. Im 17. Jh. erlosch das kuman. Volkstum in Ungarn.

Das Kuman. gehört zum Kreis der mitteltürk. Sprachen, die sämtl. ausgestorben sind. Am nächsten verwandt ist das Kiptschakische. Als «mitteltürk.» wird ein bestimmtes sprachl. Stadium bezeichnet, das auf einem gedachten Kontinuum zwischen der alttürk. Periode und dem Beginn der Entwicklung der modernen türk. Einzelsprachen anzusiedeln ist. Chronolog. umfaßt diese Periode in etwa den

Zeitraum zwischen dem 11. und 16. Jh. Andere regionale Sprachvarianten der mitteltürk. Periode sind → Wolgabulgarisch, → Tschagataisch, das Chwaresmische (das Türk. von Choresm), das altanatol. Türk. u. a. Während die kuman. Elite unter Khan Köten nach Westen floh, verblieb der größte Teil der Bevölkerung in der Ukraine und in Südrußland. Die Reste der kuman. und kiptschak. Bevölkerung sind im Volkstum der Kasantataren aufgegangen, so daß das moderne Tatar. als Fortsetzer dieser mitteltürk. Sprachen betrachtet werden kann.

Kuman. wurde nicht nur im östl. Europa gesprochen, sondern auch in Zentralasien und im Nahen Osten. Es war die Sprache der türk. Elite im Mamelukkenstaat Syriens und Ägyptens (1250–1517). Kuman. genoß soviel Prestige, daß auch die armen. Diaspora in der Ukraine es verwendete. Das Kuman. ist seit dem 13. Jh. schriftl. überliefert. Es gibt aber nur wenige umfangreichere Texte. Hierzu gehört der «Codex Cumanicus», der zu Beginn des 14. Jh. (1303 ?) von franziskan. Missionaren auf der Krim und in der Wolgaregion aufgezeichnet worden ist. Dem Text ist ein spätlatein.-pers.-kuman. Wörterverzeichnis beigefügt.

Eine gleichsam «exotische» schriftsprachl. Hinterlassenschaft des Kuman. stammt aus Ungarn: das Vaterunser nach dem Matthäusevangelium (Matthäus 6, 9–13). Dieser Text aus der Zeit der ungar. Reformation ist in einer sprachl. leicht deformierten Version des 18. Jh. erhalten. Die Kumanen, die unter Khan Köten nach Ungarn migrierten, wurden zwar nominell Christen, behielten aber lange Zeit bestimmte heidnische Bräuche bei.

Über viele Generationen stellten sie anthropomorphe Grabstelen aus Stein oder Holz auf, die die Verstorbenen symbolisierten und die Lebenden zum Andenken an die Vorfahren mahnten. Mehr als 1300 dieser Stelen aus Stein sind aus Ungarn, der Ukraine und Rußland bekannt. Im Russ. werden sie *kamennaja baba* ‹Vorfahre aus Stein› (türk. *baba* ‹Vater, Vorfahre›), im Ungar. *kunkép* ‹Bild der Kun› genannt. Die kuman. Schamanen (*kam*) pflegten weiterhin althergebrachte Bestattungsriten und behielten auch die Tradition der heidnischen Namengebung bei. Bis ins 15. Jh. sind kuman. Namen wie *Althabarz* ‹sechs Leoparden›, *Alpar* ‹Held›, *Balta* ‹Axt›, *Kystre* ‹Winterquartier›, *Tastra* ‹Steinhaus›, *Aydua* ‹Neumond› u. a. überliefert.

Lit.: Gyárfás 1870–85, Kuun 1880, Pálóczi-Horváth 1989, Rásonyi 1967

Kumbrisch (Cumbric, combrien). Das Kumbr. gehörte zum Kontinuum altkelt. Sprachvarianten, die im frühmittelalterl. Britannien gesprochen wurden. Der Name ist mit der histor. Landschaft Kumbrien (Cumbria) im Nordwesten Englands assoziiert. Im Verlauf des 7. Jh. n. Chr. war durch die Landnahme der Angeln das kelt. Siedlungsgebiet in zwei Hälften geteilt worden, in den Süden (mit Wales und Cornwall) und in den Norden (mit den kelt. Siedlungen in Schottland und unmittelbar südl. davon). Die nördl. Siedlungszone gliederte sich polit. in drei Reiche: Gododdin mit dem Zentrum Edinburgh (das um die Mitte des 7. Jh. von den Angeln erobert wurde), Strathclyde (im Südwesten Schottlands mit dem Zentrum Dumbarton) und Rheged mit dem Zentrum Carlisle (im Gebiet des heutigen Cumbria). Im Mittelalter dehnte sich die Region Cumbria weiter aus und umfaßte auch das Königreich Strathclyde.

Wahrscheinl. war das Kumbr. bereits im 10. Jh. in Cumbria selbst ausgestorben, wurde aber dorthin erneut mit Immigranten aus dem Norden transferiert. Auch nach der Eroberung der restl. kelt. Königreiche des Nordens durch die Angeln hat sich das Kumbr. als gesprochene Sprache vermutl. noch bis ins 12. Jh. gehalten. Das Kumbr. ist nur aus einigen Wörtern bekannt, die in einem latein. geschriebenen Rechtsdokument aus dem 11. Jh. enthalten sind (z. B. kumbr. *galnes* ‹Strafe›). Heutzutage erinnern noch zahlreiche Ortsnamen an die kelt. Urbevölkerung der Region (z. B. Ochiltree, Lanark, Ecclefechan, Penrith, Carrock).

Lit.: Jackson 1955, 1963, Phythian-Adams 1996

Kurisch (Curonian, couronien). Das Kur. ist eine balt. Sprache, die sich in Resten bis ins 20. Jh. erhielt. Im Unterschied zum westbalt. → Altpreußisch (Pruzzisch), das aus Inschriften und Wortsammlungen bekannt ist, sind vom Kur. nur Namen überliefert. Aus mittelalterl. Urkunden und Chroniken der Ostseeländer geht hervor, daß die Kuren ein selbständiger balt. Volksstamm waren. Sie werden u. a. Ende des 12. Jh. in den «Gesta Danorum» des dän. Chronisten Saxo Grammaticus und im «Chronicon Livoniae» Heinrichs von Lettland erwähnt.

Der Name der Halbinsel Kurland westl. der Rigaer Bucht erinnert an jene Bevölkerung. Die Kuren siedelten auch weiter südwestl. im Küstengebiet Litauens. Seit dem 14. Jh. werden kur. Bevölkerungsgruppen auch in Ostpreußen erwähnt, und zwar als Bewohner von

Fischerdörfern auf der Kurischen Nehrung. Die Kuren waren wahrscheinl. am Ostseehandel der Wikinger im Mittelalter beteiligt. Noch in der ersten Hälfte des 20. Jh. waren auf der Kurischen Nehrung Segelboote in Gebrauch, deren Konstruktion und Segelform an die Drachenboote der Wikinger erinnerten. Vermutl. war dieser Prototyp der Wikingerschiffe das Vorbild für den «Kurenkahn» (kur. *kurenas*), wie dieses Boot in Ostpreußen genannt wurde.

Das Kur. ist in Kurland und im westl. Litauen zu Beginn der Neuzeit ausgestorben. Dort erinnern nur noch Grabsteine mit kur. Namen an ihre Präsenz. Auf der Kurischen Nehrung wurde bis zur Vertreibung der Bevölkerung Ostpreußens im Jahre 1945 noch in einigen Fischerfamilien Kur. gesprochen.

Die Kuren gehören zu den Volksgruppen des mittleren Baltikum, die an der Ethnogenese der Letten beteiligt waren. Die anderen balt. Stämme der lett. Konvergenzzone waren die Lettgallen, Semgallen und die Seler. Die Kuren sind sprachl.-kulturell nicht nur eine Determinante der lett. Ethnie, sondern sie haben auch auf die Sprachstrukturen des verwandten Litauisch eingewirkt.

Das Kur. stand nicht nur im Kontakt zu verwandten balt., sondern auch zu nichtbalt. Sprachen. Im 9. und 10. Jh. unterhielten skandinav. Wikinger Stützpunkte im Siedlungsgebiet der Kuren und preuß. Samländer. Zu den unmittelbaren Nachbarn der Kuren gehörten auch die Liwen. Während sich die Sprache dieses ostseefinn. Volkes, das Liwische, bis heute erhalten hat (15 aktive Sprecher nach der Zählung von Eduard Vääri im Jahre 1995), haben sich die Kuren in jener Region schon vor Jahrhunderten vollständig assimiliert.

Lit.: Senn 1966: 21–52, Thunmann 1772 (darin «Über den Ursprung der alten Preußen und der übrigen Lett. Völker»)

L

Langobardisch (Langobardic, langobarde). Das Siedlungsgebiet der Langobarden lag zu Beginn unserer Zeitrechnung beiderseits der Niederelbe. Nach der mythischen Überlieferung der Langobarden stammten sie aus Skandinavien, wofür es aber keine archäolog. Zeugnisse gibt. Im 2. Jh. n. Chr. wanderten Teile der langobard. Bevölkerung zusammen mit anderen Elbgermanen nach Süden (Mähren, Niederösterreich). Seit dem 3. Jh. sind Langobarden auch in Pannonien bezeugt. Im 6. Jh. n. Chr. dehnten sie ihren Einflußbereich auch polit. nach Südosten aus. In der pannon. Tiefebene gerieten sie in einen Interessenkonflikt mit den Gepiden, die nach dem Zusammenbruch der hunn. Herrschaft (455) deren polit. Erbe angetreten hatten. In den Jahren 565–67 besiegten die Langobarden im Bündnis mit den Awaren die Gepiden und vertrieben diese aus Pannonien.

Nur wenig später aber zogen die Langobarden unter dem Druck der landnehmenden Awaren nach Südwesten ab, überquerten die Alpen und besetzten die norditalien. Tiefebene. Der Name dieser Landschaft (ital. Lombardia, deutsch Lombardei) erinnert an die histor. Präsenz der Langobarden. Bis heute sind Ortsnamen langobard. Herkunft erhalten, z. B. die folgenden in Südtirol: Gàrdolo, Gardúm, Piónt, Brione, Guizza, Berga, Zava. An der german. Landnahme waren schätzungsweise 30–40000 Menschen beteiligt. Im Gefolge der Langobarden waren auch Bavarier und Thüringer sowie → suebische Gruppen.

Spätantike Autoren – z. B. Procop von Caesarea (gest. 565) oder Gregorius Magnus (gest. 604) –, beschrieben die Langobarden als barbarisch wild und grausam. Bis zu ihrer Ankunft in Italien im Jahre 568 hatten sich die Langobarden jedoch – während ihrer Zeit in Pannonien, insbesondere seit Beginn des 6. Jh. – mit der Kultur im nördl. Mittelmeerraum vertraut gemacht, die bis nach Mitteleuropa ausstrahlte. Dies zeigt sich deutl. im hoch entwickelten langobard. Kunsthandwerk.

Die Langobarden gründeten ein Reich, das sich über den ganzen nördl. Teil des heutigen Italien erstreckte. Bereits wenige Jahre nach ihrer Ansiedlung in Oberitalien drangen die Langobarden über den Apennin nach Süden in die Toskana vor. In den 570er Jahren wurden die Fürstentümer von Spoleto und Benevento gegründet. Bis um 590 waren auch weite Teile Süditaliens dem langobard. Machtbereich unterstellt. Der langobard. König Agilulfo (reg. 590–615) proklamierte sich als *rex totius Italiae* (König von ganz Italien). Das Reich hatte Bestand bis 773/774, als es von den Franken unter Karl dem Großen erobert wurde. Die südl. Fürstentümer konnten ihre Selbständigkeit dagegen bis zur normann. Eroberung wahren.

Die Langobarden gewöhnten sich bald an roman. Lebensweisen, nachdem sie das Christentum und dessen kulturelle Institutionen übernommen hatten. In sprachl. Hinsicht erlebten die Langobarden in Norditalien einen ähnl. Wandel wie die Franken in Nordfrankreich. Die Muttersprache wurde im Prozeß eines durchgreifenden Sprachwechsels zugunsten der Sprache der umgebenden Mehrheitsbevölkerung aufgegeben. Und dies war in Norditalien wie in Nordfrankreich das lokale Altroman. Hochsprache im langobard. Königreich war das → Lateinische, das einerseits als Kirchensprache, andererseits als Amts- und Urkundensprache fungierte. Außerdem war es Medium sämtl. Rechtsdokumente wie des im Jahre 643 verfaßten «Edictus Rothari» (Gesetz der Langobarden).

Langobard. ist eine westgerman. Sprachvariante, die zum Kontinuum der altdeutschen Dialekte gehört. Es hat oberdeutsche Prägung und steht dem Alemann. und Bair. am nächsten. Texte in Langobard. sind nicht überliefert. Die Sprache ist aus Namenmaterial in latein. geschriebenen Dokumenten bekannt. Das Langobard. hat seine Spuren im Italien., insbesondere in den norditalien. Dialekten hinterlassen. Zu den auch in der Standardsprache gebräuchl. Lehnwörtern langobard. Herkunft gehören u. a. ital. *guancia* ‹Backe›, *nocca* ‹Knöchel›, *spaccare* ‹spalten›, *staffa* ‹Aufruhr› und *trogolo* ‹Trog, Futtertrog›.

Lit.: Löfstedt 1961, Mastrelli Anzilotti 1991, Menis 1991

Lateinisch (Latin, latin). Die Ausbreitung des Latein. in die Regionen Italiens begann erst im 3. Jh. v. Chr. Noch um 300 v. Chr., im Zeitalter des Hellenismus, als sich das Griech. in seiner Rolle als Bildungssprache bereits bis ins westl. Mittelmeer, bis nach Nubien in

Afrika, bis an die Nordküste des Schwarzen Meeres, bis nach Zentralasien und Persien ausgedehnt hatte, war das Latein. nur in einer kleinen Region im Süden der Landschaft Latium verbreitet. Von dort aus wurde es von der röm. Armee, von röm. Kaufleuten und ital. Kolonisten in weite Teile Europas, Afrikas und Asiens getragen. Nachdem die röm. Expansion im 2. Jh. n. Chr. zum Stillstand gekommen war und das Röm. Reich wenig später zerfiel, hatten bereits andere das Latein. als Kultursprache adaptiert und setzten ihrerseits vom Latein. geprägte Traditionen fort. Dies gilt für das Oström. Reich mit seinem polit. Zentrum Konstantinopel, für die Germanenreiche des frühen Mittelalters und für den inselkelt. Kulturkreis, wo christl.-latein. Kultur gepflegt wurde.

Das Latein. ist eine indoeurop. Sprache und gehört zum → italischen Sprachzweig. Sämtl. Sprachen dieser Gruppierung (u. a. Faliskisch, → Oskisch, → Umbrisch) werden nicht mehr gesprochen und sind untergegangen, ledigl. das Latein. wird bis heute als Schriftsprache verwendet. Als Folge der Ausbreitung des Latein. in den Regionen Italiens übte die röm. Kolonialsprache einen assimilator. Druck auf alle anderen Sprachen aus, auf die ital. Regionalsprachen, auf andere indoeurop. Sprachen wie das → Lepontische, → Messapische und → Venetische sowie auf die nichtindoeurop. Sprachen (→ Etruskisch, → Camunisch, → Ligurisch, → Rätisch). Spätestens zu Beginn unserer Zeitrechnung kamen sämtl. Regionalsprachen außer Gebrauch.

Bereits vor der Zeit der röm. Machtentfaltung sind dialektale Unterschiede des Latein. in Latium zu beobachten. Das Schriftlatein. der Frühzeit war nicht einheitl. und zeigt lexikal. Variation (z. B. *popina* vs. *coquina* ‹Kantine, öffentl. Küche›). Der röm. Sprachgebrauch setzte sich letztl. durch und wurde als Standard akzeptiert, während regionale Latinismen als «rustikal» abgewertet wurden. Die röm. Stadtsprache hat nicht nur den Schriftstandard geprägt, sondern auch entscheidend zum Ausgleich des gesprochenen Latein. beigetragen. Das Sprechlatein. blieb auch außerhalb Italiens, in den Provinzen des Imperium Romanum, lange Zeit einheitl. Dort, wo das Schriftlatein. die gesprochene Sprache nur unzureichend überdachte, entwickelten sich regionale Besonderheiten. Dies gilt für das Latein. auf dem Balkan, das eine lexikal. Differenzierung in eine Donauvariante (gesprochen vor allem in Dakien) und in ein Küstenlatein. (in Illyrien) zeigt.

Der allergrößte Teil des latein. Wortschatzes besteht aus indoeurop. Elementen. Dies sind einerseits ital. Erbwörter und andererseits aus anderen indoeurop. Sprachen entlehnte Ausdrücke. Zu den ältesten Entlehnungen des Latein. gehören Wörter etrusk. Herkunft (z. B. latein. *histrio* ‹Schauspieler (am Theater)›, *fenestra* ‹Fenster›, *populus* ‹Volk›). Diese Kultursprache Italiens erlebte schon vor der Verbreitung des Latein. ihre Blütezeit. Im Kontakt mit anderen ital. Sprachen hat das Latein. verschiedene lokale Ausdrücke aufgenommen, v.a. aus dem Umbr. und Osk., wie z. B. *coda* ‹Schwanz›, *arbiter* ‹Zeuge›, *asinus* ‹Esel›, *basium* ‹Kuß›, *calamitas* ‹Schaden› oder *familia* ‹Haushalt; Menschen, die zum selben Haushalt gehören›.

Aus dem → Altgriechischen hat das Latein. nicht nur zahlreiche Elemente seines Kulturwortschatzes entlehnt (z. B. latein. *stylus* ‹Schreibgriffel›, *rhetor* ‹Redner›, *symbolus* ‹Zeichen›, *architectus* ‹Architekt›), sondern auch viele Wörter der Alltagssprache wie *machina* ‹Gerät›, *amphora* ‹Amphore, Flüssigkeitsbehälter mit zwei Henkeln›, *apotheca* ‹Vorratslager für Wein› oder *bracchium* ‹Arm›. Kelt. Lehnwörter im Latein. sind z. B. *camminus* ‹Weg, Straße› und *carrus* ‹Wagen›. Aus dem German. hat das Latein. u. a. *caupo* ›Händler, Inhaber eines Ladens› und *clamare* ‹ausrufen› entlehnt. Es gibt aber auch etliche Entlehnungen, deren Herkunftssprachen nicht mit Sicherheit identifiziert werden können (z. B. latein. *cenaculum* ‹Eßzimmer›, *conea* ‹Storch›, *manes* ‹die Geister der Ahnen›, wörtl. ‹die Guten›).

Die ältesten Schriftdenkmäler des Latein. stammen aus der Zeit um 600 v. Chr. Erst seit dem 3. Jh. v. Chr. aber wird das Latein. kontinuierl. als Schriftsprache verwendet. Traditionellerweise wird der Beginn einer eigentl. literar. Überlieferung in Latein. mit den Werken von Livius Andronicus (um 240 v. Chr.) assoziiert, wozu außer Theaterstücken nach griech. Vorbild auch eine Übersetzung von Homers «Odyssee» gehören. Im 2. und 1. Jh. v. Chr. wurde die Schriftsprache zunehmend standardisiert. Über die Werke bekannter Autoren wie Caesar, Cicero, Catull, Sallust, Livius, Vergil, Horaz u. a. hat diese normierte Sprachform ihr Prestige als klassische Literatursprache erlangt. Für spätere Generationen von Literaten sind die Klassiker immer Vorbild geblieben.

Das Verbreitungsgebiet des Latein. in den Provinzen des Röm. Reiches war viel ausgedehnter als das Areal, in dem später roman. Sprachen gesprochen wurden. Zusätzl. zur eigentl. Romania gibt es eine «verlorene» Romania, wo früher das Latein. wirkte, dessen Einfluß aber nicht zur vollständigen Assimilation der einheim. Bevölkerung führte. Deren Muttersprachen blieben erhalten. An der Peripherie des röm. Kulturkreises findet man heutzutage die Relikte der ehemaligen Präsenz des Latein. in den zahlreichen Entlehnungen aus dieser Sprache. Latein. Lehnwörter aus röm. Zeit sind im German. (z. B. dt. *Keller, Mauer, Kirsche, Kastanie, Pfeiler,* engl. *mile* ‹Meile›, *pound* ‹Pfund›, *silk* ‹Seide›), im Inselkelt. (z. B. kymr. *gwyrdd* ‹grün›, *llyfr* ‹Buch›, breton. *koulm* ‹Taube›, *sec'h* ‹trocken›), im Bask. (z. B. *boronte* ‹Stirn›, *arima* ‹Seele›, *apexa* ‹Fisch›), im Alban. (z. B. *fill* ‹Faden›, *pushtoj* ‹erobern›, *ungj* ‹Onkel›, *kal* ‹Pferd›), im Griech. (z. B. *sterna* ‹Zisterne›, *kalantari* ‹Kalender›) und im Berber. Nordafrikas (z. B. tuareg *angelus* ‹Engel›, *émerkid* ‹Gnade›, *abekkad* ‹Sünde›) erhalten geblieben.

Die erwähnten latein. Lehnwörter im Berber. weisen auf den frühchristl. Sprachgebrauch hin. Das Latein. zeigte seine enorme Anpassungsfähigkeit u. a. dadurch, daß es nicht nur als sprachl. Instrument der älteren polytheist. Weltanschauung fungierte, sondern daß es sich flexibel der neuen Weltanschauung anzupassen vermochte, dem Christentum, das sich seit dem 3. Jh. im Röm. Reich verbreitete. In der Anfangszeit lagen die Zentren der latein. geprägten christl. Kultur in Nordafrika. Karthago war schon früh eine christl. Hochburg. Der berühmteste aller Berber ist der aus Numidien stammende Kirchenvater Augustinus (354–430 n. Chr.), der seine Werke in Latein. schrieb.

In ganz Westeuropa wurde das christl. Kulturerbe über die Antike hinaus in latein. Sprache tradiert. Das Christentum und das Latein. waren jahrhundertelang die Grundpfeiler westeurop. Zivilisation. Zusätzlich zu diesem Geltungsbereich, den das Latein. in der Spätantike entwickelte, blieben viele der traditionellen Funktionen dieser Sprache auch in der Nachantike erhalten. Als gesprochene Sprache allerdings kam es außer Gebrauch. Genauer gesagt erlebte das Sprechlatein in weiten Teilen des ehemaligen Imperium Romanum durchgreifende Transformationen. Seit dem 4. Jh. n. Chr. nahm das gesprochene Latein immer mehr Lokalkolorit an. Im Verlauf des 5. und 6. Jh. setzten sich weitreichende Veränderungen im Lautsystem durch. Die für das klassische Latein charakterist. Opposition von kurzen und langen Vokalen wurde aufgegeben. Ursprüngl. Quantitäten wandelten sich in Qualitäten; anhand des Lautbestands der roman. Sprachen läßt sich das Vokalsystem des Sprechlatein. rekonstruieren: u. a. fiel kurzes *i* mit langem *e* zu *e* zusammen (vgl. latein. *vir(i)dem* > italien. *verde,* latein. *cera* > span./italien. *cera),* kurzes *u* mit langem *o* zu *o* (latein. *sole(m)* > italien. *sole,* latein. *de unde* ‹vo wo› > span. *donde* ‹wo›). Diese Veränderungen gelten für den größten Teil der Romania. In einigen Randgebieten (z. B. in Sardinien und auf dem Balkan) zeigte das Sprechlatein. im Übergang zu roman. Sprachformen abweichende Sonderentwicklungen. Spätestens im 8. Jh. war der Wandlungsprozeß vom Latein. zu Frühstadien des Roman. abgeschlossen. In den roman. Sprachen lebt das latein. Sprach- und Kulturerbe bis heute weiter.

Während des Mittelalters war das Latein. als Literatursprache, als Urkundensprache, als Geschäfts- oder Kanzleisprache in vielen Regionen Europas in Gebrauch, im Byzantin. Reich (als Gerichtssprache bis ins 11. Jh.), in Mitteleuropa, Skandinavien und Finnland, auf den brit. Inseln und fast in der gesamten Romania (mit Ausnahme Sardiniens und Transsylvaniens). Bis in die Neuzeit hat das Latein. amtl. Funktionen übernommen. Es ist die Geschäftssprache der röm.-kathol. Amtskirche im Kontakt mit dem Vatikan, wo es neben dem Italien. als Amtssprache fungiert. Jahrhundertelang besaß das Latein. amtl. Status in Ungarn, erst im Jahre 1848 wurde es vom Ungar. abgelöst.

Die europ. Zivilisation ist ohne das latein. Kulturerbe nicht vorstellbar. Die Tradition des Latein. als Urkunden-, Bildungs- und Wissenschaftssprache reicht ebenfalls bis weit in die Neuzeit. Dies betrifft nicht nur die Verwendung des Latein. als Schriftsprache, sondern auch die Ausstrahlung, die vom Latein. auf die Terminologiebildung in den verschiedensten Bereichen ausgingen. Beispielsweise ist die Rechtstradition in Westeuropa durch die Ideen und Prinzipien des röm. Rechts geprägt, und in der jurist. Terminologie aller Kultursprachen des Westens finden sich für zahlreiche Schlüsselbegriffe Termini latein. Herkunft. Die wissenschaftl. Fachterminologien aller europ. Sprachen – auch der unterschiedlichsten osteurop. Sprachen wie Ungar. Estn. oder Russ. – sind mit Latinismen durchsetzt. Mindestens drei Aspekte machen das Latein. zur erfolgreichsten und produktivsten Kultursprache der Welt:

- Die lexikal. Produktivität und das Transferpotential latein. Kulturwörter. –
  Keine andere Sprache der Welt hat einen so massiven Einfluß auf so viele
  verschiedene Sprachen ausgeübt wie das Latein. Berücksichtigt man die

aus dem Latein. direkt in andere Sprachen entlehnten Ausdrücke sowie diejenigen Elemente latein. Herkunft, die über Mittlersprachen weiterwanderten, dann ist das Latein. in dieser Hinsicht die produktivste aller Kultursprachen der Welt. Für die Weitervermittlung latein. Wortgutes sind in erster Linie die europ. Weltsprachen (Engl., Französ., Span., Portugies., Deutsch, Russ.) verantwortl., die sprachl. Elemente des Latein. in alle Teile der Welt transferiert haben (z. B. engl. Lehnwörter im Yoruba oder Hindi, französ. Lehnwörter im Wolof oder Vietnames., span. Lehnwörter im Quechua oder Maya, portugies. Lehnwörter in Minderheitensprachen Brasiliens oder im Indones., deutsche Lehnwörter im Ungar. oder Japan., russ. Lehnwörter im Mari oder Nanai);

- Die Popularität und der Variantenreichtum des latein. Alphabets. – Die Schrift, mit der die Sprache der Latiner geschrieben wird, nennt man «Lateinschrift». Diese Variante des Alphabets ist das produktivste Schriftsystem aller Zeiten, denn es werden heutzutage mehr Sprachen in Lateinschrift als in irgendeiner anderen Schriftart geschrieben. Sprachen in allen Kontinenten verwenden das latein. Alphabet. In zwei Kontinenten ist die Lateinschrift absolut dominant, in Amerika und in Australien. In zwei anderen Kontinenten (Europa, Afrika) ist das latein. Alphabet kodominant: Europa (mit Lateinschrift im Westen und Kyrillica im Osten), Afrika (mit Lateinschrift im Süden und arab. Schrift im Norden). Ledigl. in Asien ist das latein. Alphabet indominant gegenüber anderen Schriftsystemen, wenn auch die Lateinschrift bei großen Sprachgemeinschaften vertreten ist (z. B. Indones., Vietnames.). Keine andere Schriftart hat so viele verschiedene Schreibstile hervorgebracht wie die latein., als Handschrift (z. B. karoling. Minuskel, deutsche Kurrentschrift) und/oder als Druckschrift (z. B. Antiqua, got. Kursive, Courier).
- Die produktive Vermittlerrolle des Latein. für antikes Kulturgut (mytholog. und literar. Thematik). – Die Tradierung und Verbreitung griech. Ideengutes in der westl. Zivilisation ist größtenteils der Verdienst des Latein. als Vermittlersprache. Zwar hat auch das Arab. zur Tradierung literar. und wissenschaftl. Texte griech. Herkunft beigetragen, die Inhalte der antiken Werke sind aber erst durch ihre Übersetzung aus dem Arab. ins Latein. der westl. Welt zugängl. geworden (Texte der Übersetzerschule in Toledo aus dem 12. und 13. Jh.). Die reiche Tradition des griech. Mythenschatzes ist im wesentl. in ihrer latein. Transformation der westl. Welt vermittelt worden. Ebenso wie die Namen der Götter und Helden latinisiert wurden (z. B. Zeus > Iuppiter, Aphrodite > Venus, Herakles > Hercules), so wurden die Stoffe nach röm. Geschmack verändert. Gleiches gilt für die literar. Stoffe der Weltliteratur (z. B. die Tradition des Alexanderromans).

Seinen globalen Siegeszug hat das Latein. mit der Verbreitung der europ. Weltsprachen angetreten. Das Engl., dessen Wortschatz zu mehr als der Hälfte aus latein. und roman. Elementen besteht, hat den maßgebl. Anteil an der indirekten Vermittlung latein. Wortgutes in den Sprachen der Welt; es ist der stärkste Motor der Globalisierung und damit auch der beste Garant für die Vitalität des latein. Spracherbes.

Lit.: Benke et al. 1997, Glare 1982, Haarmann 1979, 1999, 2001b:312 f. zu den roman. Sprachen, Leumann et al. 1963–72, Lurquin 1998, Munske/Kirkness 1996, Neumann/Untermann 1980

Lemnisch (Lemnian, lemnien). Das Lemn. ist durch eine Grabstele aus dem späten 7. oder frühen 6. Jh. v. Chr. bekannt geworden, die im Jahre 1885 auf der Insel Lemnos in der nördl. Ägäis gefunden wurde. Diese Stele, auf der ein Krieger abgebildet ist, trägt eine längere Inschrift mit insgesamt 33 Wörtern. Die Schrift, in der die Grabinschrift wie auch Textfragmente auf lokaler Keramik geschrieben wurden, zeigt starke Ähnlichkeit mit der ältesten Version des etrusk. Alphabets in Italien. Auch sprachl. läßt sich das Lemn. mit dem → Etruskischen assoziieren. In der lemn. Grabstele findet sich die Formel *avis sialchvis* ‹(im Alter) von vierzig Jahren›, die der etrusk. Formel *avils machs sealchls* ‹(im Alter) von fünfundvierzig Jahren› verblüffend ähnlich ist. Ob Lemnos als Heimatregion der Proto-Etrusker in Frage kommt, ist ungeklärt. In der zweiten Hälfte des 6. Jh. v. Chr. wurde Lemnos von den Athenern erobert, und die lemn. Bevölkerung assimilierte sich allmähl. ans → Altgriechische.

Lit.: Bonfante/Bonfante 1983

Lepontisch (Lepontic, lépontique). Lepont. gehört zu den vorröm. Sprachen Italiens. Es war im Alpenvorland, im Gebiet des Lago Maggiore, des Luganer Sees und des Comer Sees, verbreitet. Hauptsiedlungsgebiet der Lepontier war die Gegend um den Luganer See. Dort läßt sich die eisenzeitl. Golasecca-Kultur seit dem 7. Jh. v. Chr. identifizieren.

Das Lepont. ist eine indoeurop. Sprache, gehört aber nicht zum → italischen Sprachzweig. Vielmehr ist es eine Variante des → Festlandkeltischen und steht dem → Gallischen verwandtschaftl. am nächsten. Gall. war nicht nur in Gallien, sondern auch in Norditalien verbreitet. Die Kelten Norditaliens (*Galli cisalpini*) sprachen also zwei nah verwandte Sprachen: Gall. und Lepont.

Von den festlandkelt. Sprachen hat das Lepont. die älteste schriftl. Überlieferung. Die etwa 70 erhaltenen Inschriften stammen aus der Zeit zwischen dem 6. und 1. Jh. v. Chr. Die Texte sind meist kurz und enthalten nur wenige Wörter. Längere Inschriften (wie auf dem Stein von Prestino nahe Como) sind selten. Die lepont. Schrift (das sog. «Luganer Alphabet») ist vom etrusk. Alphabet abgeleitet.

Lit.: Grassi 1991, Lejeune 1971

Ligurisch (Ligurian, ligurien). Es ist nicht bekannt, wie sich die Ligurer selbst nannten. Sie werden mit dem Namen bezeichnet, der ihnen in → altgriechischen Quellen gegeben wurde (griech. *Ligues* bzw. *Ligures*). Ob die Namenformen in einer Beziehung zum altmediterranen Wort **liga* ‹tonige Erde, Fango› stehen, ist ungeklärt. Die Römer nahmen die Benennung von den Griechen an und verwendeten wie diese verschiedene Varianten: *Ligures, Ligyres* oder *Lygires*. Im 3. Jh. v. Chr. siedelte dieses Volk in einer Region, das im Westen vom Rhônetal, im Osten vom Arno, im Norden von den Alpen und im Süden von der Mittelmeerküste begrenzt wurde. Nach dem 6. Jh. n. Chr. wird nur noch diese nach ihnen benannte Landschaft Ligurien erwähnt, die Ligurer als Volk nicht mehr.

Das Ligur. war wahrscheinl. eine vor-indoeurop. Sprache. Es ist die Vermutung geäußert worden, daß es verwandtschaftl. Beziehungen zum → Iberischen auf der Iber. Halbinsel aufwies.

Lit.: Boano 1997

Lingua franca. Ursprüngl. bezeichnete Lingua franca ein Pidgin, das seit dem 14. Jh. im Mittelmeerraum im Kontakt zwischen Europäern und Arabern, später auch Türken verwendet wurde. Nach dem überlieferten Sprachmaterial zu urteilen, handelte es sich um ein Pidgin auf der Basis norditalien. Dialekte. Das Italien. war lange Zeit wichtige Kontaktsprache im östl. Mittelmeer und im Schwarzmeerraum, wo vor allem Genueser Handelsstützpunkte unterhielten. Im 16. und 17. Jh. war das Venezian. die bevorzugte Diplomaten- und Handelssprache zwischen Westlern und Orientalen (z. B. den Türken des Osman. Reiches).

Die Byzantiner und Araber bezeichneten alle Kreuzzügler als «Franken», unabhängig von ihrer ethnischen Herkunft und sprachl. Zugehörigkeit. Von diesem Sammelbegriff leitet sich der Name der Verkehrssprache (*lingua franca* ‹Frankensprache›) ab. Heutzutage wird dieses histor. Pidgin, das noch im späten 19. Jh. in Algier gesprochen wurde, «Lingua franca des Mittelmeers» genannt. Die ursprüngl. Bedeutung des Namens hat sich im modernen Sprachgebrauch erhebl. erweitert. Im Engl. hat sich der Ausdruck *lingua franca* als allgemeine Bezeichnung für ‹Verkehrssprache› durchgesetzt, womit die Rolle des → Akkadischen im Nahen Osten ebenso beschrieben wird wie die des → Altgriechischen in der Ära des Hellenismus, des → Lateinischen in Europa oder des Swahili in Ostafrika.

Lit.: Cremona 1998, Minervini 1996

Lusitanisch, Südlusitanisch (Lusitanian/South Lusitanian, lousitanien). Das Lusitan. ist aus rund 70 Inschriften der vorröm. Zeit bekannt, die zwar schwer zu datieren sind, wahrscheinl. aber aus dem 7. und 6. Jh. v. Chr. stammen. Nach den Fundorten der Inschriften zu urteilen, siedelten die Lusitanier zwischen dem unteren Duero (portugies. *Douro*) und dem Tajo (portugies. *Tejo*). Möglicherweise erstreckte sich das Siedlungsgebiet der Lusitanier bis nach Andalusien hinein (Inschriftenfunde aus der Region von Sevilla). Die Lusitanier waren die Namengeber für den Westen der Iber. Halbinsel. Die röm. Provinz in jener Region hieß Lusitania.

Die Zugehörigkeit des Lusitan. zu irgendeiner der aus dem vorröm. Hispanien bekannten Sprachen ist unklar. Manche vermuten, das Lusitan. sei eine indoeurop. Sprache gewesen und habe dem Kelt. der Iber. Halbinsel nahegestanden. Demnach ergäben sich engere Beziehungen zwischen der Sprache der Lusitani und der der Gallaeci. Andere Forscher tendieren dazu, das Lusitan. in Südportugal mit dem → Tartessischen zu identifizieren. Ebenso wie das Tartess. ist auch das Lusitan. in der südwestl. Variante der → iberischen Schrift geschrieben worden.

Lit.: Schmoll 1961, Untermann 1995

Luwisch (Luvian, louvite). Die Luwier wanderten Anfang des 2. Jt. v. Chr. in Kleinasien ein und besiedelten die histor. Landschaften Lykien und den Nordosten Kilikiens. Im Zuge der Ausdehnung des Neuen Reichs der Hethiter (nach 1400 v. Chr.) gerieten die Luwier unter hethit. Vorherrschaft. Die Luwier hatten entscheidenden Anteil an der Vermittlung → hurritischer Kulturtraditionen im Hethiterreich. Das Luw. gehört zum Kreis der Schriftsprachen, die im Hethiterreich verwendet wurden.

Luw. (luw. *luwili*) ist eine indoeurop. Sprache und repräsentiert zusammen mit dem → Hethitischen, → Palaischen, → Lydischen und

→ Lykischen den anatol. Sprachzweig. Es ist die nächste Sprachverwandte des Hethit. Dennoch gehören diese Sprachen aufgrund ihrer Lautgeschichte zu verschiedenen Gruppierungen: das Hethitische gehört zu den Centum-Sprachen, das Luw. hingegen zu den Satem-Sprachen, die die palatalen Verschlußlaute des Indoeurop. nicht erhalten haben (vgl. luw. *zart-*, avest. *zered-*, russ. *serdce*, lett. *sirds* ‹Herz›). Das inschriftl. aus der Zeit um 400 v. Chr. bekannte Lyk. ist ein später Ableger des Luw.

Das Luw. war regional differenziert; die Unterschiede korrelieren mit den zwei Schriftsytemen, in denen das Luw. aufgezeichnet wurde. Manche Forscher sehen darin die Differenzierung zweier Sprachen, andere kategorisieren die Variation als dialektale Unterscheidung.

Das Luw. wurde mehr als 800 Jahre lang geschrieben, vom 16. Jh. bis ca. 700 v. Chr. Es wurden zwei verschiedene Schriftarten verwendet. Zum einen war eine Variante der sumer. Keilschrift in Gebrauch. Luw. Keilschrifttexte aus der Zeit zwischen 1600 und 1200 v. Chr. wurden in den Archiven der hethit. Hauptstadt Hattusa gefunden.

Die andere Schriftart ist eine einheimische anatol. Hieroglyphenschrift. Im Anfangsstadium der Entzifferung hielt man die Hieroglyphentexte für Hethit. und bezeichnete diese Schriftart als «hethit.» Hieroglyphen. Es ist aber geklärt, daß die Sprache dieser Texte das Luw. ist. Texte in Hieroglyphen-Luw. stammen aus der Zeit zwischen 1300 und 700 v. Chr. Der Zeichenschatz der Hieroglyphenschrift setzte sich zusammen aus Wortzeichen (Logogrammen), Determinativen (mit Hinweis auf die Bedeutungsgruppe eines Wortes im Text) und Zeichen mit silbischem Wert. In dieser Schrift sind Texte auf Königssiegeln und Zeremonialinschriften auf Stein (in Heiligtümern) verfaßt worden. Insgesamt sind mehr als 450 Einzelzeichen überliefert. Zur Schreibung eines Textes reichten zwischen 150 und 200 Zeichen aus.

Wichtige Fundstätten des Hieroglyphen-Luw. liegen im südl. Anatolien und im nördl. Syrien. Inschriften sind auch im westl. Kleinasien gefunden worden (Karabel, Akpinar). Ein aufsehenerregender Fund wurde 1995 in Troja gemacht, das erste Schriftdenkmal an dieser Ausgrabungsstätte: ein luw. beschriftetes Bronzesiegel aus der Zeit um 1130 v. Chr.. Im 13. Jh. v. Chr. war Troja (hethit.: Wilusa) ein Vasallenstaat des Hethiterreiches gewesen; das Siegel stammt aber

aus einer Zeit, als dieses Reich nicht mehr existierte. Die Steininschriften in den Bergheiligtümern sind bereits seit Anfang des
19. Jh. bekannt, ihre Entzifferung gelang aber erst aufgrund der
zweisprachigen (phöniz.-luw.) Inschriften (spätes 8. Jh. v. Chr.) von
Karatepe in Südanatolien.

Lit.: Adams/Mallory 1997a, Hawkins/Easton 1996, Laroche 1959, Mora 1991,
Neumann 1992 und 2001, Starke 1999

Lydisch (Lydian, lydien). Die histor. Landschaft Lydien (griech. Lu-
día bzw. Maionía ‹Mäonien›, latein. Lydia) grenzte an Mysien,
Phrygien und Karien an. Polit. und kulturelles Zentrum Lydiens
war Sardes. Im 7. Jh. v. Chr. dehnten lyd. Herrscher ihren Machtbereich bis an den Fluß Halys aus. Von den Königen der Mermnaden-
Dynastie, die von Gyges im Jahre 685 v. Chr. begründet wurde, war
Kroisos (Krösus; reg. ca. 560–547 v. Chr.) der mächtigste. Er wagte
einen Angriff gegen Persien, seine Armee wurde aber zurückgeschlagen und Lydien besetzt. Ab 547 v. Chr. war Lydien eine pers.
Satrapie, behielt aber weitgehende Selbstverwaltung; später stand es
unter der Vormacht von Pergamon. Seit 133 v. Chr. gehörte die Region zum Röm. Reich, zunächst als Teil der Provinz Asia, seit der
Zeit Diokletians (reg. 284–316 n. Chr.) als selbständige Provinz.
Unter den Herrschern der Mermnaden-Dynastie stieg Lydien zur
führenden Wirtschaftsmacht im westl. Kleinasien auf. Im 7. Jh.
v. Chr. wurde in den unter lyd. Kontrolle stehenden griech. Seehäfen
das erste Münzgeld des abendländ. Kulturkreises geprägt, die sog.
Elektronmünzen. Die zunächst bildlosen Münzen bestanden aus
Elektron, einer Gold-Silber-Legierung.

Lyd. ist eine der → altkleinasiatischen Sprachen und gehört zum
engeren Kreis der altanatol. Sprachen (→ Hethitisch, → Luwisch).
Am engsten verwandt ist es mit dem Hethit. Das Lyd. ist in mehr als
100 Inschriften und Graffiti überliefert, die aus dem 5. und 4. Jh.
v. Chr. stammen.

Kunst und Kultur der Lyder waren griechisch geprägt. Dies gilt
ebenfalls für die Schrifttradition. Zur Schreibung des Lyd. wurde
eine Schriftart verwendet, deren Zeichen zum größten Teil aus
einem ostgriech. Alphabet entlehnt sind. Allerdings war die Schreibweise gewöhnl. linksläufig, d. h. von rechts nach links. Von den
insgesamt 26 lyd. Schriftzeichen sind 16 griech. Herkunft, bei den
übrigen handelt es sich um lokale Zusatzzeichen für speziell lyd.

Laute. Darunter ist auch ein besonderes Zeichen zur Schreibung des Lautes [f], das eine direkte Parallele im → etruskischen Alphabet hat.

Lit.: Gusmani 1964, 1986

Lykisch (Lycian, lycien). Die histor. Landschaft Lykien (griech. Lukía, latein. Lycia) mit ihrem Kulturzentrum Xanthos wird im Westen durch den Golf von Fethiye und im Osten durch den Golf von Antalya begrenzt. Im Nordwesten grenzt sie an Karien, im Südosten an Pamphylien. Um 540 v. Chr. wurde Lykien dem pers. Herrschaftsbereich angeschlossen. Zwischen 189 und 168 v. Chr. stand es unter der Kontrolle von Rhodos; danach wurde es etwa zwei Jahrhunderte lang frei verwaltet. Im Jahre 43 n. Chr. wurde Lykien zusammen mit Pamphylien in das Röm. Reich integriert (Provinz Lycia et Pamphylia).

Lyk. ist eine → altkleinasiatische (altanatol.) Sprache und steht verwandtschaftl. dem → Luwischen am nächsten. Die lyk. Inschriften lassen dialektale Unterschiede erkennen. Die Dialekte werden als Lyk. A und Lyk. B (Milyisch) bezeichnet.

Das Lyk. ist aus etwa 180 Steininschriften und rund 200 Münzlegenden aus der Zeit des 5. und 4. Jh. v. Chr. bekannt. Im Jahre 1973 ist in Xanthos eine lyk.-→ altgriechisch-→ aramäische Trilingue gefunden worden. Die Texte sind in einer eigenen Schriftart geschrieben, die von einer westl. Variante des griech. Alphabets abgeleitet worden ist, möglicherweise dem von Rhodos. Mehr als vier Fünftel des Zeichenbestandes (29 Einzelzeichen) lassen sich auf griech. Prototypen zurückführen. Die übrigen sind lokale Zeichenschöpfungen zur Schreibung von Lauten, die im Griech. unbekannt sind. Die Schriftrichtung war überwiegend rechtsläufig, d. h. von links nach rechts. Ausnahmen bilden einige Münzlegenden.

Lit.: Mørkholm/Neumann 1978, Neumann 1979

M

Manx-Gälisch, Manx (Manx Gaelic/Manx, gaélique de l'île de Man). Die Sprecher des Manx nannten ihre Sprache *Gailck* (‹Gälisch›), während die engl. Bezeichnung Manx (früher auch Manks) → altnordischer Herkunft (*Mansk*) ist. Manx wurde auf der Isle of Man in der Irischen See gesprochen. Im 19. Jh. wanderten viele Bewohner der Insel Man nach Nordamerika aus. In Cleveland (Ohio) gab es eine Zeitlang eine kleine Manx-sprachige Kolonie, deren Vertreter sich aber mit dem Generationenwechsel ans Engl. assimilierten. Im 20. Jh. hat die Zahl der Muttersprachler des Manx beständig abgenommen, von 4419 im Jahre 1901 auf 896 im Jahre 1921 und auf 10 im Jahre 1950. Der letzte Muttersprachler, Ned Maddrell, starb 1974 im Alter von 97 Jahren.

Manx gehört zur goidel. (bzw. gäl.) Gruppe der inselkelt. Sprachen. Zwischen dem 10. und 13. Jh. gliederte sich das Gemeingäl. in einen west- und in einen ostgäl. Zweig aus. Während das Irische das Westgäl. fortsetzt, sind Manx-Gälisch und Schott.-Gäl. Weiterentwicklungen auf ostgäl. Basis. Im Laufe des 15. Jh. erfolgte die Trennung in Manx- und Schott.-Gäl. Die Entwicklungsdynamik des Manx ist wie die des Schott.-Gäl. und Nordirischen progressiv im Gegensatz zum konservativeren Südirisch. Der Wortschatz des Manx ist außer durch kelt. Erbwörter durch Entlehnungen aus dem → Lateinischen (christl. Latein der Missionszeit im 5. Jh.), aus dem → Altnordischen (wenig zahlreich; im 9. und 10. Jh.) und aus dem Engl. (Mittel- und Neuengl.) gekennzeichnet.

Auf der Insel Man waren drei Schriftsysteme in Gebrauch: die Og(h)am-Schrift zur Schreibung des Gemeingäl., die german. Runenschrift zur Schreibung des Altnord. (während der Zeit der skandinav. Kolonisation der Region), das latein. Alphabet zur Schreibung des Manx (selten) und des dominanten Engl. Die ältesten Texte in Manx stammen aus dem frühen 16. Jh., sind aber nur in späteren Abschriften aus dem 18. Jh. erhalten. Das erste gedruckte Buch in Manx, ein zweisprachiger Katechismus in Manx und Engl., erschien im Jahre 1707. Das 18. Jh. war die produktivste Periode des Schrift-

sprachengebrauchs. Der längste literar. Text in Manx ist eine Über-
tragung von Miltons «Paradise Lost» in ungefähr 4000 Reimzeilen.
Im 19. Jh. zeichnete sich bereits deutl. der Rückgang des Manx ab.
Die sozioökonom. Verhältnisse der Insel Man veränderten sich drastisch mit der Industrialisierung, der Druck des Engl. auf das lokale
Manx verstärkte sich durch Immigration von England her, und der
sich entwickelnde Tourismus förderte seinerseits die Verwendung
des Engl. Die Tätigkeit der Manx Society, die zwischen 1858 und
1907 die meisten Werke in Manx im Druck herausgab, bestand im
wesentl. darin, eine literar. Produktion zu archivieren, die damals
bereits der Vergangenheit angehörte. Obwohl das Manx in gewis-
sem Umfang im Gottesdienst und als Verhandlungssprache bei Ge-
richt verwendet worden war, wurde auch dieser mündl. Sprachgebrauch noch im Verlauf des 19. Jh. vom Engl. monopolisiert.

Seit Beginn des 20. Jh. haben sich Kulturaktivisten bemüht, den
Assimilationsprozeß des Manx abzuschwächen und die Sprache zu
revitalisieren. Die Verbreitung von Sprachkenntnissen bei der er-
wachsenen Bevölkerung, deren Muttersprache Engl. ist, ist eine der
Hauptaufgaben der im Jahre 1968 gegründeten Manx Language Society (Yn Cheshogt Chailckagh). In der Sprachenzählung des Jahres
1991 gaben 650 (erwachsene) Personen an, sie hätten Kenntnisse des
Manx als Fremdsprache. Seit kurzem wird Manx als Wahlfach an
Schulen angeboten.

Lit.: Broderick 1984–86, Thomson 1992, 1998

Maya-Sprachen (Mayan languages, langues Maya). Populationen,
die an der Ethnogenese der Maya Mittelamerikas beteiligt waren,
haben seit dem 3. Jt. v. Chr. in Regionen gelebt, die sich auf folgende
moderne Staaten verteilen: Mexiko (Chiapas, Yucatán), nördl. Tiefland von Guatemala (Petén), Belize, nordwestl. Honduras. Im Verlauf der frühesten keram. Periode (seit 2500 v. Chr.) nahmen die
Lokalkulturen Eigenheiten an, die man den präkolumb. Maya zu-
rechnet. Wichtige Anfangsimpulse für die Entwicklung einer Hochkultur erhielt die Maya-Bevölkerung durch den Einfluß der → olme-
kischen Zivilisation, die den Nachfolgekulturen spezialisierte und
verfeinerte Kulturtechnologien bereitstellte. Hierzu gehören die
Monumentalarchitektur (u. a. Pyramidenbau), entwickelte Techniken der Keramikherstellung, der Bildhauerkunst und Steinschnei-
derei (z. B. Jade), das Kalenderwesen und der Schriftgebrauch. Die

Schrift wurde zuerst von den Chol-Maya im Hochland verwendet und später an die Maya in Yucatán weitervermittelt.

Die Maya-Zivilisation entfaltete sich über mehrere Entwicklungsstufen. Zunächst ist in der mittleren präklass. Periode (650–300 v. Chr.) eine «Siedlungsexplosion» zu beobachten. Bestehende Siedlungsplätze wurden ausgebaut und zahlreiche neue angelegt. Die Anfänge der Feldbebauung auf Terrassen mit Bewässerungskanälen gehen auf diese Periode zurück. Einige der Neugründungen entwickelten sich auch zu frühen kulturellen Zentren wie Dzibilchaltún im Norden Yucatáns. Dzibilchaltúns Blütezeit fällt in die Periode zwischen 250 und 100 v. Chr. In der späten präklass. Periode (300 v. Chr. – 100 n. Chr.) läßt sich ein gesellschaftl. Wandel feststellen. Die ersten Fürstengräber werden gebaut, was auf die Existenz einer hierarch. gegliederten Gesellschaft hindeutet. Die soziale Elite, die Maya-Aristokratie (*ahau*), stellte den König als primus inter pares. In sog. Emblemglyphen findet man Titulaturen wie *ch'ul ahau* ‹heiliger Herr›, *ahau* ‹Herr› oder *na ahau* ‹edle Herrin›.

Es gab zu keiner Zeit ein einheitl. Maya-Reich. Die Herrschaft konzentrierte sich jeweils in lokalen Stadtstaaten, die in Grenzkriegen mit den Nachbarn ihr Territorium auszudehnen suchten. Die Geschichte der Maya-Zivilisation während der klassischen Periode (ca. 200 – ca. 900 n. Chr.), deren Anfang durch die erste, exakt datierbare Schriftstele (199 n. Chr.) markiert wird, ist die der Lokalreiche mit ihren verschiedenen Herrscherdynastien. Ein Hauptmotiv für militär. Auseinandersetzungen zwischen den Stadtstaaten war die Kontrolle der Handelswege, wie etwa der zur Sicherung von Rohstoffimporten (z. B. von Obsidian und Edelmetall). Während der Zeit der Spätklassik (seit ca. 600 n. Chr.) machte sich der Einfluß des Reiches von Teotihuacán (benannt nach dem Hauptzentrum 40 km nordöstl. von Mexico City) geltend, der sich v. a in Tikal nachweisen läßt.

Der Zerfall des Reiches von Teotihuacán gegen Ende des 7. Jh. hinterließ ein Machtvakuum, in dem alte Rivalitäten zwischen den Stadtstaaten wieder aufflammten. Es begann eine Zeit verschärfter militär. Auseinandersetzungen und sozialer Unruhen. Die alten Autoritätsstrukturen verloren ihre Bedeutung. Der Niedergang der klassischen Maya-Zentren läßt sich u. a. daran erkennen, daß zu einer bestimmten Zeit an bestimmten Orten keine Schriftstelen mehr errichtet wurden. Viele Städte im Hochland wurden verlassen.

Die jüngsten Steininschriften stammen aus dem ausgehenden 9. Jh. (Seibal: 889, Xultún: 889, Uaxactún: 889, Chichen Itzá: 898). Ledigl. zwei Steininschriften aus dem 10. Jh. sind bekannt (Uxmal: 907, Toniná: 909). Danach bauten die Maya des Tieflandes keine Tempelanlagen mehr, und auch die Schrift wurde nicht mehr verwendet.

Ende des 10. Jh. besetzten die Tolteken aus dem Hochtal von Mexiko wichtige Maya-Städte in Yucatán (u. a. Chichen Itzá) und trugen zur polit. Instabilität der Region bei. Einheimische Maya-Dynastien wie die von Mayapán (zwischen 1280 und 1450) hatten nur zwischenzeitl. polit. Bedeutung; sie waren aber nicht mehr Träger der klassischen Kultur. Der polit. Partikularismus der Kleinreiche machte es den span. Konquistadoren leicht, Yucatán zu erobern. Während der größte Teil der von Maya bewohnten Regionen bereits zwischen 1528 und 1546 in span. Hand war, dauerte der Krieg gegen die Maya im Norden Guatemalas noch lange. Dort hatte sich das Itzá-Reich mit dem Zentrum Tayasal (auf einer Insel im Lago Petén Itzá), dem heutigen Flores, unter dem Druck der Invasoren konsolidiert und einen hartnäckigen Widerstand organisiert. Erst im Jahre 1697 gelang es den Spaniern, Tayasal zu erobern.

Das Kalenderwesen der Maya war weit entwickelt und vielschichtig. Es gab einen Ritualkalender mit einem 260-Tage-Zyklus (*tzolkin*), der von den Priestern verwendet wurde, und einen Sonnenkalender mit 365 Tagen (*haab*). Die Daten beider Kalender wurden in einem komplizierten Verfahren gegeneinander gerechnet, um exakte Zeitbestimmungen für rituelle Handlungen und Prophezeiungen zu ermöglichen. Die minutiösen Kalendereintragungen in den Inschriften haben die Datierung der Schriftdenkmäler wesentl. erleichtert. Die frühesten schriftl. fixierten Kalenderdaten der Maya gehen auf die Zeit um 236 v. Chr. zurück (Stehen von Abaj Takalik an der Pazifikküste Guatemalas). Die Kalenderglyphen waren es auch, über die letztl. die Entzifferung der Maya-Schrift entscheidende Fortschritte machte. Inzwischen ist bekannt, daß das Schreibprinzip nicht einheitl. war: Wörter konnten mit Hilfe ideograph. Zeichen (Ganz-Wort-Zeichen als Idee-Zeichen) oder auch mit Silbenzeichen geschrieben werden. Zur Erleichterung der Lesung wurden auch den Ideogrammen phonet. Zeichen beigefügt.

Die Maya-Bezeichnung für den Jaguar (*balam*), der besondere Bedeutung als religiöses Symboltier hatte, wurde in mehreren Varianten geschrieben. In der ideograph. Schreibweise stand das Bild eines

Jaguarkopfes als Ein-Wort-Zeichen für den Ausdruck *balam*. Nach dem silbischen Prinzip geschrieben entstand folgende Sequenz der Silbenzeichen */ba/, /la/* und */ma/: ba-la-m(a)*. Silbenzeichen wurden aber auch mit ideograph. Zeichen kombiniert, woraus sich im Fall der Schreibung von *balam* verschiedenartige Kombinationsmöglichkeiten ergaben: Silbenzeichen */ba/* + ideograph. Zeichen für *balam*; *balam* + */ma/*; */ba/* + *balam* + */ma/*. Bei der Schreibung von Wörtern, die auf Konsonant enden, wurde das auf Vokal endende Silbenzeichen geschrieben, der Endvokal bei der Lesung aber nicht gesprochen; z. B. *cab* ‹Erde›, geschrieben *ca-b(a)*. Die Schriftzeichen wurden in vielfältiger Weise variiert und entweder in einer Vollform (mit Details in den abgebildeten Gegenständen; z. B. der Jaguar als volles Tierbild oder als Vollkopf) oder in stilisierter Form verwendet. Die Maya-Schrift gehört zu den kalligraph. höchstentwickelten Schriften des Altertums.

Das Schrifttum in präkolumb. Maya ist in zahlreiche Gattungen verzweigt, wozu im einzelnen die folgenden gehören: Almanache (Faltbücher) mit astronom. Kalenderrechnungen für den sakralen Gebrauch, Monumentalinschriften an Teilen öffentl. sowie sakraler Gebäude (Paläste, Tempel, Altäre) und auf Steinstelen, Eigentumsmarkierungen auf den verschiedensten Gegenständen (Töpferware, Schmuck, Häuser), Widmungsinschriften (mit den Namen der Auftraggeber und des ausführenden Künstlers bzw. Kunstschmieds), Erzähltexte (Schrifttexte in Kombination mit Bildsequenzen; ausschließl. Schrifttexte). Die berühmteste Gattung der Maya-Literatur sind wohl die sog. Faltbücher (Códices), die auf einheim. Papier geschrieben wurden. Diese Papierart wurde aus dem mit Gummisaft getränktem Bast einer wilden Feigenart (Ficus cotonifolia) hergestellt. Ledigl. vier der vielen tausend Códices aus präkolumb. Zeit sind der Zerstörungswut der span. Invasoren und ihrer Helfer, der Priester, entgangen. Die erhaltenen Faltbücher sind der Codex Dresdensis (Dresdner Kodex), Codex Peresianus (Kodex Paris), Codex Tro-Cortesianus (Kodex Madrid) und der Kodex Grolier. Die Faltbücher sind in Yukatek. geschrieben.

Zu Beginn der span. Kolonialzeit waren die Inhalte des klassischen Schrifttums den Tiefland-Maya noch weithin vertraut. Auf Anregung span. Missionare erarbeiteten anonyme Maya-Autoren Kompilationen der klassischen Literatur in ihrer Muttersprache (klassisches Yukatek.), die sie in Lateinschrift schrieben. Es entstand ein eigenes Genre: die Chilam-Balam-Bücher, benannt nach dem letzten Propheten der Maya. Dieser hieß Chilam ‹Dolmetscher zwischen Göttern und Menschen› und hatte den Beinamen Balam ‹(der) Jaguar›. Chilam wirkte um 1500 in Maní, und von ihm heißt es, er habe die Ankunft der Spanier vorausgesagt. Die Texte der Chilam-Balam-Bücher, dessen berühmtestes das «Buch des Chilam-Balam von Chumayel» ist, enthalten Chroniken und Prophezeiungen. Die letzteren zeichnen sich inhaltl. durch viele rätselhaft-krypt. Passagen aus. Noch heute gibt es Schamanen (im Maya *h-menob* genannt) im Hochland von Guatemala, die ein Buch der Prophezeiungen nach dem Vorbild der klassischen Chilam-Balam-Bücher führen.

Es gibt noch eine weitere Schriftkultur, die ebenfalls zur klassischen Periode gerechnet wird, obwohl die betreffenden Erzählstoffe erst während der span. Kolonialzeit aufgezeichnet worden sind, die des klassischen Quiché. Im Hochland Guatemalas (Petén) konnte sich die Kultur der dortigen Maya noch bis ins 17. Jh. kontinuierl. entfalten, bevor auch diese Region von Kolonialtruppen erobert wurde. Span. Missionare wirkten bei den Maya in Guatemala seit Mitte des 16. Jh., und auf ihre Anregung kompilierten einheim., schreibkundige Autoren nach ihren Erinnerungen mytholog. Themen, histor. Begebenheiten und genealog. Daten der präkolumb. Zeit. Dies taten sie in ihrer lokalen Maya-Sprache, dem Quiché, das noch für einige Zeit seine klassische Form bewahrte.

Zwischen 1554 und 1558 entstand das bedeutendste Werk der klassischen Quiché-Literatur, das «Popol Vuh» (Buch des Rates). Der Text ist größtenteils in Alphabetschrift aufgezeichnet, die von den Missionaren verbreitet worden war. Einige Textpassagen sind auch mit den Glyphen der klassischen Maya-Schrift geschrieben. Wegen seines Inhalts ist das «Popol Vuh» mit der Bibel verglichen worden; es enthält die klassischen Schöpfungsmythen der Maya. Der klassische Charakter der mythischen Überlieferung des «Popol Vuh» wird bestätigt durch die älteren Schriftzeugnisse der Tiefland-Maya und durch die Bildfriese des präkolumb. Klassikums. Zum Inhalt des «Popol Vuh» gehören auch die Königslisten der Quiché bis zum Jahre 1550.

Vom «Popol Vuh» sind verschiedene Versionen entstanden, von denen aber die meisten verschollen sind. Die älteste Fassung wurde von den Maya-Autoren selbst verwahrt und nicht den Missionaren übergeben. Das Geheimnis des Aufbewahrungsortes lüftete sich erst Anfang des 18. Jh., als Einheimische das Manuskript dem span. Padre Francisco Ximénez im damaligen Santo Tomás Chuilá (das heutige Chichicastenángo) zeigten. Er kopierte den Text getreulich und gab das Original danach zurück. Der Nachwelt ist nur die Kopie von Ximénez bekannt geworden.

Die Sprache der Maya-Texte der klassischen Periode war nicht einheitlich. Die Schriftform überdachte regionale Unterschiede der gesprochenen Sprache. Zwei Varianten treten in histor. Zeit in den Vordergrund, das Chol im Hochland und das Yukatek. im Tiefland. Möglicherweise haben noch andere Maya-Sprachen den Gebrauch der Schriftsprache beeinflußt, so das Chontal und Chortí. Im Hochland Guatemalas war das Quiché längere Zeit als Schriftsprache in Gebrauch. Die Maya-Sprachen repräsentieren eine eigene Sprachfamilie. Heutzutage sind 68 lebende Maya-Sprachen in Mesoamerika verbreitet.

Lit.: Cardós de Méndez 1991, Coe 1992, Justeson et al. 1985, Kerr 1997, McQuown 1967a, Popol Vuh 1987, Schele/Freidel 1994

Mazedonisch (Macedonian, macédonien). Das ausgestorbene Mazedon. ist nicht zu verwechseln mit dem lebenden Makedon., das sich seit dem frühen Mittelalter in der histor. Landschaft Mazedonien entwickelt hat. Zwar sind beides indoeurop. Sprachen, das Mazedon. gehört aber zu den alten Balkansprachen, während das Makedon. eine moderne südslaw. Sprache ist, die mit dem Bulgar. und Serb. nahe verwandt ist. Das Mazedon. ist bereits in der Antike untergegangen, seine Sprecher haben sich während der hellenist. Periode ans Griech. assimiliert.

Das Mazedon. hatte seine größte Verbreitung im 4. Jh. v. Chr. durch die Ausdehnung des mazedon. Königreichs unter Philipp II. (reg. 359–336 v. Chr.) und seinem Sohn Alexander dem Großen (reg. 336–323 v. Chr.). Das mazedon. Sprachgebiet grenzte damals im Süden an das griech., im Westen an das → illyrische, im Norden an das → thrakische und im Osten ebenfalls an dieses oder an → phrygisches Gebiet. In welchem sprachverwandtschaftl. Verhältnis das Mazedon. zum → Altgriechischen stand, ist nicht genau bekannt. Dies liegt in erster Linie an der spärl. Überlieferung: das Mazedon. wurde nicht geschrieben. Amts- und Bildungssprache des Königreichs Mazedonien war das attische Griech. In griech. Quellen sind mazedon. Orts- und Personennamen überliefert, außerdem wenige Einzelwörter. Die Lautstruktur des Mazedon. wich deutl. von der des Griech. ab (vgl. mazedon. *danos* ‹Tod› vs. griech. *thanatos* ‹dass.›). Es gibt auch mazedon. Wörter, die keine Parallelen im griech. Wortschatz haben und deren Herkunft obskur bleibt (z. B. mazedon. *bedu* ‹Luft›).

Lit.: Crossland 1982, Katičić 1976: 100–116

Merisch (Merian, mérien). Die Merier lebten in der Nachbarschaft der Muromer in einem Gebiet, das im Norden von der Wolga, im Osten von deren Nebenfluß Oka und im Westen bis an den Fluß Moskva reichte. Diese Region liegt etwa 100 km nordöstl. von Moskau und gehörte im Mittelalter zum Fürstentum von Suzdal'-Rostov. Das Siedlungsgebiet der Merier, die erstmals von dem got. Historiographen Jordanes im 6. Jh. erwähnt werden, und die die altruss. Chroniken *Merja* nennen, läßt sich aufgrund von Gewässernamen, Siedlungsresten, Gräberfunden und Kultplätzen identifizieren.

Die Sprache der Merier gehörte zum finn.-ugr. Sprachzweig der ural. Sprachfamilie. Das Mer. stand dem → Muromischen verwandtschaftl. am nächsten. Im Siedlungsgebiet der Merier sind einzelne slaw. Siedlungen schon für das 9. Jh. bezeugt, aber erst im 10. Jh. dehnen sich diese Siedlungen merklich aus. In jener Zeit entwickelt sich eine mer.-russ. Kultursymbiose. Das russ. Element dominierte allmähl., und immer mehr Merier assimilierten sich. Im 11. Jh. gaben die Merier schließl. ihre materiellen Kulturtraditionen vollständig auf. Daraus darf man schließen, daß damit auch ein Sprachwechsel verbunden war, so daß die Merier sich assimilierten und nurmehr Russ. sprachen.

Lit.: Glazyrina 2000, Rjabinin 1997: 149–196

Meroitisch (Meroitic, méroïtique). Im Süden Ägyptens, in der histor. Landschaft Nubien, wurde der polit. Einfluß Ägyptens bereits zur Zeit des Alten Reiches spürbar, verstärkte sich während des Mittleren Reiches und wurde während der 2. Zwischenzeit der Hyksos-Herrschaft in Ägypten unterbrochen. Die Herrscher des Neuen Reiches (seit dem späten 16. Jh. v. Chr.) erweiterten ihre koloniale Macht in Nubien, bauten Festungen und Tempel. Während der Regierungszeit von Ramses III. (reg. 1198–1166 v. Chr.) jedoch wurden die meisten ägypt. Stützpunkte aufgegeben.

In der Nachfolge dieses polit. Machtvakuums organisierte sich im Verlauf des 8. Jh. v. Chr. zwischen dem 3. und 6. Nilkatarakt ein lokales nub. Reich. Dies war das erste Königreich Innerafrikas, und die Mehrheit seiner Bevölkerung waren schwarzafrikan. Nubier. Nubien wird in den antiken Quellen auch Kusch (aus dem → Hebräischen) genannt. Die histor. Stätten dieses Staates, der als das Reich von Kusch bekannt wurde, liegen auf dem Territorium des heutigen Sudan.

Hauptstadt des Reiches von Kusch war zunächst Napata (am Jebel Barkal). Seit dem 6. Jh. v. Chr. war auch das südl. davon gelegene Meroe (beim heutigen Ort Begarawija in Obernubien) als eine der Städte in Nubien bekannt. Ab 270 v. Chr. war Meroe Hauptstadt. Sowohl in Napata als auch in Meroe sind zahlreiche Pyramiden gebaut worden, in denen die Herrscher der verschiedenen nub. Dynastien begraben sind.

Das kuschit. (bzw. meroit.) Reich stand in wechselvollen polit. Beziehungen zu Ägypten. Ende des 8. Jh. v. Chr. eroberten die Nubier ganz Ägypten und herrschten dort als Pharaonen. Der erste «schwarze Pharao» war Schabaka (reg. 716–702 v. Chr.), Herrscher der kuschit. 25. Dynastie. Als mächtigster Herrscher jener Zeit ist Taharqa (reg. 690–664 v. Chr.) in die Geschichte eingegangen. Nach der Eroberung Ägyptens durch die Assyrer im Jahre 671 v. Chr. mußten sich die Nubier nach Süden zurückziehen. Das Reich von Kusch konnte aber seine Unabhängigkeit behaupten, gegen assyr. und pers. ebenso wie gegen ptolemäische wie später auch röm. Interventionsversuche. Die nub. Königin Amanishakhete (reg. 41–12 v. Chr.), eine Zeitgenossin des röm. Kaisers Augustus, verhinderte den Einmarsch röm. Truppen in ihr Land. Sie trug die meroit. Ehrentitel *kandake* und *qere* und war vielleicht die mächtigste Herrscherpersönlichkeit Nubiens.

Während des 1. Jh. n. Chr. erlebte das meroit. Reich seine kulturelle Blüte und seine größte polit. Machtausdehnung. In jener Periode sind viele öffentl. Bauten entstanden. Die folgenden Jahrhunderte waren friedlich, eine Zeit, während der der meroit. Staat seine Stabilität erhalten konnte. Um 350 n. Chr. erfolgte dann aber mit der Eroberung von Meroe durch das christl. Königreich Axum in Äthiopien ein durchgreifender polit. Wandel. Es ist nicht geklärt, ob Meroe als Vasall des Reiches Axum weiterhin eine Zeitlang Bestand hatte oder sich gleich nach der Eroberung auflöste. Jedenfalls wird Meroe nach 400 nicht mehr erwähnt.

Kulturell stand das Reich von Kusch unter starkem ägypt. Einfluß. Dies zeigte sich bereits während der Zeit, als Nubien ägypt. Kolonie war. Ägypt. Einflüsse sind in allen Lebensbereichen der Nubier nachzuweisen, in den Handwerksbereichen ebenso wie in der Kunst, in der Architektur ebenso wie in den religiösen Kulten. Die meisten ägypt. Götter wurden auch in Nubien verehrt, besonders beliebt war der Sonnengott Atum, dem in Meroe ein großer Tempel gebaut wurde. Es gab aber auch einheim. Götter, wie den löwenköpfigen Apedemek, dem einer der anderen Haupttempel Meroes geweiht war.

In den ersten Jahrhunderten des Bestehens des Reiches von Kusch war das → Ägyptische als Staatssprache in Gebrauch, ebenso wie in Ägypten selbst. In Nubien sind zahlreiche ägypt. Inschriften in Hieroglyphenschrift erhalten. Im 2. Jh. v. Chr. erfolgte die Umstellung auf die einheim. Sprache, das Meroit. Es wird heute als eine nilo-saharan. Sprache klassifiziert und in einen lockeren Zusammenhang mit anderen Sprachen im nördl. Grenzraum der Sahara gestellt: mit Nubisch, Fur, Saharanisch, Songhai u. a. Innerhalb der nilo-saharan. Sprachfamilie steht das Meroit. isoliert ohne näher verwandte Sprachen.

Das Meroit. wurde rund 550 Jahre lang geschrieben, und zwar in zwei Schriftarten: in Zeichen der ägypt. Hieroglyphenschrift und in einer Adaption der demot. Schrift. Die meroit. Schrift unterscheidet sich von der ägypt. Schrift, ihrer Basis, durch ihr abweichendes Schriftprinzip. Während die ägypt. Schrift eine Segmentalschrift ist, mit deren Hilfe das Konsonantengerüst von Wörtern geschrieben wird, ist die meroit. Schrift mit ihren 23 Zeichen eine Buchstabenschrift, in der Konsonanten und auch Vokalzeichen unterschieden werden. Vier Zeichen haben syllab. Wert, nämlich die für die Lautkombinationen [ne], [se], [te] und [to]. Das alphabet. Prinzip wurde in Nubien durch den Einfluß der → altgriechischen Sprachkultur während der Ptolemäerzeit (seit dem 3. Jh. v. Chr.) bekannt. Die Präsenz griech. Künstler und Handwerker in Meroe ist inschriftl. bezeugt.

Auch als das Meroit. verwendet wurde (für Zeremonial-, Grab- und Weihinschriften), gab man das Ägypt. als Kultursprache nicht auf. Noch bis ins 1. Jh. n. Chr. wurden in Nubien ägypt. Hieroglyphentexte verfaßt. Zahlreiche Texte sind zweisprachig, d. h. sowohl in Meroit. als auch Ägypt. überliefert. Die meisten Texte entstanden in den 200 Jahren um die Zeitenwende. Die letzten meroit. Inschriften sind aus dem späten 4. Jh. n. Chr. überliefert. Danach wurde in Nubien Griech. geschrieben.

Es gibt Hinweise darauf, daß die Schriftkundigkeit in Meroit. auch im 5. Jh. und darüber hinaus erhalten blieb, und die alte meroit. Schrift nicht vollständig in Vergessenheit geriet. Sie hat die spätere Schrifttradition der Region beeinflußt. Für die ersten im 8. Jh. in altnub. Sprache aufgezeichneten Texte wurde eine besondere nub. Schrift verwendet. Diese folgt im wesentl. der → koptischen Schrift; drei Sonderzeichen sind aber dem meroit. Zeichenrepertoire entlehnt.

Lit.: Hintze 1962, 1979, Priese 1997, Shinnie 1996, Welsby 1996

Messapisch (Messapic, messapique). Messap., eine indoeurop. Sprache, war im Südosten Italiens verbreitet, etwa im Gebiet der italien. Provinz Puglia. Das Messap. ist aus mehr als 300 Inschriften bekannt, die aus der Zeit zwischen dem 6. und 1. Jh. v. Chr. stammen. Die meisten Inschriften, die in Gräbern, als Münzlegenden und auf anderen Objekten (aus Bronze, Keramik oder Stein) gefunden wurden, sind sehr kurz und umfassen nur ein oder zwei Wörter. Die messap. Schrift mit ihren lokalen Eigenheiten ist vom griech. Alphabet abgeleitet.

Das Messap. ist mit dem → Illyrischen auf der anderen Seite der Adria (d. h. in der Küstenregion der Balkanhalbinsel) eng verwandt. Es gehört also nicht zum Kreis der → italischen Sprachen. Man nimmt an, daß das Messap. in prähistor. Zeit mit Kolonisten aus Illyrien nach Italien gebracht worden ist. Da aber das Messap. wie auch das Illyr. spärlich überliefert ist, bleibt diese Hypothese bislang unbewiesen.

Lit.: Orioles 1981, Simone 1964

Minoisch (Minoan, minoen), Eteokretisch. Wie sich die vorgriech. Bewohner des antiken Kreta nannten, ist nicht bekannt. Ihren Namen erhielten sie nach dem legendären Minos, der die Insel – der mytholog. Überlieferung der Griechen zufolge – als König regierte. Das Minoische gehört zum Kreis der → altmediterranen Kultursprachen. In der ersten Hälfte des 2. Jt. v. Chr. kontrollierten die Minoer mit ihrer Seemacht den Handel im gesamten östl. Mittelmeerraum. Die Anfänge des Schriftgebrauchs in Altkreta lassen sich bis um 2500 v. Chr. zurückverfolgen. Seit Ende des 3. Jt. v. Chr.

wurde das Minoische regelmäßig als Schriftsprache verwendet. Texte sind in zwei verschiedenen Schriftsystemen geschrieben worden: Hieroglyphen und Linear A.

Die kret. Hieroglyphenschrift ist eine Originalschrift der minoischen Ära, die außer dem Namen nichts mit der → ägyptischen Hieroglyphenschrift gemein hat. Das Kret.-Hieroglyph. war nicht einheitl., sondern bildete zwei verschiedene Varianten aus. In einer dieser Varianten ist der doppelseitige Spiraltext auf dem Diskos von Phaistos (um 1700 v. Chr.) geschrieben worden. Bei diesem Schriftzeugnis aus dem Palastarchiv von Phaistos in Südkreta handelt es sich um das älteste Druckwerk der Welt, denn die einzelnen Zeichen sind mit Stempeln in den weichen Ton gepreßt worden, bevor die Tonscheibe hart gebrannt wurde. Der Diskos und der Spiraltext standen in Zusammenhang mit religiösen Ritualen der Minoer.

Die meisten Texte in minoischer Sprache sind in Linear A geschrieben worden. Hierzu gehören Inschriften auf Kultobjekten wie Libationstischen (Tische mit Höhlungen für Trankopfer) oder Schalen, auf Votivbeigaben und Sarkophagen ebenso wie Aufschriften auf Warenbehältern, Siegeln und Tonkugeln. In den Palastarchiven von Agia Triada, Phaistos, Khania und an anderen Orten sind zahlreiche beschriftete Tontafeln gefunden worden. Diese enthalten zumeist Warenlisten und weisen so auf ihre Funktion im Dienst der lokalen Palastverwaltung hin.

Die Seemacht der Minoer im Mittelmeer wurde abrupt durch eine Naturkatastrophe gebrochen. Um 1625 v. Chr. explodierte der Vulkan auf Thera (Santorini), der die dortige minoische Kolonie zerstörte und eine verheerende Flutwelle (Tsunami) auslöste. Diese erreichte das nördl. Küstengebiet Kretas, verwüstete die dortigen Hafenanlagen und vernichtete den Großteil der minoischen Handelsflotte. Bald darauf füllten die myken. Griechen, die mit den Minoern rivalisiert hatten, das polit. Vakuum, besetzten Kreta und etablierten ihre Macht im Palast von Knossos.

Die dortigen myken. Herrscher verwendeten Linear B zur Schreibung des → Altgriechischen. Anderswo auf Kreta wurde aber weiterhin das Minoische in Linear A geschrieben. Eine Zeitlang herrschte eine literar. Zweisprachigkeit auf der Insel, mit der griech. Schriftsprache (in Linear B) im Norden und dem in Linear A geschriebenen Minoischen im Süden sowie im Osten Kretas. Der Gebrauch von Linear A verlor sich im Verlauf des 11. Jh. v. Chr.

Offensichtl. geriet aber der Zeichenschatz dieser Schriftart nicht vollständig in Vergessenheit, denn es gibt Schriftfunde aus späterer Zeit, in denen einzelne lineare Schriftzeichen auftreten. Aus dem 3. Jh. v. Chr. stammt beispielsweise eine Steininschrift in minoischer Sprache, deren längerer Text in griech. Alphabetschrift aufgezeichnet und dem ein kurzer Text in Linearschrift beigefügt ist. Diese Steininschrift ist gleichzeitig ein Beweis dafür, daß die griech. Alphabetschrift erfolgreich zur Schreibung des Minoischen angewandt wurde, und daß das Minoische noch in der hellenist. Periode verbreitet war.

Von einer Kultursprache wie dem Minoischen, das so lange und entscheidend die bronzezeitl. Kulturen der nördl. Ägäis und des östl. Mittelmeeres (→ Eteokyprisch) beeinflußt hat, kann man erwarten, daß sie irgendwelche Spuren hinterlassen hat. Diese findet man im alten Lehnwortschatz des Griech. Ein Kulturwort, das im besonderen auf die aus der griech. Mythologie bekannte Bedeutung der altkret. Rechtstradition (Minos als Gesetzgeber) hinweist, ist altgriech. *kurbhis*. Dieser Ausdruck ist minoischer Herkunft und bedeutet etwa ‹alte Gesetze und Instruktionen›; ‹hohe Stele mit Inschrift›.

Lit.: Duhoux 1977, Godart/Olivier 1976–85, Haarmann 1995

Mixtekisch (Mixtec, mixtèque). Das histor. Siedlungsgebiet der Mixteken in der Region von Oaxaca im südl. Mexiko gliedert sich in drei Landschaften, deren klimat. Bedingungen und geograph. Gegebenheiten sehr unterschiedl. sind: Mixteca Alta (das zerklüftete Hochland mit kühlem und feuchtem Klima), Mixteca Baja (das heiße und trockene Hügelland im Westen), Mixteca de la Costa (die heiße und feuchte Küstenregion). Bereits um 1000 v. Chr. lassen sich Siedlungen einer agrar. Bevölkerung im Hochland nachweisen. Seit 200 v. Chr. entstanden die ersten städtischen Anlagen. Kultureinflüsse kamen sowohl aus dem Norden (Teotihuacán) als auch aus dem benachbarten zapotek. Gebiet (Monte Albán).

Ab 700 n. Chr. bildeten sich lokale mixtek. Fürstentümer heraus, die ihren Machtbereich ab 900 n. Chr. ins zapotek. Gebiet ausdehnten und die Zapoteken nach Süden abdrängten. Monte Albán, die alte Hauptstadt der Zapoteken, wurde von den Mixteken ledigl. als Kultstätte und Nekropole benutzt. Seit dem 10. Jh. nahm das Kunsthandwerk (Edelstein- und Metallbearbeitung) einen enormen Aufschwung. Die mixtek. Kultur strahlte damals weit in andere Regionen aus, auch ins Hochtal von Mexiko (Mixteca-Puebla-Stil). Die mixtek. Kleinstaaten rivalisierten polit. miteinander und führten ständig Grenzkriege. Der größte Teil des mixtek. Siedlungsgebiets geriet um 1460 unter aztek. Vorherrschaft, nur die Mixteken in der Küstenregion (Tututepec) blieben unabhängig.

Unter den altamerikan. Völkern sind die Mixteken berühmt für ihre Goldschmiedekunst. Nirgendwo sonst im präkolumb. Amerika ist techn. so ausgereifter Goldschmuck hergestellt worden wie in der Mixteca. In den mixtek. Faltbüchern (Códices), deren narrative Inhalte in einer kombinierten Bild-Text-Technik aufgezeichnet wurden, kann man die Geschichte einiger Teilreiche (Tilantongo, Tututepec) bis ins 8. Jh. n. Chr. zurückverfolgen. Den Schriftgebrauch hatten die Mixteken von den Zapoteken (→ Zapotekisch) kennengelernt. Ihrerseits vermittelten die Mixteken die Kunst der Bilderhandschriften an die Azteken (→ Nahuatl) weiter.

Das klassische Mixtek. der präkolumb. Periode und seine Schriftkultur sind untergegangen. Die modernen mixtek. Sprachen repräsentieren einen eigenen Sprachzweig innerhalb der Otomangue-Sprachfamilie, zu der auch der zapotek. Sprachzweig gehört. Die meisten mixtek. Sprachen werden von nur jeweils wenigen tausend Menschen gesprochen. Die sprecherreichste Gemeinschaft ist die des Mixtek. von Metlatonoc (ca. 62 000), von denen rund 20 000 ausschließl. Mixtek. sprechen. Die übrigen sind zweisprachig mit Span. als Zweitsprache.

Lit.: Caso 1977–79, Smith 1983

Moabitisch (Moabitan, moabite). Moabit. ist eine der alten → kanaanitischen (altkanaanäischen) Sprachen. Die Moabiter siedelten bereits im östl. Jordanland, als die Hebräer nach Kanaan eindrangen. Das Verhältnis der Moabiter zu den israelit. Nachbarn war wechselhaft, zu bestimmten Zeiten war das Königreich Moab unabhängig, zu anderen Zeiten von Israel abhängig. Unter König David (reg. ca. 1006–966 v. Chr.) wurde Moab zum Vasallenstaat Israels. Im 9. Jh. v. Chr. erlangte Moab seine Selbständigkeit wieder. Seit dem 8. Jh. v. Chr. waren die Moabiter erneut polit. abhängig, zunächst von den Assyrern, dann von den Babyloniern und schließl. von den Nabatäern.

Moabit. gehört zur nordwestl. Gruppe der semit. Sprachen und steht dem → Phönizischen am nächsten. In phöniz. Schrift ist auch das einzige moabit. Schriftdenkmal abgefaßt, die Stele des Königs Mesha aus dem Jahre 842 v. Chr. Der Schrifttyp ist altphöniz., der Schriftduktus zeigt Ansätze zur Kursivierung.

Lit.: Haarmann 1992:271 f.

Moesisch (Moesian/Mysian, mésien). Im Jahre 15 n. Chr. wurde die röm. Provinz Moesia eingerichtet, die ihren Namen von den Moesiern hat, einem Volk, das von den Griechen *Mysoi*, von den Römern *Moesi* genannt wurde. Die Moesier siedelten südl. der Donau im Gebiet des heutigen Serbien, in Teilen Bulgariens und in der zu Rumänien gehörenden Landschaft südl. des Donaudeltas, in der Dobrudscha. In spätröm. Zeit war Moesien in die westl. Provinz Moesia superior und in die östl. Moesia inferior geteilt.

Das Moes. gehörte zu den → thrakischen Dialekten. Zusammen mit dem → Dakischen wird eine westl. Dialektgruppe des Thrak. unterschieden, das Dako-Moes. Das Moes. wurde nicht geschrieben und ist nur aus einigen Orts- und Gewässernamen (z. B. Arsaza, Clevora, Medeka, Ereta) bekannt. In Moesien hatte der Gott Juppiter den Beinamen Tamitenus.

Lit.: Duridanov 1999

Mozarabisch (Mozarabic, mozarabe). Mozarab. ist die Sammelbezeichnung für altroman. Sprachvarianten, die sich zu Beginn der Zeit der maurischen (d. h. arab.-berber.) Herrschaft auf der Iber. Halbinsel (seit 711) aus dem Sprechlatein. herausbildeten und regional ausdifferenzierten. Die Sprachgemeinschaft des Mozarab. war multiethnisch. Dazu gehörte in erster Linie die romanisierte Bevölkerung im Zentrum und im Süden der Halbinsel, die Mozaraber (arab. *al-Musta'ribun,* span. *mozárabes*) genannt werden. Die Mozaraber sprachen zwar dieselbe Sprache in lokalen Varianten, sie gehörten aber verschiedenen Religionsgemeinschaften an. In den ersten Jahrhunderten der maurischen Herrschaft waren die meisten Christen. Im Laufe der Zeit konvertierten immer mehr zum Islam, u. a. weil Christen als Nicht-Muslime besondere Steuerabgaben leisten mußten, die den Muslimen erspart blieben. Weite Teile der mozarab. Bevölkerung waren zur Zeit der Eroberung Andalusiens durch die christl. Könige des Nordens islamisiert. Dies bedingte auch die Wahl islam.-arab. Namen. Während der Maurenzeit haben christl. Bischöfe wiederholt dagegen polemisiert, daß die «Neumuslime» ihre alten Namen aufgaben.

Die Mozaraber lebten sowohl im städtischen als auch im ländl. Milieu. In den größeren Städten wie Toledo, Valencia, Córdoba, Sevilla und Granada wohnten sie in eigenen Stadtvierteln. Die städtischen Mozaraber waren im späten Mittelalter zweisprachig, mit Arab. als Zweitsprache. Auch viele Araber und Juden konnten Mozarab. entweder aktiv sprechen oder verstehen. Zu allen Zeiten aber war Mozarab. die volkstüml., zumeist nur gesprochene Sprache und Arab. die Hochsprache. Zu den Autoren arab.-sprachiger Literatur in Andalusien (arab. *al-Andalus*) gehören auch Mozaraber. Der bekannteste dieser Mozaraber ist vielleicht der Bischof Regismund (span. *Recemundo*) von Córdoba, der bei den Arabern Rabi' Ibn Zayd al-Usquf al-Qurtubi hieß. Regismund schrieb ein astronom. Werk auf Arab.; im Jahre 955 reiste er als Gesandter des Kalifen von Córdoba nach Deutschland.

Das Mozarab. stand jahrhundertelang unter dem Einfluß der arab. Hochsprache. In der Zeit bis zum Ende der maurischen Herrschaft (bis 1492) hat das Mozarab. Tausende arab. Lehnwörter übernommen. Der Umstand, daß im Wortschatz des Span. so viele Arabismen integriert sind, erklärt sich zum Teil aus der Vermittlerrolle, die das Mozarab. beim Transfer von arab. Kulturwörtern gespielt hat. Erst durch neuere Forschungen ist auch bekannt geworden, wie wichtig die Rolle zweisprachiger Mozaraber als Dolmetscher oder Diplomaten im Kontakt zwischen den Christen des Nordens und den Muslimen des Südens war. Das Mozarab. wurde im allgemeinen nicht geschrieben. In der volkstüml. arab. Dichtung aber haben sich Nachklänge des Altroman. erhalten. Im 11. Jh. setzte sich neben der klassisch-arab. Dichtung eine neue Gattung durch, die der *muwashshahat*. Dies waren lyrische Gedichte in Arab. mit einer Endstrophe in Mozarab. (arab. *harajat*, span. *jarchas* genannt). Die berühmtesten andalus. Dichter, die volkstüml. literar. Formen pflegten, waren Ibn al-Jatib und sein Schüler Ibn Zamrak im 14. Jh.

In den von Christen zurückeroberten Regionen der Iber. Halbinsel wurde das Mozarab. rasch von den nördl. roman. Sprachvarianten, im Osten vom Katalan., im Zentrum vom Span. und im Westen vom Galic.-Portugies. überlagert. Über die Zwischenstufe roman. Zweisprachigkeit (z. B. mozarab.-span.) oder Mehrsprachigkeit (z. B. mozarab.-arab.-span.) assimilierten sich die Mozaraber sprachl. und akkulturierten sich im Prozeß ihrer (Re)konvertierung zum Christentum. Das Mozarab. wird in einigen Kirchen Südspaniens ganz selten noch für liturg. Zwecke verwendet.

Lit.: Chejne 1999, Corriente 1999, Galmés de Fuentes 1983

Muromisch (Muromian, mouromien). Die Muromer, die in altruss. Chroniken *Muroma* und in skandinav. Quellen *Móramar* genannt werden, siedelten im Flußtal der Oka, eines Nebenflusses der Wolga. Sie gehören zu den zahlreichen Stämmen der finn.-ugr. Urbevölkerung jener Region. In den altruss. Chroniken werden die Muromer als «altes Volk» bezeichnet. Im frühen Mittelalter verlief durch das Siedlungsgebiet der Muromer eine wichtige Handelsstraße, vom Gebiet der Ostslawen in der Kiever Rus' zu den Wolgabulgaren. Im 9. Jh. wurde ein zentraler Handelsstützpunkt an der Oka eingerichtet, Murom, das nach den Bewohnern der Region benannt wurde, und das im Jahre 988 Regierungssitz eines russ. Fürstentums wurde. Damals waren die Stadtbewohner noch mehrheitl. Muromer. Erst seit Beginn des 11. Jh. dominierte das russ. Element in der Architektur und in der materiellen Kultur.

Aufgrund der materiellen Hinterlassenschaft sind die Muromer als ethnische Gruppe für die Periode vom 7. bis 11. Jh. zu identifizieren. Danach ist ein rascher Verlust der eigenen Kulturtraditionen als Folge einer vollständigen Akkulturation an die russ. Mehrheitsbevölkerung der Region festzustellen. Die Muromer sprachen eine finn.-ugr. Sprache, die schriftlos blieb und von der Spuren ledigl. in Orts- und Gewässernamen erhalten sind.

Lit.: Glazyrina 2000, Rjabinin 1997

N

Nabatäisch → Aramäisch

Nahuatl, klassisches (classical Nahuatl, nahua classique), Altaztekisch. Die Sprecher des klassischen Nahuatl, die Azteken, wanderten im 13. Jh. von Nordwesten her in die Hochebene von
Zentralmexiko. Die Erinnerung an die Wanderung aus der alten
Heimat (Aztlan) ist in der mythischen Überlieferung der Azteken
immer lebendig geblieben. Älteste Siedlungsspuren sind um 1250
bei Chapultepec nachweisbar. Um 1260 wurde Tlatelolco auf einer
Insel im See Texcoco gegründet. In unmittelbarer Nachbarschaft
entstand im Jahre 1325 Tenochtitlán, die Hauptstadt des Azteken-
reichs. Im 15. Jh. wurde Tlatelolco in das Stadtgebiet von Tenochtitlán
eingegliedert. Die Azteken waren zunächst polit. von Lokalherr-
schern abhängig. Längere Zeit waren sie die Vasallen der Tepaneken,
die sie im Bund mit anderen 1428 besiegten.

Aus einem ursprüngl. partnerschaftl. Dreibundverhältnis mit den
Nachbarstaaten Texcoco und Tlacopán, das in Rivalität ausartete,
gingen die Azteken unter Moctezuma (Montezuma) I. (reg.
1440–1469) siegreich hervor. Danach praktizierten sie eine aggres-
sive Expansionspolitik. Bis zur Ankunft der Spanier im Jahre 1519
hatten sie fast die gesamte Hochebene in Zentralmexiko und weite
Teil des südl. Mexiko erobert. Das Aztekenreich erstreckte sich von
der Pazifikküste im Westen bis zur Küste des Golfs von Mexiko im
Osten. Zwischen 1519 und 1521 vernichtete Hernando Cortés im
Bündnis mit den Rivalen der Azteken deren Reich.

Die Azteken standen von Anbeginn unter dem kulturellen Einfluß von Nachbarvölkern. Von den Mixteken übernahmen die Azteken Techniken der Goldschmiedekunst und der Mosaikherstellung,
ihre polychrome Keramik ist deutl. von der Töpfertradition von
Cholula beeinflußt. Die Azteken setzten die ältere Schrifttradition
im Tal von Mexiko fort, die von den Mixteken gepflegt worden war.
Von der umfangreichen Literatur in Nahuatl sind nur Fragmente erhalten, und von der Vielzahl der Faltbücher (Códices) sind die aller-

meisten dem fanat. Eifer der span. Invasoren zum Opfer gefallen, die das «Teufelszeug» verbrannten. Bei den Faltbüchern handelte es sich entweder um reine Bilderzählungen oder um gemischte Bild-Text-Erzählungen, wobei sich Bilder wie Textabschnitte in eine narrative Sequenz einfügten.

Der Schriftgebrauch ist im aztek. Kulturkreis nicht so perfektioniert worden wie bei den klassischen → Maya-Sprachen. Das Schreibprinzip der aztek. Schrift ist überwiegend logograph., d. h. es werden Wortstämme mit Bildzeichen geschrieben. Grammat. Endungen werden durch rebusartige Zusätze (Zeichen zur Lautmarkierung) gekennzeichnet. Eine vollständig ausgebildete Silbenschrift wie die Maya kannten die Azteken nicht. Nahuatl wurde zu Beginn der span. Kolonialperiode eine Zeitlang auch in Lateinschrift geschrieben. Auf Initiative des Franziskaners Bernardino de Sahagún entstanden Kompilationen, die von Indianern selbst aufgezeichnet wurden. In der monumentalen «Historia general de las cosas de Nueva España» sind wertvolle Informationen über eine damals fast schon verschwundene Kultur gesammelt. In Lateinschrift sind auch verschiedene Götterhymnen und Heldengedichte in Nahuatl verfaßt worden. Diese sind aber wohl keine Kopien älterer Vorbilder, sondern Neukompositionen. Eine eigentl. Renaissance des klassischen Nahuatl hat aber über diesen Schriftgebrauch nicht stattgefunden.

Eine wichtige Quelle für die Kenntnis des Wortschatzes des klassischen Nahuatl ist das von Alonso de Molina zusammengestellte umfangreiche Lexikon «Vocabulario en lengua castellana y mexicana y mexicana y castellana» (1571). Es wurde 1977 in Mexico City im Neudruck herausgegeben.

Das klassische Nahuatl (Altaztek.) ist eine Sprache der uto-aztek. Sprachfamilie, deren Vertreter in Kalifornien, im südl. Arizona sowie im nördl. und zentralen Mexiko verbreitet sind. Das klassische Nahuatl hat sich seit dem 16. Jh. gewandelt in die modernen Nahuatl-Varianten, von denen insgesamt 16 (nach anderer Klassifizierung 24) unterschieden werden. Die sprecherreichste Nahuatl-Sprache ist das östl. Huasteca-Aztek. (Hidalgo-Aztek.) mit 0,41 Mio. Muttersprachlern. Die Ausgliederung des klassischen Aztek. in die modernen Sprachvarianten ist vergleichbar mit dem Wandel vom → Altnordischen zu den skandinav. Sprachen. Viele der modernen Nahuatl-Sprachen sind stark vom Span. überformt, sowohl im

Wortschatz als auch in der Grammatik. Dieses Fusionsprodukt der langzeitigen Zweisprachigkeit heißt *mexicano*. Dessen Syntax ist im wesentl. span. geprägt. Ausdrücke des Nahuatl oder span. Lehnwörter im Nahuatl werden mit Hilfe von span. Bindewörtern in eine syntakt. Kette gestellt.

Die Sprache der Azteken hat sich nicht nur gewandelt und modernisiert, sie hat auch deutl. Spuren im Span. Mesoamerikas hinterlassen. Das dort gesprochene Span. hat Tausende von Ausdrücken aus Indianersprachen (*mejicanismos*) übernommen, die meisten davon stammen aus dem Nahuatl. Unter den Entlehnungen sind besonders viele Bezeichnungen für einheim. Pflanzen und Tiere; z. B. span. *chipipacle* ‹medizin. Heilkraut gegen Durchfall bei Kindern› (< nahuatl *tzipitl* ‹leidendes Kind› + *patli* ‹Medizin›), *chintlatlahua* ‹giftige Spinnenart› (< nahuatl *tzin* ‹Hintern, Hinterteil› + *tlatlauhqui* ‹farbig›). Etliche der Mexikanismen sind ebenfalls im europ. Span. gebräuchl. Beispielsweise heißt der span. Ausdruck für ‹Kaugummi› *chicle*; dies ist entlehnt aus nahuatl *tzictli*. Das Span. hat anderen europ. Sprachen einige Wörter aus dem Kulturkreis der Azteken vermittelt, die sich fest eingebürgert haben. Beispiele hierfür sind dt. *Tomate, Kojote* ‹Wüstenhund›, *Ozelot* ‹(Pelz des) Bergpuma›.

Nur wenige wissen, daß auch die Schokolade und der Kakao aus Mexiko stammen und daß die Wörter selbst aztek. Herkunft sind. Im Span. ist der Ausdruck *cacao* (verkürzt aus *nahuatl cacauatl*) im Jahre 1535 erstmals bezeugt, *chocolate* wenig später, um 1580. Im präkolumb. Mittelamerika wurde Schokolade auf die Weise hergestellt, daß man die Samenschoten der Kakao-Pflanze (*cacauatl*) mit den Samenkörnern einer wilden Art von Baumwollpflanze (*pochotl*) vermischte, zu einem Brei zerrieb und mit Wasser verdünnte. Dieses Getränk hieß *pocho-cacaua-atl*. In der Umgangssprache der Azteken wurde der Ausdruck aber verschliffen zu *chocauatl*, und dies ist die Quelle für das Lehnwort im Span. Wahrscheinl. waren aber die Azteken gar nicht die ersten Altamerikaner, die es verstanden, Schokolade als Getränk herzustellen. Das Rezept für die Schokoladenmischung kannten schon die Olmeken, und von ihnen haben die Maya, Azteken und andere Völker Mittelamerikas es übernommen.

Lit.: Andrews 1975, Campbell 1985, Clendinnen 1991, Coe & Coe 1996, Eggebrecht 1986, Garibay Kintana 1970, Graulich 1985, Hill/Hill 1986, Newman 1967, Santamaria 1983, Steele 1979

Norn (Norn, norne). Skandinav. Siedler transferierten im frühen 9. Jh. ihre Muttersprache, das → Altnordische, auf die Schottland vorgelagerten Inselgruppen (Orkney, Shetland und Äußere Hebriden). Altnord. wurde auch in der Küstenregion von Schottland gesprochen. Aus der Zeit der Wikingerherrschaft jener Region, die 1379 an den schott. Clan der Sinclairs überging, sind einige Dutzend Runeninschriften erhalten, die sprachl. ein einheitl. Altnord. ohne Lokalkolorit zeigen. Es sind auch mittelalterl. Texte in Lateinschrift überliefert.

Das Altnord. ging in Schottland und auf den Hebriden spätestens im 15. Jh. unter. Als die nördl. Inselgruppen im Jahre 1468 König James III. von Schottland unterstellt wurden, waren Orkney und Shetland die letzten Rückzugsgebiete des Altnord. Das lokal isolierte Altnord. wandelte sich und entwickelte sich zu der mittelskandinav. Sprachvariante des Norn. Als gesprochene Sprache hielt sich Norn noch Jahrhunderte, es wurde aber nicht geschrieben und besaß auch keinen besonderen soziokulturellen Status (etwa als Sprache der Predigt). Bereits im 17. Jh. waren die meisten Bewohner von Orkney und Shetland zweisprachig. Norn war die Muttersprache, die als Heimsprache fungierte. Als Zweitsprache war das Schott. in Gebrauch, das mit dem Engl. in einem sprachl. Kontinuum steht.

Die erste umfangreichere Sammlung von Sprachmaterial des Norn stammt von George Low, der Shetland im Jahre 1874 besuchte. Er schrieb eine Übersetzung des Vaterunsers in Norn auf, ebenso eine Ballade, und stellte ein kurzes Glossar von 30 Wörtern zusammen. Aus den Reiseberichten von Low geht nicht hervor, ob damals noch Norn gesprochen wurde oder ob es sich bei den von ihm gesammelten Sprachproben um formelhafte Texte handelt, die seit Generationen nurmehr als Erinnerung an die alte einheim. Kulturtradition von einigen memoriert wurden. Ende des 19. Jh. und Anfang des 20. Jh. sind Sammlungen von Reliktwörtern des Norn angelegt worden, die damals noch als Entlehnungen im Schott. gebräuchlich waren.

Lit.: Barnes 1996, Crawford 1995, Morris 1985

Numidisch (Numidian, numidien), Altlibysch. Die Numider gehörten zur autochthonen Bevölkerung des nördl. Afrika. Ihr Name (latein. *Numidae*) stammt aus dem Griech. (Nom. *nomás* ‹Nomade›, Akk. *nomáda*). Als «Nomaden» bezeichneten die Griechen, die seit dem 7. Jh. v. Chr. in den Kolonien der Kyrenaika in Libyen mit der dortigen Bevölkerung im Kontakt standen, die nicht-seßhaften Bewohner der Region. Als Sammelnamen für alle sprach- und kulturverwandten Autochthonen (d. h. der nomad. im Osten wie auch der seßhaften im Atlasgebirge) verwendeten sie *Lébues* (bzw. *Líbues*). Diese Namenform, die sich im Ländernamen Libyen und im Ethnikum Libyer bis heute fortsetzt, ist aus dem altägypt. *Rebu* entlehnt, womit die Ägypter ihre Nachbarn im Westen benannten.

Die Numider waren sozial in Stammesverbänden organisiert, die miteinander rivalisierten. Einer der einflußreichsten Stämme waren die Massyler, die im Rahmen ihrer wechselnden Bündnispolitik mit Karthagern und Römern eine Vormachtstellung erlangten. Zunächst standen die Numider unter ihrem König Masinissa (auch Masinissas und Massanassis; 240–148 v. Chr.) im Bündnis mit den Karthagern gegen die röm. Expansion nach Nordafrika. Gegen Ende des 2. Punischen Krieges (218–201 v. Chr.) schloß sich Masinissa Rom an und führte einen Abnutzungskrieg gegen Karthago. Mit röm. Hilfe besiegte Masinissa seinen Rivalen Syphax, den Führer der Masaesyler. Der 3. Punische Krieg (149–146 v. Chr.) brachte schließl. die Zerschlagung der polit. Macht Karthagos. Damit wurde auch Numidien dem röm. Imperium angeschlossen. Zwar lehnten sich die Numider im Jugurthin. Krieg (111–105 v. Chr.) – so genannt nach dem Numiderkönig Iugurtha – gegen die röm. Herrschaft auf, allerdings ohne Erfolg. In der Folgezeit wurde Numidien geteilt; die einzelnen Regionen wurden verwaltungstechnisch verschiedenen Provinzen zugeordnet.

Die Sprache der Numider, das Numid. (bzw. Altlibysche), war eine archaische Form des Berberischen, eines Sprachzweigs innerhalb der afroasiat. Sprachfamilie. Die ältere Klassifizierung des Numid. als Libysch-Berber. war zwischenzeitl. umstritten, ist aber in den vergangenen Jahren erneut bekräftigt worden. Hauptgrund für die Skepsis mancher Forscher hinsichtl. der Verwandtschaftsbeziehungen des Numid. sind die Schwierigkeiten bei der Lesung der numid. Inschriften. Die über 1100, häufig schwer zu datierenden Inschriften sind meist kurz und enthalten hauptsächl. Personennamen. Hilfreich für die Deutung des Numid. ist eine Reihe zweisprachiger Inschriften. Die wohl bekannteste ist die auf 139 v. Chr. datierte numid.-pun. Inschrift am Masinissa-Tempel in Thugga. Die meisten numid.-latein. Bilinguen stammen aus dem westl. Teil Nordafrikas, aus dem heutigen Marokko.

Der größte Teil der numid. Texte sind Grabinschriften mit formelhaften Wendungen, die in Tunesien, Algerien und Marokko gefunden worden sind. In ihnen sind alte berber. Namenformen erhalten. Bei den numid. Namen handelt es sich um archaische Satznamen, in denen bestimmte Themenelemente variiert werden (z. B. Namen wie *Mas-ilan* ‹der Herr (= Gott) hat zu eigen›, *Mas-elat* ‹Herr, nimm ihn zu eigen›, *Tak-malas* ‹der Herr ist sein Eigner› zur Verbwurzel *l* ‹in Besitz nehmen›). Diese alten Namen sind verschwunden. Heutzutage sind bei den Berbern Nordafrikas überwiegend islam.-arab. Personennamen gebräuchl. Im massyl. Thugga (tunes. Dougga) im heutigen Tunesien wurde das Numid. auch in monumentalen Inschriften verwendet, die nach pun. Vorbildern entstanden.

Die numid. (altlybische) Schrift gehört zum Kreis der alten Linearschriften des Mittelmeerraums. Es werden drei Varianten der numid. Schrift unterschieden: die massyl. Schrift (im nördl. Tunesien und im östl. Algerien), die masaesyl. Schrift (im südl. Tunesien, westl. Algerien und im nördl. Marokko), die gaetul. Schrift (im südl. Marokko). Nach ihrer Organisation repräsentiert diese Schrift mit ihren 21 Zeichen das Prinzip einer Alphabetschrift, bei der – wie im Fall der semit. Alphabete – nur die Konsonanten bezeichnet werden. Dieses Organisationsprinzip wie auch einige der Zeichenformen weisen auf eine histor. Beziehung zu den südsemit. (thamud.) Schriften. Vor kurzem ist der Nachweis erbracht worden, daß die Vorliebe für geometr. Zeichenformen auf Einflüsse aus dem ägäischen Raum weist. Visuelle Vorbilder für viele Zeichen der numid. Schrift waren das Zeichenrepertoire der altkret. Schrift Linear A und der kyprosyllab. Schrift Altzyperns. Die ägäischen Einflüsse in Nordafrika erklären sich aus den engen Handelskontakten mit Phöniziern, Kretern und Zyprern, von denen man heute weiß, daß sie sich in gemeinsamen kaufmänn. Unternehmungen zusammenschlossen.

In spätröm. Zeit hatten sich die meisten Numider akkulturiert und ihre Muttersprache zugunsten des → Lateinischen aufgegeben. Den Prozeß des Sprachwechsels kann man an der Sprachwahl der Inschriften Nordafrikas verfolgen. Die Zahl der einsprachig numid. und der zweisprachigen numid.-latein. Inschriften nimmt beständig ab, und an ihre Stelle treten einsprachig latein. Ledigl. an den Personennamen kann man noch erkennen, daß die genannten Personen Numider waren. Der wohl berühmteste aller Berber illustriert exemplarisch den Prozeß der Romanisierung: der als Kirchenvater in die Geschichte eingegangene Aurelius Augustinus (354–30 n. Chr.), dessen Vater Römer und dessen Mutter Numiderin war. Augustinus wurde röm. erzogen, und das Medium dieser Erziehung war das Latein. In dieser Sprache sind auch sämtl. Schriften des Augustinus überliefert.

Wann die numid. Schrift außer Gebrauch kam, ist nicht bekannt. Mit Sicherheit sind aber keine Inschriften mehr in nachröm. Zeit verfaßt worden. Die numid. Schrift ist jedoch nicht in Vergessenheit geraten, denn offensichtl. blieb die visuelle Erinnerung an den Zeichenschatz im kulturellen Gedächtnis der lokalen berber. Bevölkerung erhalten. Aus dem alten Schriftsystem entwickelte sich eine Ableitung, die bei den Tuareg verwendete Ti-Finagh (berber. *ta-finekk*). Die Herkunft des Namens ist nicht sicher. Als mögl. Quellen kommen latein. *punica* oder griech. *pinax* ‹Schreibtafel› in Betracht. Diese Berber-Schrift mit ihren 26 Buchstabenzeichen ist ein Mischsystem. Im Wortanlaut und -inlaut werden nur Konsonanten geschrieben, im Auslaut auch Vokale. Ti-Finagh ist früher für kurze Inschriften auf Felswänden, für Graffiti in Baumrinde, für Gravierungen auf Armreifen u.ä. verwendet worden. In den 1990er Jahren hat Ti-Finagh als Teil des berber. Kulturerbes eine Renaissance erlebt. Im Rahmen einer Stärkung des kulturellen Selbstbewußtseins der berber. Bevölkerung in den nordafrikan. Staaten wird auch Ti-Finagh wieder geschätzt und gebraucht.

Lit.: Galand 1979, Haarmann 1997a, Horn/Rüger 1979, O'Connor 1996

O

Olmekisch (Olmec, olmèque). Der Name der Olmeken ist untrennbar mit den Anfängen der Zivilisation im präkolumb. Mesoamerika verbunden. Diese Erkenntnis ist kaum vierzig Jahre alt, denn erst in den vergangenen Jahrzehnten ist die Rolle der Olmeken im Formationsprozeß der amerikan. Hochkulturen näher erforscht worden. Der Name des Volkes, das im 2. Jt. v. Chr. den Sprung von der Existenz als Jäger und Sammler zur Seßhaftigkeit tat und das an der Küste des Golfs von Mexiko die ältesten Monumentalbauten Amerikas hinterließ, ist nicht bekannt. Ihren Namen erhielten die Olmeken des Altertums nach den Olmeca (wörtl.: ‹die Leute aus dem Kautschukland›), die im 16. Jh. in dieser Region lebten.

Im Verlauf des 16. Jh. v. Chr. formierten sich elementare kulturelle Institutionen zu einem Ensemble, das bis zum 13. Jh. v. Chr. typisch olmek. Züge entfaltete. Man kennt die klassische olmek. Hochkultur aus verschiedenen alten Kultzentren. Hierzu gehören Tlalcozotitlán (im Bundesstaat Guerrero), San Lorenzo (Veracruz) und La Venta (Tabasco). Sie haben alle eine ähnl. Anlage: um einen Zentralplatz gruppieren sich Pyramiden und Plattformen mit großen Altären und Kolossalköpfen aus Basalt. Diese Skulpturen haben eine Höhe zwischen 2,5 und 4 m und stellen immer die gleiche Physiognomie dar: den Kopf eines Menschen mit Zügen einer Raubkatze. Der Jaguar war bei allen präkolumb. Indianern Mittelamerikas ein religiöses Symboltier. Die Verquickung menschl. und tierischer Gesichtszüge mag auf alte totemist. Vorstellungen einer mythischen Herkunft vom Jaguar zurückgehen.

Spätestens seit Beginn des 1. Jt. v. Chr. strahlte die olmek. Kultur in andere Regionen Mesoamerikas aus. Wahrscheinl. kontrollierten die Olmeken die wichtigsten Handels- und Verkehrswege. Damals wurden zahlreiche olmek. Handelsstützpunkte außerhalb des Kernlandes eingerichtet, in Chalcatzingo, Tlatilco, Oaxaca, Las Victorias (El Salvador) und in Tres Zapotes (Veracruz). In Tres Zapotes zeigt die Kulturchronologie deutl. den Niedergang der olmek. Kultur, die nach 400 v. Chr. verfiel. Eine Nachblüte erlebte die olmek. Kultur zwischen 150

v. Chr. und 250 n. Chr. Dies läßt sich aus der schriftl. Hinterlassenschaft erschließen. Aus jener Zeit stammen die am besten erhaltenen olmek. Schriftdenkmäler. Diese späte Kulturphase schließt nicht direkt an die ältere an; daher wird sie epi-olmek. genannt.

Die olmek. Kultur wird als «Mutterkultur» Mesoamerikas bezeichnet, denn sie hat alle anderen lokalen Hochkulturen der präkolumb. Periode entscheidend beeinflußt. Unmittelbare Nachfolger im olmek. Kulturkreis waren die Maya, die elementare Institutionen der olmek. Hochkultur adaptierten und weiterentwickelten. Die Basiselemente ihrer Zivilisation (der materiellen wie geistigen Kultur) sind ein Erbe aus der olmek. Periode: Techniken des Pyramidenbaus, der Steinbearbeitung, des Skulpturierens und Schneidens von Groß- und Kleinplastiken (z. B. Schmuck aus Jade), entwickelte religiöse Vorstellungen mit einem Götterpantheon, Anfänge des Kalenderwesens und Schreibtechnologie. Die Kulte verschiedener Götterfiguren aus olmek. Zeit waren bis zur Ankunft der Europäer weit verbreitet, so der des Regengottes.

Die Schaffung eines Schriftsystems mit einem piktograph. Zeichenrepertoire war vielleicht der entscheidende Durchbruch für die Entfaltung der geistigen Kultur in Mittelamerika seit dem 1. Jt. v. Chr. Die längste, bisher bekannte Inschrift in Olmek. ist die 1986 gefundene Stele von La Mojarra (Veracruz). Die Zeichenformen ähneln denen der Maya-Stelen, weisen sich aber wegen ihres höheren Alters als Prototypen für die Maya-Glyphen aus. Das Schreibprinzip der olmek. Schrift ist phonograph. (Verwendung von Silbenzeichen) mit einer logograph. Komponente (zur Kennzeichnung von Wortstämmen).

Olmek. gehört zur Familie der Mixe-Zoque-Sprachen, die heutzutage noch im südl. Mexiko verbreitet sind. Insofern ist das Olmek. nicht mit den klassischen oder modernen →Maya-Sprachen verwandt. Als Impulsgeber für die Weiterentwicklung der Schriftkultur und als Träger der ältesten Hochkultur Amerikas hat das Olmek. einen entscheidenden Anteil an der Prägung des Kulturwortschatzes in den klassischen Maya-Sprachen.

Lit.: Benson/Fuente 1996, Justeson/Kaufman 1993

Oskisch (Oscan, osque). Die Osker, die von den Römern *Opsci* und von den Griechen *Opikoí* genannt wurden, waren jahrzehntelang die stärksten Widersacher der Römer. Der Name bezog sich ursprüngl. auf einen bestimmten samnitischen Stamm, der in Kampanien (südwestl. von Neapel) siedelte. Später verwendeten die Römer *Opsci* als Sammelnamen für alle samnit. Stämme. Das Siedlungsgebiet der Samniten grenzte unmittelbar an das der Latiner in Latium an. Samnit. Stämme besiedelten auch den größten Teil Süditaliens. Den Römern gelang es erst in mehreren Kriegen, den Widerstand der Samniten zu brechen (drei samnit. Kriege zwischen 370 und 290 v. Chr.).

Im weiteren Sinn ist Osk. der Sammelname für zahlreiche lokale samnit. Sprachvarianten, die ein Kontinuum bilden. Hierzu gehören das Vestin., Marrucin., Campan., Frentan., Lucan., Mamertin. u. a. Das Osk. gehört zur osk.-umbr. Untergruppe der → italischen Sprachen, die auch sabell. Sprachen genannt werden. Es ist aus mehreren hundert, meist kurzen und formelhaften Inschriften aus der Zeit zwischen ca. 400 v. Chr. und dem 1. Jh. n. Chr. bekannt. Die ältesten Texte sind Münzlegenden, die jüngsten Graffiti aus Pompeji. Osk. ist in drei verschiedenen Alphabeten geschrieben worden: in einer Ableitung der → etruskischen Schrift (im sog. «nationalen Alphabet»), in Lateinschrift und im griech. Alphabet (in Inschriften aus Sizilien und Süditalien).

Das Osk. wurde zur Aufzeichnung offizieller Dokumente (Fragmente von Gesetzessammlungen, Inschriften an öffentl. Gebäuden in Pompeji) ebenso wie für religiöse Texte, Weihinschriften und für persönl. Zwecke (z. B. Fluchformeln) verwendet. Zu den längeren Texten gehören der Cippus Abellanus (eine beschriftete Steintafel mit mehr als 180 Wörtern), die Tabula Bantina (Fragment einer Bronzetafel mit fast 400 Wörtern, der längste bisher bekannte Text in Osk.), die Bronzetafel von Agnone, die Bleiplatte von Capua (die Vibia-Fluchformel) u. a.

Lit.: Buck 1928, Schrijver 1998

Ozeanien, ausgestorbene Sprachen. Anders als in Australien hatten die einheim. Sprachen der ozean. Inselwelt bessere Bedingungen für ihre Entwicklung. Es ist nirgendwo zu einem mit den Verhältnissen in → Australien vergleichbaren Massensterben gekommen, selbst wenn sich überall der Einfluß europ. Kolonialsprachen geltend gemacht hat. Die verkehrstechn. Isolation vieler Gegenden (z. B. der schwer zugängl. Bergtäler Papua-Neuguineas, weit abgelegener Inseln wie der Marquesas oder der Osterinsel) sowie das Fehlen von

Rohstoffen, die andernfalls das besondere Interesse der Kolonial-
mächte für bestimmte Regionen geweckt hätten, haben dazu beigetragen, daß der assimilator. Druck europ. Sprachen auf die Lokalkulturen der Inseln Ozeaniens nicht Überhand genommen hat.

Allerdings ist auch in Ozeanien der Verlust einheim. Sprachen zu
beklagen. Die folgenden Sprachen sind in neuerer Zeit untergegangen:

- Bina, Kaniet, Karami, Mulaha, Yoba (Papua-Neuguinea)
- Dororo, Guliguli, Kazukuru (Salomonen)
- Ifo (Vanuatu)
- Moriori (Neuseeland)
- Waamwang (Neukaledonien/Französ. Überseebesitzung)

Wie widerstandsfähig einheim. Sprachen sein können und wie gut
sie sich in Regionen erhalten können, die verkehrstechn. abgeschie-
den liegen, illustriert die Entwicklung des Rapa Nui, der Sprache der
Osterinsel. Ende des 19. Jh. sah alles danach aus, daß das Rapa Nui
mit seinen damals knapp 280 Sprechern bald aussterben würde.
Tatsächl. kam es zu einer Wiederbelebung. Heutzutage sprechen
etwa 2000 Rapa-Nui als Muttersprache, und im heimischen Milieu
(d. h. in Hangaroa und den anderen Ortschaften der Osterinsel)
fungiert es als Sprache der Alltagskommunikation und ebenso als
Sprache des kathol. Gottesdienstes.

Lit.: Haarmann 2001 a

P

Palaisch (Palaic, palaïque). Das Palaische, die Sprache der Palaer, war in Inneranatolien verbreitet. Von dieser Sprache sind nur etwa 200 Wörter bekannt, die in Keilschrifttexten des hethit. Palastarchivs von Hattusa überliefert sind. Palaisch (*palaumnili-*) gehört zum Kreis der → altkleinasiatischen (altanatol.) Sprachen, es ist mit dem → Hethitischen und → Luwischen verwandt. Es stand unter starkem Einfluß des → Hattischen, jener nicht-indoeurop. Sprache, die von den Hethitern als Ritualsprache verwendet wurde. Palaisch kam spätestens im 13. Jh. v. Chr. als gesprochene Sprache außer Gebrauch.

Lit.: Adams/Mallory 1997 a, Carruba 1970

Paläosardisch (Palaeo-Sardinian, paléosarde). Paläosard. ist die Sprache der vorröm. Bevölkerung Sardiniens, d. h. desjenigen Volkes, das die Nuraghen-Kultur geschaffen hat. In spätröm. Zeit assimilierten sich die Paläosarden ans → Lateinische, und ihre Nachkommen sprechen seither Sard., eine roman. Sprache. Das Paläosard. ist aber nicht einfach verschwunden, ohne Spuren zu hinterlassen. Es gibt zahlreiche Zeugen für die Existenz dieser vor-indoeurop. Sprache, die in keinerlei verwandtschaftl. Beziehung zu irgendeiner der Importsprachen der Insel (→ Phönizisch/Punisch, → Altgriechisch, Arab. u. a.) stand. Es gibt allerdings Versuche, das Paläosard. mit dem → Etruskischen in Verbindung zu setzen.

Im Wortschatz des Sard. sind zahlreiche Substratwörter paläosard. Herkunft erhalten: Bezeichnungen von Pflanzen wie *aláse* ‹Klee›, *aúrri* ‹Ostrya carpinifolia› und *éni* ‹Taxus baccata›, von Tieren wie *kallúttsu* ‹Wolf›, *lúrtsis* ‹Wasserschlange› und *sakkáyu* ‹einjähriges Lamm›, und von Landschaftsformen wie *tsèppara* ‹steinige Ebene›, *struvína* ‹mit Dickicht bewachsenes Terrain› und *mògoro* ‹niedriger Hügel›. Die paläosard. Ausdrücke für Landschaftsformen finden sich in zahlreichen Orts- und Gewässernamen der Insel.

Die lexikal. Elemente des Paläosard., die sich anhand des Lehnwortschatzes im Sard. identifizieren lassen, weisen zum einen auf

Parallelen im Wortschatz des → Iberischen und Bask., zum anderen auf Beziehungen zum Berber. in Nordafrika. Möglicherweise gab es nicht nur eine, sondern mehrere paläosard. Sprachen unterschiedl. Herkunft.

Lit.: Pittau 1995, Wagner 1950 [1997]

Pali (Pali, pali). Als französ. Missionare gegen Ende des 17. Jh. in Thailand den Namen *Pali-bhasa* hörten, verstanden sie dies als Hinweis auf eine Sprache. Tatsächl. ist *Pali-bhasa* mit ‹kanon. buddhist. Text› zu übersetzen. Die Sprachform, in der die Texte des Theravada-Buddhismus verfaßt sind, wird verallgemeinernd Pali genannt. Sie gehört zum Kreis der alten Kultursprachen Südostasiens. Ihre Hauptverbreitungsgebiete waren Sri Lanka (das histor. Ceylon), Burma, Thailand (das histor. Siam), Kampuchea (Kambodscha) und Laos. Bereits vor der Zeitenwende war Pali in Ceylon heimisch, um 1000 n. Chr. verbreitete es sich auch in Südostasien. In Sri Lanka und Thailand ist die alte Tradition vielleicht am stärksten lebendig geblieben.

In gesprochener Form wurde Pali seit etwa 500 v. Chr. verwendet. Damals bildete sich die buddhist. Tradition heraus, die jahrhundertelang – wie die ältere hinduist. in → Sanskrit – mündl. überliefert wurde. Seit dem 1. Jh. v. Chr. wurde Pali auch als Schriftmedium verwendet. Als sakrale Sprache des Buddhismus lebt es bis heute weiter, als gesprochene Sprache zur Rezitation buddhist. Texte wird es allerdings nur noch selten gebraucht.

Pali ist eine indoeurop. Sprache und gehört zum ind. Sprachzweig. Als eine der Sprachvarianten der mittelind. Periode (ca. 600 v. Chr. – ca. 1000 n. Chr.) gehört Pali zum Kontinuum der → Prakrit-Dialekte, die sich sprachhistor. vom Sanskrit und anderen regionalen Formen des Altind. ableiten. Mittelind. Charakteristika sind am frühesten im Pali festzustellen, das also entwicklungsmäßig jünger ist als Sanskrit, aber älter als die neuind. Sprachen wie Hindi, Urdu, Gujarati, Singhales. u. a. In den Pali-Texten sind etliche archaische Elemente aus der altind. Sprachperiode erhalten.

Die Sprache, in der die buddhist. Texte verfaßt sind, wurde sehr wahrscheinlich nirgendwo als Alltagssprache verwendet. Die spezielle schriftsprachl. Variante des Pali war zu allen Zeiten eine Bildungssprache. Pali ist in einem geograph. weit ausgedehnten Areal und von Vertretern der verschiedensten Lokalkulturen als Bildungssprache verwendet worden. Im Laufe der Jahrhunderte haben sich verschiedene Stile herausgebildet. Das ceylones. Pali weicht nach Wortwahl und Satzbau von dem im histor. Indochina verwendeten Pali ab. Manche Forscher sehen in einigen Eigentümlichkeiten des südostasiat. Pali Charakterzüge einer sprachl. Kreolisierung.

Der Wortschatz des Pali setzt sich zum größten Teil aus ind. Erbwörtern zusammen. Besonders differenziert ist die religiöse Nomenklatur. Hierzu gehören Ausdrücke wie *Pali suttanta* ‹ein Kapitel aus der kanon. Literatur›, *vada* ‹religiöse Lehre›, *atta* ‹Seele›, *manodvara* ‹Bewußtseinsschwelle› oder *iddhi* ‹psych. Kräfte›. Im Kontakt mit den dravid. Sprachen Südindiens hat das Pali etliche Lehnwörter aus diesen adaptiert. Dravid. Herkunft im Pali sind u. a. *civara* ‹Kleidungsstück›, *kala* ‹schwarz› und *toya* ‹Wasser›. Auch die Syntax des Pali ist teilweise dravid. beeinflußt.

Die schriftsprachl. Tradition in Pali setzte vor mehr als zweitausend Jahren ein. Der größte Teil des Schrifttums ist nach seiner Thematik religiös. Es gibt daneben aber auch ein nicht unbedeutendes Korpus philosoph. und wissenschaftl. Literatur in Pali. Als buddhist. Gelehrte in Ceylon damit begannen, die Texte des Theravadin-Kanons im Laufe des 1. Jh. v. Chr. aufzuzeichnen, waren diese bereits jahrhundertelang mündl. überliefert worden. Die Blütezeit des alten Schrifttums in Ceylon fällt ins 5. Jh. n. Chr. In jener Zeit entstanden die umfangreichen Kommentare zu den kanon. Texten. Ab dem 11. Jh. wurde Pali auch von den Buddhisten in Burma als Sakral- und Bildungssprache verwendet. Eine zweite Blüteperiode erlebte die Pali-Literatur in der zweiten Hälfte des 12. Jh. In Kampuchea setzt die schriftsprachl. Überlieferung des Pali relativ spät, erst zu Beginn des 14. Jh., ein. Die wichtigsten Werke der Pali-Literatur Thailands stammen aus dem 16. Jh.

Die Sammlung der klassischen kanon. Texte nennt sich «Tipitaka» (wörtl.: ‹drei Körbe [der Weltordnung]›). Unterschieden werden drei Hauptteile: «Vinaya-pitaka» (Verhaltensnormen, Ethik, Moralstatut), «Sutta-pitaka» (Faden, Strang) und «Abhidhamma-pitaka» (spezielle Dhamma/Lehre; Theorie der Lehre). Der zweite «Korb» enthält den narrativ-diskursiven Teil der buddhist. Schriften. Dazu gehören auch Hunderte von Jatakas, Geschichten und Legenden über frühere Existenzformen Buddhas und seine Geburt. Andere grundlegende Pali-Texte, die in den ersten Jahrhunderten unserer Zeitrechnung entstanden, sind «Netti-pakarana» und «Petakopadesa», zwei methodolog. Einführungen in den Buddhismus.

Das vielleicht wichtigste Werk, das nicht zur kanon. Literatur gehört, ist ein siebenteiliges Buch («Milinda-pañha») mit Fragen des Königs Milinda. Das Original in Sanskrit entstand gegen Ende des 2. Jh. n. Chr. Der Text wurde später ins Pali übertragen. Andere lokale Übersetzungen sind in Burmes. und Thailänd. verfaßt worden. Einige Forscher zählen den «Milinda-pañha» zur philosoph. Weltliteratur. Zum Schrifttum in Pali gehört auch die Tradition der grammat. Literatur. Nach dem Vorbild von Paninis Sanskrit-Grammatik konzipierte Kaccayana seinen grammat. Traktat über das Pali.

Lit.: Elizarenkova/Toporov 1976, Geiger 1916, Norman 1983

Palmyrenisch → Aramäisch

Parthisch (Parthian, parthe). Polit. Macht erlangten die iran. Parther unter den Herrschern der Arsakiden, der parth. Dynastie (um 250 v. Chr. – 224 n. Chr.). Die Arsakiden beherrschten weite Teile des ehemaligen Perserreichs. Das Reich der Parther wurde auch von Rom als zweite Großmacht im Osten anerkannt. Das arsakid. Königshaus schwächte sich in inneren dynast. Kämpfen, bis das Reich schließl. von den Sassaniden erobert wurde. Vertreter einer Seitenlinie der Arsakiden herrschten zwischen 53 v. Chr. und 428 n. Chr. in Armenien.

Das Parth. gehört zum Kreis der iran. Sprachen, und zwar der mitteliran. Periode. Am nächsten ist es mit dem Mittelpers. verwandt. Andere mitteliran. Sprachen sind das → Soghdische, → Sakische (Khotanes.) und das → Baktrische.

Das Parth. war die Amtssprache der Arsakiden-Herrscher und im damaligen Reichsgebiet auch weit als Verkehrssprache verbreitet. Als Schriftsprache war das Parth. zwischen dem 3. Jh. v. Chr. und dem 9. Jh. n. Chr. in Gebrauch, also auch noch lange nach dem Niedergang der polit. Macht. Zum Schrifttum in parth. Sprache gehören zahlreiche Inschriften (teilweise parth. Parallelversionen sassanid. Texte), Wirtschaftstexte aus der alten Hauptstadt des Arsakiden-Reichs, Nisa (1. Jh. v. Chr.), Münzlegenden, Dokumente aus Dura-Europos (1. Jh. n. Chr.), dem Handelszentrum an der «parth. Königsstraße» in Ostsyrien. Diese Texte sind in der Pehlewi-Schrift (mit ihren 17 Konsonantenzeichen für das Parth.) geschrieben, die ein Ableger der → aramäischen Schrift ist.

Eine nach ihren Inhalten von den Kanzlei- und Wirtschaftstexten abweichende Literatur ist aus Schriftfunden außerhalb Parthiens bekannt geworden. Dies ist die reichhaltige manichäische Literatur aus der Zeit vom 3. bis 9. Jh. Die erhaltenen manichäischen Texte stammen aus Turfan (Region Xinjiang in Nordwestchina), wo sich die nach ihrem Begründer Mani benannte manichäische Religion (mit jüdischen und christl. Einflüssen) bis weit ins Mittelalter hielt. Parth. war Sakral- und Kirchensprache der Manichäer. Die Texte der manichäischen Literatur sind in verschiedenen Schriftarten geschrieben worden: in manichäischer Schrift (abgeleitet von der soghdischen Schrift), in soghd. Schrift und teilweise auch mit chines. Zeichen.

Lit.: Boyce 1977, Gignoux 1972, Ghilain 1939

Philistisch (Philistinian, philistin). Die Philister gehören zum Kreis der sog. «Seevölker», die in der zweiten Hälfte des 2. Jt. v. Chr. mit ihren militär. Operationen das polit. Gleichgewicht im östl. Mittelmeerraum ins Wanken brachten. Ihr Name, der im → Hebräischen als *Pelishtim* überliefert ist, stammt aus dem → Akkadischen (*palastu*). Nach der biblischen Überlieferung (Altes Testament: Amos 9, 7) stammten die Philister aus Kaphtor (Kreta). Vermutl. gingen sie ein Militärbündnis mit anderen seefahrenden Völkern der ägäischen Region ein und griffen sogar die Großmacht Ägypten an. Von Ramses III. (reg. 1193–1162 v. Chr.) wurden sie zurückgeschlagen. Bald aber normalisierten sich die Beziehungen, und die Philister durften als Verbündete Ägyptens an der Mittelmeerküste in der Landschaft siedeln, der sie ihren Namen gaben: Palästina. Polit. waren sie in einem Fünfstädtebund (Gasa, Aschdod, Askalon, Ekron, Gat) zusammengeschlossen. Später drangen die Philister auch ins Inland vor, wo ihre Interessen mit denen der israelit. Stämme kollidierten. In permanenten Grenzkämpfen gegen das Nordreich Israel behaupteten sie ihre Unabhängigkeit. Ende des 8. Jh. v. Chr. wurde Palästina von den Assyrern erobert, und die Philister spielten danach keine polit. Rolle mehr.

Das Philist. ist aus einigen Inschriften (in der Hauptsache Siegelbeschriftungen) bekannt (Steinsiegel aus Aschdod, eine Vasenaufschrift vom Tell Qasile). Die philist. Schrift ist eine Variante der altägäischen Linearschriften. Die Zeichenformen zeigen insbesondere Ähnlichkeiten mit denen des kret. Schriftsystems Linear A einerseits und denen der kypro-minoischen Schriftart andererseits. Die besondere Schriftart der Philister ist wegen ihrer Assoziationen mit den → minoisch beeinflußten Schriftsystemen der Ägäis in neueren Arbeiten auch als philisto-minoisch bezeichnet worden.

Das inschriftl. Textmaterial ist spärl. und besteht fast ausschließl. aus Personennamen (z. B. Maaka, Golia, Pikol). Der aus der Bibel bekannte Name *Goliat(h)* geht auf philist. *Golia* zurück. Eines der seltenen philist. Lehnwörter im Hebräischen ist *seren* mit der Bedeutung ‹Alleinherrscher› (dem griech. Terminus *tyrannos* entsprechend). Ob der → altgriechische Ausdruck *pallake* ‹Konkubine› auf ein philist. *pillegesh* ‹königl. Konkubine› zurückgeht, ist unsicher. Insgesamt ist von der Sprache der Philister soviel überliefert, daß man mit Sicherheit feststellen kann: sie war nicht semit., also nicht mit dem → Phönizischen oder Hebräischen verwandt. Andererseits ist es nicht mögl., das Philist. irgendeiner anderen bekannten Sprachfamilie zuzuordnen. Die Annahme verwandtschaftl. Beziehungen zu den alten Sprachen der Ägäis (Minoisch, → Eteokyprisch) ist die wahrscheinlichste.

Lit.: Brug 1985, Garbini 1997, Haarmann 1997a

Phönizisch, Phönikisch (Phoenician, phénicien). Seit dem 2. Jt. v. Chr. ist im syr.-palästinens. Raum die Präsenz einer ethnisch variierten Bevölkerung bezeugt, die sich durch ähnl. kulturelle Traditionen auszeichnet. Zu diesen altkanaanit. Populationen gehörten als dominierendes Volk die Phönizier (Phönikier). Ihr Land wurde von den Griechen *Phoiníke*, von den Römern *Phoenicia* genannt, was soviel wie ‹Purpurland› (bzw. ‹Land der Purpurfärber›) bedeutet. Purpur als Färbestoff und damit gefärbte Textilien waren ein begehrter Exportartikel, der aus den phöniz. Hafenstädten verschifft wurde. Gleichbedeutend mit *Phoenicia* ist *Kanaan*, der einheim. Name des Landes, der vermutl. → hurritischer Herkunft ist.

Die Phönizier organisierten sich in verschiedenen Stadtstaaten an der Küste des östl. Mittelmeeres. Die wichtigsten waren Byblos, Tyros, Sidon und Berytos (Beruta). Einen einheitl. phöniz. Staat hat es zu keiner Zeit gegeben. Anfängl. beschränkten sich die Handelsbeziehungen der Phönizier auf die benachbarten Regionen (Ägypten, Zypern, ägäische Inselwelt). Schon früh aber erschlossen sich die Phönizier über ihre Kauffahrten das gesamte Mittelmeer. Um 1100 v. Chr. wurde Gades (das heutige Cádiz) in Südspanien gegründet. Die Gründung von Hippo Regius, Utica und Karthago in Nordafrika fällt ins 9. Jh. Die Mutterstadt Tyros war besonders aktiv bei der Einrichtung phöniz. Handelsstützpunkte. Der am weitesten vom Mutterland entfernte Stützpunkt des phöniz. Fernhandels war Mogador an der marokkan. Atlantikküste.

Die Fernroute ins westl. Mittelmeer öffnete den Handelsweg in den Atlantik und damit die Verbindung nach Britannien. Über den Atlantikhandel gelangte die wohl begehrteste Handelsware in den Nahen Osten: Metall (Zinn, Blei, Eisen). Phöniz. Handelskontore und Siedlungen gab es auf allen Mittelmeerinseln entlang der Ost-West-Achse, auf Sardinien, Sizilien und Malta, auf den ägäischen Inseln und auf Zypern. Besonders dicht war das Netz phöniz. Siedlungen in Zypern. Für die Seeverbindung zwischen dem östl. und westl. Mittelmeer gab es zwei Hauptrouten: eine südl. an der Küste Nordafrikas entlang und eine nördl., die durch die Ägäis, an der Südküste Griechenlands und Italiens vorbei, durch die Straße von Messina und an Sardinien vorbeiführte.

Während die phöniz. Mutterstädte im Osten seit dem 9. Jh. in polit. Abhängigkeit gerieten (zunächst von Assyrien, später vom Perserreich) und nach der Eroberung von Tyros und Sidon durch Alexander den Großen (332 v. Chr.) bedeutungslos wurden, lösten sich die phöniz. Kolonien im westl. Mittelmeer von den Gründerstädten und verfolgten ihre eigenen polit.-ökonom. Interessen. Die Karthager, von den Römern Punier (latein. *Punici*) genannt, dominierten einige Jahrhunderte lang (6.–3. Jh. v. Chr.) das Mittelmeer von der Südküste der Iber. Halbinsel bis nach Malta. Zwar verloren die Karthager nach dem 3. Pun. Krieg, der im Jahre 146 v. Chr. mit der Eroberung und Zerstörung Karthagos endete, ihre polit. Macht an die Römer, ihre Sprache und Kultur blieben aber noch lange erhalten und überlebten sogar bis in die nachröm. Zeit. Erst im 6. Jh. n. Chr. kam das Pun. als gesprochene Sprache außer Gebrauch.

Phöniz. ist eine der alten → kanaanitischen (altkanaanäischen) Sprachen, d. h. der im antiken Kanaan verbreiteten Sprachen. Diese Sprachen sind eine Untergruppe der nordwestsemit. Sprachen, ihrerseits ein Zweig der afroasiat. Sprachfamilie. Dazu gehören außer dem Phöniz. das → Hebräische, → Aramäische, → Ugaritische und → Moabitische. Verwandtschaftl. steht das Phöniz. dem Ugarit. am nächsten. Das Karthagische (Punische) ist eine jüngere Entwicklungsstufe des Phöniz. Das Ende der karthag. Herrschaft im Mittelmeerraum (146 v. Chr.) wird als Terminus post quem für das sog.

Neupun. angesetzt, das in seiner Spätphase sowohl von lokalen Sprachvarianten des Berber. als auch vom → Lateinischen beeinflußt ist.

Phöniz. Handelswaren sind in allen Mittelmeerländern gefunden worden, und weit darüber hinaus. Nur eines der vielen phöniz. Kulturgüter aber hat die Zeiten überdauert und wirkt bis heute nach, allerdings in vielfältig transformierter Form: das phöniz. Alphabet. Die Entwicklungsgeschichte der ältesten europ. Alphabetschrift, der griech., ist unmittelbar mit der phöniz. als Basisschrift assoziiert. Das Phöniz. selbst wurde in zwei verschiedenen Schriftsystemen geschrieben, in der älteren Byblos-Schrift, einem System von Silbenzeichen, und in einer jüngeren alphabet. Schriftart. Phöniz. Inschriften in Alphabetschrift (d.h. phöniz. der älteren Periode, pun. der jüngeren Periode und neupun. der Spätzeit) sind aus dem Zeitraum zwischen dem 11. Jh. v. Chr. und dem 2. Jh. n. Chr. überliefert. Schriftträger dieser Inschriften, die an fast allen phöniz. Siedlungsstätten gefunden worden sind, waren in der Hauptsache Stein, Metallplatten und Keramik. In der älteren alphabet. Schreibweise werden ausschließl. Konsonanten geschrieben (z. B. *bt* zur Wiedergabe von [bat] ‹Tochter›). In den späten pun. und neupun. Texten werden auch Vokalzeichen verwendet (z. B. *b't* mit dem Aleph-Zeichen zur Bezeichnung des Vokals [a]).

Die jüngere der beiden Schriften ist von zahlreichen Völkern im Nahen Osten und im Mittelmeerraum zur Schreibung lokaler Sprachen adaptiert worden, und das phöniz. Zeichenrepertoire ist in vielfältiger Weise selektiert und durch Zusatzzeichen erweitert worden. Keine andere der alten Schriften Asiens und Afrikas hat so viele Ableger produziert wie die phöniz. Schrift. Die älteste Adaption der phöniz. Schrift und ihres alphabet. Prinzips entstand wahrscheinl. auf Kreta im 9. Jh. v. Chr. An der Entwicklung des sog. «griechischen» Alphabets waren aber nicht nur dorische Griechen, sondern auch Vertreter der eteokret. (minoischen) Bevölkerung beteiligt. Denn die Sprache der ältesten erhaltenen Inschriften aus Kreta ist nicht das → Altgriechische, sondern das → Minoische. Die Zusatzzeichen des griech. Alphabets (für die Laute [phi], [khi] und [psi]) sind nicht phöniz. Herkunft, sondern weisen auf ältere Schreibtraditionen, näml. auf die altägäischen Linearschriften.

Von Kreta aus verbreitete sich die in einem eteokret.-griech. Kontaktmilieu entstandene neue Schriftart in der Ägäis, später auf dem

griech. Festland und in den ionischen Kulturzentren an der Westküste Kleinasiens. Die Etrusker übernahmen das Alphabet von den
Griechen. Über etrusk. Vermittlung schließlich gelangte die damals
modernste Schreibtechnologie auch zu den Römern, die dieses Kulturgut ihrerseits über das → Lateinische an andere Europäer weiter-
gaben.

Lit.: Amadasi Guzzo 1967, Moscati 1988, Segert 1976, Tomback 1978

Phrygisch (Phrygian, phrygien). In den antiken Quellen wird berichtet, daß die Phryger aus Mazedonien oder Thrakien nach Kleinasien eingewandert seien. Diese Migration läßt sich zeitl. in etwa
dem 12. Jh. v. Chr. zuordnen. Die Phryger sind namengebend für die
histor. Landschaft Phrygien im nördl. Inneranatolien. Phrygien
grenzte im Westen an Lydien, im Süden an Kilikien und erstreckte
sich im Osten bis über den Fluß Halys. In Homers «Ilias» (2.862 ff.)
werden die Phryger als Nachbarn und Verbündete der Trojaner
erwähnt. Im 9. Jh. erweiterten die phryg. Herrscher ihren Einflußbereich, und im 8. Jh. v. Chr. erlebte Phrygien unter Midas II. (reg.
738–696 v. Chr.) seine größte Machtausdehnung. Dieses altphryg.
Reich wurde 696/95 von den Kimmeriern zerstört. Seit Ende des
7. Jh. stand Phrygien unter lyd. Kontrolle und seit Mitte des 6. Jh.
v. Chr. unter pers. Vorherrschaft. Im 3. Jh. v. Chr. besetzten die Kelten den östl. Teil Phrygiens (Galatien), der westl. Teil wurde von
Pergamon annektiert. Diese Region war im Jahre 133 v. Chr. der
Kern der röm. Provinz Asia. Unter Diokletian (reg. 284–316 n. Chr.)
wurde Phrygien in zwei Provinzen geteilt (Phrygia I und II).

Polit. Zentrum war die Stadt Gordion. Die wichtigste Kultstätte
Phrygiens war Pessin(o)us, wo die anatol. Göttin Kybele verehrt
wurde. Das Kybele-Heiligtum wurde auch von den Kelten respek-
tiert. Mehrere Generationen lang trugen die Hauptpriester von Pes-
sinous kelt. Namen. Die phryg. Kultur zeigt nur in der altphryg. Periode Eigenständigkeit. Spätestens ab dem 6. Jh. v. Chr. dominierte
in Phrygien griech. Einfluß. Auch die Schrifttechnologie ist griech.
Herkunft. Das im 8. Jh. v. Chr. geschaffene phryg. Alphabet ist eine
Variante der griech. Schrift (westgriech. Prägung), mit einigen Zusatzzeichen. Später verwendete man in Phrygien das griech. Alphabet der klassischen Zeit.

Das Phryg. ist inschriftl. während zweier Perioden überliefert.
Aus der Zeit des 8. bis 4. Jh. v. Chr. sind mehr als 250 altphryg. In-

schriften bekannt, die v.a. aus Gordion stammen. Diese Texte, dessen längster insgesamt 285 Schriftzeichen umfaßt, sind in der phryg. Schrift geschrieben. Nach einer Unterbrechung von mehreren Jahrhunderten setzte das phryg. Schrifttum im 1. Jh. n. Chr. erneut ein. Insgesamt 110 neu- bzw. spätphryg. Inschriften in griech. Schrift sind aus den folgenden Jahrhunderten erhalten. Im 4. Jh. n. Chr. ebbte der Schriftgebrauch ab. Für das 5. Jh. allerdings ist das Phryg. noch als gesprochene Sprache bezeugt. Spätestens aber im 7. Jh. n. Chr. ist das Phryg. ausgestorben.

Phryg. repräsentiert (ähnl. wie das Alban.) einen selbständigen Zweig in der indoeurop. Sprachfamilie. Es ist zwar eine der altanatol. Sprachen, steht aber nicht in engerer Verwandtschaft mit dem → Hethitischen, → Luwischen oder den peripheren Sprachen wie → Lykisch, → Lydisch oder → Karisch. Frühere Annahmen von einer engeren → thrakisch-phrygischen Spracheinheit sind inzwischen aufgegeben worden.

Lit.: Brixhe/Lejeune 1985, Drews 1993, Lejeune 1970, Mallory 1997

Piktisch (Pictish, picte). Die Pikten treten während der Zeit der röm. Herrschaft ins Licht der Geschichte. Die Römer rückten um 90 n. Chr. bis nach Schottland vor, die Forth-Clyde-Linie wurde zur nördl. Grenze des Röm. Imperiums. Dort erbaute Antoninus Pius im Jahre 142 den nördl. Limes (Antonine Wall). Seit dem frühen 3. Jh. traten nördl. des Limes zwei selbständige kelt. Stämme auf, die *Caledonii* und die *Maeatae* (bzw. Miathi). Die Römer nannten sie seit dem 2. Jh. *Picti* (wörtl. ‹die Bemalten›), was auf die Sitte der Kelten verwies, sich zu tätowieren. Die latein. Namenform ist aber nur eine volksetymolog. Umdeutung des einheim. Namenselements *Pit-* mit anderer Herkunft (s.u.). Im 3. und insbesondere im 4. Jh. kam es zu häufigen Revolten und zu Einfällen in röm. Territorium.

Im frühen Mittelalter wurde das Siedlungsgebiet der Pikten als Pictland bekannt. Der angelsächs. Mönch Gildas beschrieb um 540 die Pikten als unwürdige Heiden, als «Gewürm, das aus Felsspalten kriecht, wenn die Sonne hoch steht und das Wetter warm wird». Seit dem 5. Jh. drangen gäl.-sprachige Siedler aus Irland ins Gebiet der Pikten vor, zunächst nach Argyll, später dann ins ganze Pictland. Im 9. Jh. verloren die Pikten die militär. Kontrolle über ihr Land. Nach Berichten aus dem 12. Jh. hatten sie sich bis dahin vollständig an schott.-gäl. Kultur und Sprache assimiliert.

Das Pikt. hatte sich offensichtl. schon früh aus dem inselkelt. Kontinuum ausgegliedert. Der aus Northumbrien stammende angelsächs. Historiograph Beda beschrieb es zu Beginn des 8. Jh. als selbständige Sprache. Verwandtschaftl. am nächsten stand das Pikt. zu den Sprachen des britann. Zweiges des Inselkelt. (Brittonic), wozu das Kymr., das Breton. und das ausgestorbene → Kornische gehören.

Die schriftl. Überlieferung des Pikt. ist spärl. Häufig ist das pikt. Sprachmaterial, das in schott. Urkunden gefunden wurde, schott.-gäl. entstellt. Erhalten sind sieben Inschriften in latein. Alphabet und 32 Inschriften in der von Irland importierten Ogham-Schrift. Die Texte der meisten Inschriften sind kurz und kryptisch und entziehen sich einer exakten Übersetzung. Das Namenmaterial in den Inschriften (zumeist Personennamen) ist reichhaltig. Pikt. Namen sind beispielsweise Drosten, Uoret oder Nehton. Zusätzl. sind aus einer Königsliste die Namen pikt. Könige bekannt. Bridei mac Maelcon, dessen Regierungszeit um 550 begann, war der bedeutendste. Auf Brideis Betreiben nahmen die Pikten das Christentum an. In Pictland, das sich in das Gebiet der südl. und das der nördl. Pikten gliedert, gibt es zahlreiche Ortsnamen mit dem Element *Pit-* (z. B. Pitlochry, Pittenweem). Dieser Ausdruck leitet sich von pikt. *pett* ab, das ‹Landparzelle› bedeutet.

Im Pikt. werden Substratelemente einer noch älteren, vor-indoeurop. Sprache vermutet, dies ist jedoch für eine nur spärl. dokumentierte Sprache wie das Pikt. äußerst spekulativ.

Lit.: Forsyth 1998, Laing/Laing 1993

Polabisch (Polabian, polabien). Die Polaben (bzw. Drawäno-Polaben) waren ein Stamm der Elbslawen, die im Mittelalter bis in das Gebiet nördl. und östl. von Hamburg siedelten. Hauptort der Polaben war Ratzeburg. Eine ältere Bezeichnung für die Polaben im Deutschen ist Wenden, womit allerdings auch viele andere slaw. Stämme benannt wurden. In einer Urkunde aus dem Jahre 1004 werden die *Drevani* genannt, die möglicherweise auch zu den Polaben gehörten; in der zweiten Hälfte des 11. Jh. tauchen in den Quellen *Polabi* und *Polabingi* auf. Reste der polab. Bevölkerung lebten um 1700 noch in den Kreisen Lüchow-Dannenberg und Wustrow im lüneburg. Wendland.

Polab. ist eine westslaw. Sprache und gehört zur lech. Unter-

gruppe. Die Sprachen des lech. Zweiges sind alle, bis auf das Ka-
schub., untergegangen. Die Polaben nannten ihre Sprache *Slüvenst'e*
(‹Slavisch›) oder *Venst'e* (‹Wendisch›). Das Polab. blieb schriftlos.
Aufzeichnungen polab. Sprachmaterials stammen aus dem ausge-
henden 17. und frühen 18. Jh. Dabei handelt es sich vorwiegend um
Glossare: das «Vocabularium Venedicum» (um 1705) von Hennig
von Jessen (Dialekt von Klennow), das französ.-polab. «Vocabulaire
vandale» (1711) von Johann Friedrich Pfeffinger (Dialekt von Lü-
chow) und eine deutsch-polab. Wörtersammlung von Johann Parum
Schultze aus dem Jahre 1724, die den Dialekt von Süthen wiedergibt.
Schultze war der einzige polab. Muttersprachler, der sich um die
Aufzeichnung von Sprachmaterial bemühte.

Bis um die Mitte des 18. Jh. hatten sich die Polaben vollständig an
ihre niederdeutsche Umgebung assimiliert. In den Wörtersammlun-
gen finden sich viele Eintragungen niederdeutscher Lehnwörter, die
rund ein Fünftel der ca. 2800 Einzelwörter ausmachen, die überliefert sind. Außer in Ortsnamen und in einigen slaw. Lehnwörtern des
lokalen niederdeutschen Dialekts im Wendland hat das Polab. keine
anderen Spuren hinterlassen.

Lit.: Olesch 1983–87, Polanski 1993, Polanski/Sehnert 1967

Prakrit (Prakrit, prâkrit). Prakrit (von Sanskrit *prakrta-* ‹natürlich,
ungeschliffen›) ist ein Sammelname für lokale Sprachvarianten der
mittelind. Sprachperiode, die sich v.a. aufgrund lautl. Kriterien voneinander unterscheiden. Das jüngere mittelind. Sprachstadium
unterscheidet sich vom älteren ind. Stadium, das vom → Sanskrit repräsentiert wird, durch eine Vereinfachung des Flexionssystems,
durch die Assimilation von Konsonantengruppen und teilweise
durch den Schwund intervokal. Konsonanten. Die jüngste der Prakrit-Varianten ist das Apabhramsa, das entwicklungsmäßig zwischen den mittelind. und den neuind. Sprachen steht.

Aus dem mittelind. Kontinuum der Prakrit-Sprachen Nordindi-
ens haben sich die modernen ind. Sprachen herausgebildet. Die ind.
(bzw. indo-arischen) Sprachen sind ein Hauptzweig der indoeurop.
Sprachfamilie. Diejenigen Prakrit-Sprachen, die bis ins Mittelalter
als Schriftsprachen verwendet wurden, kamen alle bis auf eine
(→ Pali mit altertüml. sprachl. Eigenheiten) außer Gebrauch.

Die schriftl. Überlieferung in Prakrit setzte im 3. Jh. v. Chr. ein.
Ashoka (reg. 273–232 v. Chr.), Herrscher der Maurya-Dynastie in

Indien, wählte die zeitgenöss. Sprachvarianten als offizielle Schriftmedien und lehnte gleichzeitig die damalige Hochsprache, das ar-
chaisierende Sanskrit, ab. Die berühmten Edikte des Ashoka sind in
zahlreichen lokalen Prakrit-Varianten verfaßt. Amtssprachl. Funktion übernahm das Prakrit auch später, und zwar im 3. Jh. n. Chr. in
Zentralasien (Nija-Prakrit). In gesprochener Form kamen die Prakrit-Sprachen gegen Ende des 1. Jt. unserer Zeitrechnung außer Gebrauch. In der Spätzeit der schriftl. Verwendung von Prakrit-Varianten verloren diese an Prestige. Im altind. Drama wird Prakrit von
Frauen oder Männern ohne Ansehen verwendet. Für Prosa ist Sauraseni, für die Versform Maharashtri in Gebrauch.

Inschriften in den verschiedenen Prakrit-Varianten sind aus der
Zeit zwischen dem 3. Jh. v. Chr. und dem 4. Jh. n. Chr. überliefert.
Zum Korpus der Prakrit-Literatur gehören die in Pali verfaßten
Werke sowie der Kanon der jinist. religiösen Texte in Ardhamagadhi. Die Sammlung der heiligen Schriften des Jainismus (Dschai-
nismus, Dschinismus), der «Agamas» (5. Jh. n. Chr.), ist der Kanon
einer hinduist. Sekte, deren Vertreter die höchste Autorität des Veda nicht anerkennen. Die Jainisten verehren Mahavira (gest. um
477 v. Chr.) als den größten Verkünder ihrer Lehre.

Die wichtigsten Prakrit-Sprachen, in denen literar. und philosoph.,
außerdem religiöse Werke aufgezeichnet wurden, sind das Magadhi
und Ardhamagadhi im Osten, das Sauraseni und Maharashtri im
Westen, das Gandhari im Nordwesten und das Apabhramsa. Nach
dem Vorbild der Sanskrit-Grammatik des Panini ist eine reiche
grammat. Literatur während des Mittelalters entstanden («Prakrit-
akalpaturu» von Ramasharman, «Prakritalakshana» von Chandra,
«Prakritanusasana» von Purushottama, «Prakritaparakasha», der
Vararuchi zugeschrieben wird, «Prakritasarvasva» von Markandeya
und «Prakritavyakarana», der Trivikrama zugeschrieben wird).

Lit.: Hinüber 1986, Nitti-Dolchi 1938, Pischel 1900

Proto-Bulgarisch (Proto-Bulgarian, proto-bulgare). Proto-Bulgar.
wurde von den turksprachigen Bulgaren gesprochen, die in der Step-
penregion nördl. des Schwarzen Meeres im 5. und 6. Jh. n. Chr. siedelten. Die Proto-Bulgaren verbündeten sich mit den Hunnen, die
sich nach der Vernichtung ihres Reiches in Südosteuropa durch die
Gepiden (455) nach Osten zurückgezogen hatten, und gründeten
ein Reich in der Region um das Azovsche Meer. Dieses Reich erlebte

unter dem Khan Kuvrat im 7. Jh. seine Blütezeit. Im Jahre 679 wurde es von den Chasaren erobert.

Teile der Proto-Bulgaren wanderten nach Westen ab, überquerten die Donau und gründeten in dem Land ein neues Reich, dem sie auch ihren Namen gaben: Bulgarien. Diese Donau-Bulgaren stellten rund 150 Jahre lang die Elite, assimilierten sich aber im Laufe der Zeit an die slaw. Mehrheitsbevölkerung. Ende des 9. Jh. wurde das Donau-Bulgar. im Zuge des Sprachwechsels endgültig aufgegeben. Andere Gruppen der Proto-Bulgaren zogen nach Norden und gründeten an der mittleren Wolga das Reich der Wolga-Bulgaren. Dorthin wanderten auch Teile der hunn. Bevölkerung ab. Das → Wolga-Bulgar. hat einige Spuren in den Sprachen der Wolga-Region hinterlassen.

Im Kreis der Turksprachen steht das Proto-Bulgar. dem Tschuwasch. verwandtschaftl. am nächsten, das eine jüngere Entwicklungsstufe des Wolga-Bulgar. ist. Das Proto-Bulgar. ist inschriftl. nicht überliefert. Es ist aber bekannt aus den zahlreichen Lehnwörtern, die es dem Ungar. vermittelt hat. Vor ihrer Migration nach Westen in ihr heutiges Siedlungsgebiet waren die Ungarn die unmittelbaren Nachbarn der Proto-Bulgaren in der südruss. Steppe. Etwa 300 Ausdrücke aus Turksprachen sind ins Ungar. entlehnt worden, die meisten davon aus dem Proto-Bulgar. Hierzu gehören u. a. *kecske* ‹Ziege›, *kút* ‹Brunnen›, *balta* ‹Beil›, *tolmács* ‹Dolmetscher›, *nyár* ‹Sommer›, *béke* ‹Frieden›.

Lit.: Hajdú/Domokos 1987, Tekin 1994

Pruzzisch → Altpreußisch

Punisch → Phönizisch

Q

Quechua, klassisches Quechua (classical Quechua, inka classique). Das klassische Quechua war die → Lingua franca, die gesprochene Verkehrssprache im Inkareich, das zwischen ca. 1200 und 1532 Bestand hatte. Der Name «Inka» bezog sich ursprüngl. auf einen Clan oder eine Großfamilie, der der erste Herrscher entstammte. Dieser 1. Inka (Manco Cápac), der um 1200 seine Herrschaft antrat, war nach der mythischen Überlieferung ein Sohn der Sonne. Zunächst war das Staatsgebiet auf die Südregion im Hochtal von Cuzco (Peru) beschränkt. Um 1350 kam das gesamte Tal von Cuzco unter die polit. Kontrolle des Inkareichs. Seit jener Zeit wurde der Herrscher als *Sapa Inca* (‹Einziger Inka›) tituliert. Erst im 15. Jh. erweiterte sich das Tahuantinsuyu (‹Land der vier Regionen›) als Folge mehrerer Eroberungskriege weit nach Norden und Süden. Unter dem Inka Huaina Cápac (reg. 1493–1527) hatte das Reich seine größte Ausdehnung (von der Nordgrenze Ecuadors bis Zentralchile). Der span. Konquistador Francisco Pizarro eroberte das Inkareich in den Jahren 1532/33.

Aus Berichten span. Chronisten der Kolonialzeit wissen wir, daß die Inka in präkolumb. Zeit histor. Ereignisse und mythische Erzählungen in narrativen Bildsequenzen auf hölzerne Tafeln (*keros*) und auf Textilien malten. Von diesen Bildtexten sind nur wenige Fragmente erhalten geblieben. Die Inka verwendeten ein besonderes Notationssystem, die *khipu*-Schnurtechnik, die als Erinnerungsstütze v. a. für Aufstellungen numer. Begriffe diente, also vorwiegend in solchen Zusammenhängen, wo es um Steuerberechnungen, Warenlisten und um die Verteilung von Truppenkontingenten in den verschiedenen Reichsteilen ging. Inzwischen ist bekannt, daß auch histor. Begebenheiten, Rechtsgrundlagen und Anweisungen zu religiösen Zeremonien mit Hilfe der *khipu*-Schnüre notiert wurden. Für eine exakte «Lesung» dieser visuellen Mnemotechnik war aber die gesprochene Sprache unverzichtbar, d. h. der Inhalt von Schnur»texten» mußte jeweils mündl. erläutert werden, um ihn verständl. zu machen.

Literar. Originaltexte aus präkolumb. Zeit sind in der Andenregion nicht überliefert. Aus nachklassischen Aufzeichnungen ist bekannt, daß die präkolumb. orale Literatur im Kulturkreis der Inka besonders reich an Gattungen und Erzählstoffen war. Hierzu gehörten Elegien, humorvolle Wechselgesänge, Balladen, Tierfabeln u. a. Aus den ersten Jahrzehnten der span. Kolonialherrschaft stammt das einzige vollständige Originalwerk der klassischen Quechua-Literatur, «Apu Ollantay». Es ist nach seiner Titelfigur benannt, dem Prinzen Ollantay, und wurde von Justo Apu Sahuaraura in der zweiten Hälfte des 16. Jh. nach den Erinnerungen eines Einheimischen aufgezeichnet. Die Erzählungen über Ollantays Abenteuer und seine Liebe zur Prinzessin Kusi Coyllur beziehen sich auf die Zeit der Regentschaft zweier mächtiger Inkaherrscher, des Pachacuti Inca Yupanqui (reg. 1438–1471) und des Topa Inca Yupanqui (reg. 1471–1493). Ob der Erzählstoff authent. ist, d. h. aus der präkolumb. Periode stammt, oder ob es sich um eine zeitgenöss. Neudichtung handelt, ist nicht bekannt. «Apu Ollantay» ist erstmals im Jahre 1875 unter dem Titel «Ollanta» ins Deutsche übersetzt worden.

Die Urheimat der Quechua-Sprecher ist vermutlich das zentrale Hochland von Peru. Die Varianten des Quechua repräsentieren eine eigene Sprachfamilie, deren einzige entfernte verwandtschaftl. Beziehung die zum Aymará ist. Quechua, Aymará und einige andere Sprachen der Andenregion werden von einigen Forschern in die Makro-Gruppierung der andischen Sprachen gestellt.

Das klassische Quechua, das auf der histor. Sprachform der Region von Cuzco basierte und das im Span. *lengua general* genannt wurde, hatte keinen direkten Fortsetzer. Die modernen Quechua-Sprachen, von denen die sprecherreichste das südbolivian. Quechua (insgesamt 3,63 Mio., davon 2,78 Mio. in Bolivien und 0,85 Mio. in Argentinien) ist, sind als Schwestersprachen mit dem klassischen Quechua verwandt. Das histor. Quechua der Region von Cuzco ist von dem Ordensbruder D. de Santo Tomás beschrieben worden, und zwar in einer Grammatik und in einem Wörterbuch, die beide im Jahre 1560 erschienen.

Lit.: Adelaar 1992, Calvo Pérez 1998, Pärssinen 1992, Santo Tomás 1560a, b

Quiché → Maya-Sprachen

R

Ragusäisch → Dalmatisch

Rätisch (Raetic, rhétique). Die Römer hielten die Räter (latein. *Raeti*) für Stammesverwandte der Etrusker, die sich beim Einfall der Kelten nach Norditalien (um 400 v. Chr.) aus der Poebene in den Teil der Alpen geflüchtet hätten, der noch heute an sie erinnert (Rät. Alpen). Obwohl sich für diese Fluchtbewegung keine archäolog. Beweise erbringen lassen, haben die Römer aber doch etwas Grundsätzliches erkannt: die Verwandtschaft der rät. Kultur mit der der Etrusker. Das Hauptsiedlungsgebiet der Räter lag in der Region Südtirol (italien. Provinzen Trento und Bozen/Bolzano).

Das nichtindoeurop. Rät. war vermutlich entfernt sprachverwandt mit dem → Etruskischen. Die gemeinsame Proto-Sprache ist allerdings unbekannt, und die Trennung muß sich bereits um etwa 1200 v. Chr. vollzogen haben.

Ungefähr 200 rät. Inschriften sind in verschiedenen Alpenregionen gefunden worden, vom Schweizer Kanton Graubünden bis ins österreich. Nordtirol und Slowenien. Die Inschriften (auf Ritualobjekten wie Bronzestatuetten, auf Bronzegefäßen und Weinschöpfkellen sowie auf Steinstelen) stammen aus der Zeit zwischen ca. 500 und 15 v. Chr. und sind in einer Variante des etrusk. Alphabets geschrieben worden. Die Texte in rät. Sprache sind kurz und enthalten nur wenige Wörter. Überwiegend handelt es sich um Weihinschriften, in denen die Gottheit, der das Objekt geweiht ist, und die Person des Schenkers genannt werden. Weniger zahlreich sind Grabinschriften und Eigentumsbezeichnungen.

Lit.: Schumacher 1992

S

Sabäisch (Sabean/Sabaic, sabéen). Um die Wende vom 2. zum 1. Jt.
v. Chr. läßt sich im Süden der Arab. Halbinsel die Entstehung
lokaler Königtümer nachweisen, deren Einigung sich in der mythischen Überlieferung mit dem Namen von Karib'il dem Großen im
10. Jh. v. Chr. verbindet. Die frühen Teilreiche standen seit dem 8. Jh.
v. Chr. bis etwa 500 v. Chr. unter der Vorherrschaft der Sabäer, danach
ging die polit. Führung an die Qatabaniten über. In der europ.
Nomenklatur assoziiert sich die südarab. Reichsbildung mit dem Namen «Saba» (Seba im Alten Testament) und ihrer legendären Herr-
scherin, der Königin von Saba. Über ihren Besuch bei König Salomon
(um 950 v. Chr. ?) berichtet die Bibel (1. Kön. 10; 2. Chron. 9). Der
Name der Königin war nach der arab. Tradition Bilkis, nach der des
christl. Äthiopien Makeda. Königinnen im Reich von Saba sind
histor. bezeugt, so etwa die Regentin Zabibe, die dem Assyrerkönig
Tiglath-Phalasar III. (reg. 744–727 v. Chr.) Tribut in Form von aro-
mat. Essenzen zahlte. Die beiden wichtigsten Naturprodukte Südarabiens, Myrrhe (Commiphora myrrha) und Weihrauch (Boswellia sa-
cra), waren begehrte Handelswaren in Ägypten und im Nahen Osten.
   Saba, dessen Hauptstadt zunächst Sirwah, später Ma'rib war, kon-
trollierte die Karawanenwege im Süden der Arab. Halbinsel. Offensichtl. bestanden auch Handelsbeziehungen über die Arab. Meerenge
(arab. Bab al-Mandab) nach Afrika. Für die Zeit des 6. Jh. v. Chr. läßt
sich die Existenz einer sab. Handelskolonie in Äthiopien nachweisen. Das Reich von Saba hatte unter Führung der verschiedensten
Dynastien bis ins 6. Jh. n. Chr. Bestand. Nach 560 n. Chr. stand Saba
eine Zeitlang unter äthiop. Vorherrschaft, ab 571 n. Chr. war das
südl. Arabien als Satrapie polit. abhängig vom pers. Reich der Sassaniden. Im Jahre 632 n. Chr. konvertierte der letzte Satrap, Badhan,
zum Islam, und damit endete die facettenreiche Geschichte kultureller Sonderentwicklung in Südarabien.
   Aus dem histor. Reich von Saba sind rund 10000 Inschriften überliefert, von denen die meisten in Sab. redigiert sind, das zu den → alten südsemitischen Schriftsprachen zählt.

Sab. Inschriften sind auch außerhalb des Reichsgebiets von Saba gefunden worden, u. a. in den Oasen al-'Ula und Mada'in Salih der Region von Hijaz und sogar auf der ägäischen Insel Delos. Unterschieden werden Monumentalinschriften auf den Fassaden öffentl. Bauten wie Palästen oder Tempelanlagen sowie an deren Bauteilen (z. B. Altarinschriften), Memorialinschriften zur Erinnerung an die Gründung von Heiligtümern, Weih- und Votivinschriften auf den verschiedensten Objekten (aus Stein oder Metall), Grabinschriften, Statute bezügl. kommerzieller und finanzieller Transaktionen u. a. Von besonderem Interesse ist der 27 Verse umfassende Text einer Hymne an die Sonnengöttin aus dem 1. Jh. n. Chr. Die Verse enden alle auf denselben Reim (in diesem Fall *hk*). Dies ist offensichtl. der älteste lyrische Text mit ident. Reimen in der Weltliteratur.

Die sab. Schrift mit ihren 29 Buchstabenzeichen gehört zum südarab. Schriftenkreis und ist von diesen die produktivste. Die formative Periode der südsemit. Schriftvarianten setzte im ausgehenden 2. Jt. v. Chr. ein. Inschriftenfunde aus Südarabien stammen aber erst aus der Mitte des 8. Jh. v. Chr. Die jahrhundertealten Kulturbeziehungen zwischen Südarabien und Äthiopien verstärkten sich in der christl. Periode, die um 350 n. Chr. begann. In der zweiten Hälfte des 4. Jh. n. Chr. wurde die sab. Schrift zur Schreibung des Altäthiop. (→ Ge'ez) adaptiert. Die äthiop. Schrift wird bis heute zur Schreibung des Amhar. verwendet.

Lit.: Breton 1998, Gilliot 1997, Hoyland 2001: 198–228, Robin 1997a, b

Sakisch, Khotansakisch, Khotanisch (Saka/Khotanese, saka de Khotan). Kultur und Sprache der iran. Saken manifestieren sich in der Region von Khotan. Die Oasenstadt Khotan (alte chines. Bezeichnung Yü-tien) liegt im Südwesten des Tarimbeckens im heutigen Nordwestchina. Khotan war ein wichtiger Verkehrsknotenpunkt auf der Südroute der durch das Tarimbecken führenden Seidenstraße. Khotan heißt heute Hotan bzw. Hetian (chines. Ho-t'ien) und ist eine überwiegend von Uighuren bewohnte Stadt im Territorium der autonomen Region Xinjiang (chines. Xinjiang Uygur Zizhiqu). Das im 3. Jh. v. Chr. gegründete Khotan wurde im 2. Jh. v. Chr. als Vasallenstadt der Hsiung-nu (Hunnen) erwähnt. Seit dem 1. Jh. n. Chr. war es der Mittelpunkt eines Königreichs, das seine Unabhängigkeit bis zur Zeit der Islamisierung (um 1000) aufrecht halten konnte.

Die polit. Elite von Khotan waren Saken, deren Sprache seit dem 6. Jh. als Verwaltungs- und Handelssprache sowie als wichtigste Schriftsprache der Region fungierte. Der größte Teil des Schrifttums in sak. Sprache gehört zum Kanon der buddhist. Literatur. Fast tausend Jahre lang war Khotan ein kulturelles Zentrum des Mahayana-Buddhismus, der sich unter König Kaniska I. (reg. 78–101 n. Chr.) in Mittelasien verbreitete. Die meisten erhaltenen sak. Texte stammen aus der Periode zwischen dem 8. und 10. Jh. Sak. wurde in einer lokalen Variante des auf die ind. Brahmi-Schrift zurückgehenden Guptaalphabets geschrieben.

Das Sak. gehört zum iran. Sprachzweig der indoeurop. Sprachfamilie und ist ein Vertreter der ostiran. Gruppe. Entwicklungsmäßig repräsentiert es das mitteliran. Sprachstadium. Andere mitteliran. Sprachen sind das → Baktrische, → Parthische, → Sarmatische, → Soghdische sowie das bis ins 14. Jh. schriftl. überlieferte Chwaresmische.

Lit.: Bailey 1979, Emmerick 1968, 1979

Sanskrit (Sanskrit, sanskrit). Sanskrit war und ist die heilige Sprache des Hinduismus und gehört (mit dem → Hethitischen und → Avestischen) zu den ältesten indoeurop. Schriftsprachen. Mit der Migration von Ariern gelangte das Sanskrit um 1400 v. Chr. in den Nordwesten des ind. Subkontinents und verbreitete sich mit den Eroberungen der arischen Einwanderer später in ganz Nordindien. Als Muttersprache kam Sanskrit bereits vor der Zeitenwende außer Gebrauch.

Die Verbreitung des Sanskrit als Sprache der sozialen und polit. Elite geht auf die Periode der Fremdherrschaft in Indien zurück, als skyth. Herrscher (Dynastie der Shaka), die Gupta und «neuen» Ksatriya den Norden Indiens regierten (bis ins 10. Jh.). Damals war Sanskrit auch Amts- und Kanzleisprache jener Reiche. Als Sprache hinduist. Texte und als Bildungssprache ist das Sanskrit bis in unsere Zeit vital geblieben. Seine aktuelle Rolle in der hinduist. Gemeinschaft kann mit der des → Lateinischen in Westeuropa vor etwa 150 Jahren verglichen werden. Bis heute wird Sanskrit in Tempelritualen (in Mantras und in Stotras, den ‹Lobeshymnen›) und in individuellen Gebeten verwendet. Als Schriftsprache für praktische literar. Zwecke ist Sanskrit allerdings nurmehr selten in Gebrauch. All India Radio sendet einmal täglich eine Nachrichtensendung in Sanskrit.

Ähnlich wie das Latein. in histor. Zeit hat auch das Sanskrit einen bleibenden Einfluß auf die Sprachen des nördl. Indien ausgeübt. Der größte Teil des Kulturwortschatzes in den neuind. Sprachen (z. B. Hindi, Bengali) ist vom Sanskrit geprägt, entweder in Form direkter Entlehnungen oder in Gestalt von Lehnprägungen. Auch die Syntax und die Phraseologie vieler moderner Sprachen ist vom Sanskrit überformt worden. Der Einfluß des Sanskrit macht sich auch in den dravid. Sprachen (z. B. Tamil., Telugu) Südindiens bemerkbar.

Auch für die Buddhisten ist Sanskrit eine histor. Bildungssprache. Elemente des Sanskrit finden sich im Wortschatz vieler Sprachen außerhalb Indiens, wo sich der Buddhismus verbreitet hat (z. B. Burmes., Khmer, Tibet., Chines.). Über chines. Vermittlung sind Sanskrit-Ausdrücke der religiösen Sphäre bis ins Korean. und Japan. gelangt.

Die Sprachkontakte des Sanskrit zeitigten auch Wirkung in umgekehrter Richtung. Als die Arier den Norden Indiens besiedelten, verdrängten sie die dort ansässige Bevölkerung, die Varianten des Dravid. (→ Indus-Dravidisch) sprachen. Aus jener Zeit früher Sprachkontakte hat das Sanskrit verschiedene dravid. Substratelemente bewahrt, z. B. den Ausdruck für ‹schwarz›, Sanskrit *kala-*. Seit der Zeit, als Sanskrit nicht mehr als Primärsprache in Gebrauch war, haben Sprechgewohnheiten von Sanskrit-Zweitsprachlern die Strukturen des Sanskrit beeinflußt. Fremdeinwirkungen solcher Kontaktsprachen haben sich im Lautsystem, in der Syntax und auch im Wortschatz niedergeschlagen.

Sanskrit ist die bekannteste der indo-arischen Sprachen, die mit den iran. Sprachen den indo-iran. Sprachzweig der indoeurop. Sprachfamilie konstituieren. Zur Zeit seines Transfers nach Indien unterschied sich das Sanskrit noch wenig von dem nah verwandten Iranisch (vgl. z. B. → Avestisch). Diese älteste Variante des Sanskrit ist das Vedische. Spätestens um 500 v. Chr. hatte sich das Ved. soweit verändert, daß es vom zeitgenöss. gesprochenen Sanskrit erhebl. abwich. Die seit der zweiten Hälfte des 1. Jt. v. Chr. verwendete Sprache ist das klassische Sanskrit. Während dieses als Schriftsprache konserviert wurde, entwickelte sich die gesprochene Sprache weiter zu den Varianten des → Prakrit der mittelind. Periode.

Die orale Tradition in Sanskrit reicht sehr viel weiter zurück als die schriftl. Überlieferung. Die ältesten Werke, deren Texte mündl. tradiert wurden, sind die rituellen Hymnen, die Veda (Sanskrit *veda* heißt ‹Wissen›), die später in einer umfangreichen Sammlung, dem «Rgveda» (Rigveda), zusammengefaßt wurden. Die Sammlung des «Rgveda» umfaßt 1028 Hymnen. Diese sind in der Zeit zwischen 1200 und 1000 v. Chr., vielleicht sogar schon früher, entstanden. Die Veda-Texte wurden ursprüngl. mündl. vom Lehrer an dessen Schüler vermittelt. Die ved. Hymnen wurden als *sruti* ‹Hörtexte› von den nicht-ved. *smrti* ‹memorierte(n) Texte(n)› unterschieden.

Die ältesten Inschriften in Sanskrit stammen erst aus dem 2. Jh. v. Chr. (Inschriften des Rudradaman, Herrscher der Shaka-Dynastie). Zwischen dem Ende des 4. und dem Ausgang des 5. Jh. n. Chr. erlebte das klassische Schrifttum seine Blütezeit. Die Literatur in klassischem Sanskrit umfaßt lyrische Dichtung, literar. Prosawerke und eine verzweigte Sachprosa mit Werken zur Philosophie und Rhetorik, zu verschiedenen wissenschaftl. Bereichen wie Medizin, Astronomie und Mathematik sowie zu jurist. Fragen (*dharma sutras*, Abhandlungen über religiöses Gewohnheitsrecht). Eine besondere Rolle für die kulturelle Identität der Hindu besitzen die beiden Nationalepen, das «Mahabharata» (Die große Erzählung von den Bharata) und das «Ramayana» (Erzählung über Rama).

Zum Schrifttum in Sanskrit gehört auch eine umfassende Literatur über grammat. Fragen. Von den ältesten Werken ist nichts erhalten; ledigl. der Name eines von den Hindu verehrten Grammatikers (Sakatayana) ist tradiert. Das älteste erhaltene Werk dieser Tradition ist der um 400 v. Chr. entstandene Traktat «Astadhyayi» von Panini, eine Sammlung von acht Unterweisungen. Die grammat. Tradition ist motiviert durch das Auseinanderdriften der heiligen Sprache der Veda und der Alltagssprache. Als das ved. Sanskrit für die Sprecher der Umgangssprache immer weniger verständl. wurde, ergab sich die Notwendigkeit, die heilige Sprache zu kodifizieren und ihre Strukturen exakt zu beschreiben.

Das Sanskrit hat eine außergewöhnl. Rolle für die Entwicklung der histor.-vergleichenden Sprachwissenschaft in Europa gespielt. Lange vor dem Beginn der brit. Kolonialzeit im 18. Jh. hatten Europäer sprachverwandtschaftl. Vergleiche des Sanskrit mit europ. Sprachen angestellt, so Thomas Stevens 1583 und Filippo Sassetti 1585. Als eigentl. Vorreiter der Sanskritwissenschaft gilt jedoch William Jones, der in einem Vortrag vor der Asiatick Society in Calcutta 1786 die Ähnlichkeit des Sanskrit mit dem Griech., Latein. und anderen Sprachen herausstellte. Aus diesen bescheidenen Anfängen gingen starke Impulse für die vergleichende Sprachenkunde des ausgehenden 18. und frühen 19. Jh. aus, die in den klassischen Werken der indoeurop. Sprachwissenschaft kulminierten.

Lit.: Cardona 1988, Coulson 1992, Deshpande 1992, Wackernagel/Debrunner 1896–1930

Sarmatisch (Sarmatian, sarmate). Herodot (5. Jh. v. Chr.) erwähnt in seinem historiograph. Werk außer den Skythen auch die *Sauromatae* als das andere der mächtigen Nomadenvölker der Steppe. Diese sind sehr wahrscheinl. mit den Sarmaten identisch, die wie die Skythen auch iran. Abstammung waren. Die Sarmaten erweiterten ihren Machtbereich von Osten her immer weiter nach Westen und lösten schließlich im 3. Jh. v. Chr. die Skythen, die im Westen den Thrakern weichen mußten, als Herren der südruss. Steppe ab. Antike Autoren bringen verschiedene andere Nomadenstämme (z. B. Aorser, Jazygen, Roxolanen, Alanen) mit den Sarmaten in Verbindung.

Noch bis ins 4. Jh. v. Chr. siedelten die Sarmaten östl. der Flüsse Don und Wolga. Um die Mitte des 3. Jh. v. Chr. verdrängten sie die Skythen aus dem Dnepr-Gebiet. Seit dem 2. Jh. v. Chr. kam es zu ständigen militär. Auseinandersetzungen zwischen Sarmaten und den griech. Kolonien an der Nordküste des Schwarzen Meeres. Im 1. Jh. v. Chr. gelangten die sarmat. Reiternomaden bis zur unteren Donau; im 1. Jh. n. Chr. dehnte sich ihr Einflußbereich bis nach Ungarn aus. Im 3. Jh. übernahmen die Goten die polit. Macht im nördl. Schwarzmeergebiet; die verbliebene sarmat. Bevölkerung wurde im 4. Jh. von den Hunnen überrannt oder schloß sich ihnen als Verbündete an. Restgruppen der Sarmaten zogen sich ins Vorland des Kaukasus zurück.

Die materielle Kultur der Sarmaten war der der skyth. Nomaden sehr ähnl. Illustrativ hierfür sind die Ähnlichkeiten in den sarmat. und skyth. Schmuckformen mit den Motiven des Tierstils. Während sich Skythen im Kontakt mit der hellenist. Welt teilweise akkulturierten, seßhaft wurden (Ackerbau-Skythen) und sogar urbanisierten (Königs-Skythen am Kimmer. Bosporus und später auf der Krim), blieb die Lebensweise der Sarmaten zu allen Zeiten im wesentl. nomadisch.

Sarmat. gehört mit dem nah verwandten → Skythischen zum östl. Zweig der iran. Sprachen. Während das Skyth. als ältere Sprachvari-

ante zum Kontinuum des Altiran. zu rechnen ist, repräsentiert das
Sarmat. das jüngere Entwicklungsstadium des Mitteliran. Wie das
Skyth. war auch das Sarmat. am Prozeß der Ethnogenese der Osseten
und ihrer Sprache beteiligt. Das Sarmat. ist nur aus einer einzigen Inschrift bekannt, die im Flußtal des Selentschuk, eines Nebenflusses
des Kuban, gefunden wurde. Diese Inschrift ist in griech. Schrift geschrieben und stammt vermutl. aus dem 10. Jh. n. Chr. Ansonsten
sind vom Sarmat. ledigl. Namen in den Werken antiker Autoren und
einige Lehnwörter (im → Gotischen und Ungar.) erhalten geblieben. Bei den Entlehnungen in den genannten Kontaktsprachen
bleibt unklar, ob die Quelle das Sarmat. im engeren Sinn oder das
nah verwandte → Alanische ist. Beispiele für aus dem Sarmat. (oder
Alan.) entlehnte Ausdrücke im Ungar. sind *híd* ‹Brücke›, *verem*
‹Grube› oder *tölgy* ‹Eiche›.

Lit.: Harmatta 1970

Sidetisch (Sidetic, sidétique). Die Mehrheit der Bewohner der antiken Hafenstadt Side (60 km östl. des modernen Antalya) sprach
Sidet. Side war das wichtigste polit. und kulturelle Zentrum in der
histor. Landschaft Pamphylien. Griech. Kolonisten kamen möglicherweise schon um 1000 v. Chr. nach Side. Mit Sicherheit ist die
Ankunft griech. Siedler aus Kyme erst für das 7. und 6. Jh. v. Chr. bezeugt. Die Griechen waren aber immer eine Minderheit in der Stadt
mit ihrer einheim.-anatol. Bevölkerung.
Das Sidet. ist einerseits aus wenigen Inschriften, andererseits aus
Dutzenden von Münzlegenden bekannt. Side war zwischen 460
v. Chr. und 268 n. Chr. eine bedeutende Münzstätte. Die Texte sind
in einer lokalen Schriftart geschrieben, die jüngsten stammen aus
dem 2. Jh. v. Chr. Die sidet. Schrift ist eine Buchstabenschrift, deren
Zeichenformen auf Parallelen im archaischen → griechischen Alphabet weisen. Das Sidet. gehört möglicherweise zur Gruppe der
indoeurop. (altanatol.) Idiome im Kreis der → altkleinasiatischen
Sprachen. Diese Klassifizierung ist bisher nicht gesichert.

Lit.: Neumann 1978

Sikulisch (Siculan/Sicel, sicoule). Das ursprüngl. Siedlungsgebiet
der Sikuler bzw. Sikeler (griech. *Sikeloi*, latein. *Siculi*) liegt im östl.
Sizilien. Im Verlauf des 8. Jh. v. Chr. wurden sie von den griech. Kolonisten ins Inland verdrängt. Bereits in antiken Quellen wird be-

richtet, daß die Sikuler vom italien. Festland aus nach Sizilien eingewandert sind. Dies deutet vielleicht auf ihre ital. (d. h. indoeurop.)
Herkunft. Nach den Sikulern wurde die Insel Sizilien benannt.

Das Sikul. ist nur sehr spärl. aus wenigen Inschriften bekannt. Die
längste ist ein unvollkommen erhaltener Text (99 griech. Buchstaben) auf einer Tonvase, die in der Ruinenstätte des antiken Centu-
ripae (heute Centuripe, etwa 25 km südwestl. des Ätna) gefunden
wurde. Die Lesung dieser Inschrift, die aus dem 5. oder 4. Jh. v. Chr.
stammt, ist bislang unsicher. Dennoch spricht die bisherige Auswer-
tung des Sprachmaterials dafür, daß das Sikul. wahrscheinl. eine indoeurop. Sprache war und zu dessen → italischem Zweig gehörte.

Lit.: Schmoll 1958, Zamboni 1978

Skythisch (Scythian, scythe). Über die Lebensweisen der iran. Skythen, die die älteste Steppenkultur Europas entwickelten, kursierten
bereits in der Antike widersprüchl. Gerüchte, und aus den Darstel-
lungen dieses Reitervolkes in den einzelnen Quellen läßt sich kein
einheitl. Bild rekonstruieren. Die Uneinheitlichkeit resultiert wohl
in erster Hinsicht daraus, daß individuelle Autoren auf Sachverhalte
eingehen und Eigenheiten der skyth. Kultur hervorheben, die verschiedenen Entwicklungsstufen angehören. Die skyth. Gesellschaft
wandelte sich näml. im Laufe der Jahrhunderte erheblich. Im Zuge
eines langen Akkulturationsprozesses wurden aus Steppennomaden
seßhafte Bauern und Städter.

Das Ursprungsgebiet der Proto-Skythen lag an der äußersten Peripherie Europas, in einem Areal, das im Westen vom Don, im Norden von der Wolga und im Süden vom Kaukasus begrenzt wurde.
Von dort aus sind zu Beginn des 1. vorchristl. Jt. Völkerschaften, die
Träger der Andronovo-Kultur waren, in mehreren Migrationsschü-
ben nach Westen gewandert. Die auf iran. Ursprung zurückgehenden Namenformen der Flüsse im Süden der Ukraine und Rußlands
(Dnestr, Dnepr, Don, die ein altiran. *danu-* fortsetzen) sind allerdings älter als die Besiedlung durch Skythen.

Die Populationen, die ins Schwarzmeergebiet migrierten, waren
weder sprachl. noch kulturell einheitlich. Einige dieser Völkerschaften sind namentl. bekannt (Neuri, Budini u. a.). Überwiegend sprachen sie wohl Varianten des Iran., aber möglicherweise gehörten
auch Nichtindoeuropäer (kaukas. und ural. Stammesverbände) dazu. Die Skythen stellten die soziale und militär. Elite, die die Stam-

mesverbände locker zusammenhielt. Im Verlauf des 8. Jh. v. Chr. wurden die Kimmerier aus dem Gebiet nördl. des Schwarzen Meeres allmähl. von den Neuankömmlingen verdrängt oder assimilierten sich an deren Kultur.

Auch in ihren neuen Wohngebieten konnten die Skythen ihre elitäre Rolle behaupten. Im pont. Steppenraum organisierten sie auch im 7. Jh. v. Chr. das erste skyth. Königreich. Um den Bestand ihrer Herrschaft zu sichern, mußten die Skythen mobil sein. Ihre erstaunl. Mobilität verdankten sie ihrer Reitkunst. Berittene Truppenkontingente hielten die Herrschaft des jeweiligen Königs (eine erbl. Machtposition) aufrecht. Es gab auch weibl. Reiterkrieger, die ebenso gefürchtet waren wie die skyth. Männer. Als die Griechen der Schwarzmeerküste mit den Skythen in Kontakt traten, glaubten sie, in den skyth. Kriegerinnen die Amazonen zu erkennen. Die Ausrüstung der männl. und weibl. Nomadenkrieger ist gut aus den Grabbeigaben bekannt. Zu den Besonderheiten der skyth. Waffentechnik gehörten das Kurzschwert (im → Altgriechischen *akinakes* genannt) und der Pfeilschaft mit Dreiecksspitze. Das Zaumzeug der Pferde war besonders kunstvoll gefertigt.

Die skyth. Reiterei operierte auch im Nahen Osten und nahm an den Feldzügen der damaligen Großmacht Assyrien teil. Neben der polit.-militär. Partnerschaft waren skyth. Herrscherfamilien und das assyr. Königshaus durch Heirat miteinander verbunden. Die Beziehungen der Skythen zu Persien war allerdings wechselhaft. 514 v. Chr. wurde das pers. Heer, das eine Strafexpedition gegen die krieger. Nachbarn unternahm, von den Skythen zurückgeschlagen.

Die Region nördl. des Schwarzen Meeres, von der unteren Donau bis zur Wolga, die nach ihren neuen Herren den Namen «Scythia» erhielt, war eine Konvergenzzone, wo die unterschiedlichsten ethnischen Gruppen im kulturellen und sprachl. Austausch miteinander standen. Leitsprache der gesamten Region war das Skyth., das als Sprache der herrschenden Elite mehr und mehr an Prestige gewann. Der Kontakt zwischen den Sprachen der verschiedenen Ethnien war aber wohl wechselseitig, so daß sich auch das Skyth. selbst unter dem Einfluß der anderen Sprachen veränderte. Die Sprache der Skythen ist daher ebenso wie ihre Kultur das Produkt eines ethnischen Fusionsprozesses.

Das Skyth. wurde nicht geschrieben und ist ledigl. fragmentarisch überliefert. Sprachl. Zeugnisse sind rund 200 Einzelwörter sowie

Namen von Personen und Gottheiten, die sich in den Quellen antiker griech. Autoren finden. Die Analyse des Namenmaterials läßt den Schluß zu, daß das Skyth. eine altiran. Sprache war. Es gehörte mit anderen ausgestorbenen Sprachen (z. B. dem mitteliran. → Sarmatisch) zur nördl. Gruppe des östl. Hauptzweigs des Iran. Lebende Sprachen der nordöstl. Gruppe sind das Ossetische im nördl. Kaukasus und das Yaghnobische (Neusoghdische) in Tadschikistan (→ Soghdisch).

Der längste Bericht über die Skythen des Schwarzmeergebietes findet sich in dem neunbändigen Werk «Histories Apodeixis» (Darlegung der Erkundung) des griech. Historikers Herodot (ca. 484–425 v. Chr.), und zwar im vierten Buch (Kap. 1–142). Herodot hebt hervor, daß unter den Gottheiten der Skythen Tabiti die am meisten verehrte sei. Tabitis Beiname war «Königin der Skythen». Herodot vergleicht die skyth. Göttin mit der griech. Hestia, denn auch Tabiti war die Schutzpatronin des Herdfeuers. Hier sind deutl. Anklänge an den altiran. Feuerkult zu erkennen. Der Name geht auf die indoeurop. Wurzel *tap- ‹erhitzen, schüren (vom Feuer)› zurück, und Tabiti ist eine Variante des altiran. Ausdrucks *tapayati* ‹diejenige, die das Feuer schürt›. Interessanterweise dominierte auch in den griech. Kolonien der Schwarzmeerküste eine weibl. Gottheit, näml. Aphrodite Apatouros.

Zur Zeit des Herodot lebten Skythen nicht nur in der Steppe, sondern auch in den Städten der Griechen an der Schwarzmeerküste, in Olbia an der Mündung des Hypanis (Bug) ins Schwarze Meer, in Tanais im Delta des Tanais (Don) am Azovschen Meer und in den Ortschaften am kimmer. Bosporus (Straße von Kertsch). In jenen Zentren entfalteten sich enge kulturelle Kontakte zwischen griech. Kolonisten und skyth. Stadtbewohnern. Skythen heirateten Griechinnen, und ihre Nachkommen wurden zu «skyth. Griechen» (griech. *Ellenes Skuthai*), Vertreter eines bikulturellen und zweisprachigen Stadtbürgertums.

Aufgrund ihrer Vorherrschaft über die agrar. Bevölkerung in der pont. Region kontrollierten die Skythen den Getreidehandel, in dem sie das Monopol besaßen. Über die Hafenstädte am Schwarzen Meer gingen die Getreidetransporte ins griech. Mutterland. In den städtischen Kulturzentren entstand auch der Goldschmuck mit den Tierornamenten, für den die Skythen bereits in der Antike berühmt waren.

Der intensive Kontakt von Skythen und Griechen in der Schwarz-meerregion hatte auch die Entwicklung komplexer polit. Strukturen zur Folge. Ende des 5. Jh. v. Chr. gründete König Ateas das zweite skyth. Reich, in dem ein beträchtl. Teil der Bevölkerung seßhaft und urbanisiert war. Dieses Reich konkurrierte im Westen mit dem auf-strebenden Mazedonien. Im Verlauf des 4. Jh. v. Chr. gerieten die Skythen unter den polit. Druck der Mazedonier im Westen und der Sarmaten im Osten. Sie zogen sich auf die Halbinsel Krim zurück, wo sie ein neues Reich unter Scilouros gründeten. Dessen Haupt-stadt war Neapolis Scythica. Noch im 2. Jh. v. Chr. kontrollierten die Skythen die griech. Stadt Olbia an der Schwarzmeerküste. Das Reich der Krimskythen hatte Bestand bis ins 3. Jh. n. Chr., als die Goten die Krim eroberten.

In der Spätphase der skyth. Geschichte entwickelte sich im Gebiet der südl. Ukraine die eisenzeitl. Tschernjakovo-Kultur. Die Träger dieser Kultur waren ethnisch nicht einheitlich. Eigenheiten dieses kulturellen Kontinuums findet man an den Siedlungsplätzen der hellenisierten Skythen ebenso wie bei den frühen Ostslawen und Goten. Aus jener Zeit des interkulturellen Austausches zwischen den Ethnien im pont. Steppenraum sind sprachl. Spuren erhalten geblieben, in Gestalt altiran. Lehnwörter im Ostslaw. Beispiele, die entweder skyth. oder sarmat. Herkunft sein können, sind russ. *gunja* ‹zerlumptes Kleidungsstück› (< altiran. **gaunya-*), *sapog* ‹Stiefel› (< altiran. **sapaga-*), *topor* ‹Axt› (< altiran. **tapara-*).

Nach dem Zusammenbruch ihrer staatl. Ordnung zogen sich Teile der skyth. Bevölkerung an die Peripherien des früheren Sky-thenreiches zurück. Die akkulturierten Skythen des Westens sie-delten sich als seßhafte Ackerbauern südl. der Donau, in der Dobrudscha, an. Dort assimilierten sie sich allmähl. sprachl. und kulturell. Andere Skythen lebten weiter als Reiternomaden im Kaukasusvorland. Dort kam es zu einer Symbiose zwischen Sky-then und den nah verwandten Alanen, die in → lateinischen Quel-len auch unter dem Namen *Jazones* bekannt wurden. In dieser Na-menform ist die Wurzel erkennbar, aus der sich ebenfalls der Name eines anderen iran. Volkes herleitet, der Osseten. In deren Volks-tum lebt die kulturelle und sprachl. Hinterlassenschaft der Skythen und Alanen weiter.

Lit.: Chazanov 1975, Pogrebova/Raevskij 1992, Raevskij 1985, Reeder 1999, Schiltz 1994, Ustinova 1999

Soghdisch, Sogdisch (Soghdian/Sogdian, sogdien). Hauptverbreitungsgebiet des Soghd. waren die Oasenstädte Zentralasiens entlang der Seidenstraße. Nach dem iran. Volk, das dort ansässig war, den Soghdiern, erhielt die histor. Landschaft ihren Namen: Soghdien (griech. Sogdiane, latein. Sogdiana, altpers. Sugda). Die längste Zeit seiner Geschichte stand Soghdien unter fremder Herrschaft. Seit Dareios I. (reg. 522–486 v. Chr.) gehörten die Oasen von Soghdien zum pers. Achämenidenreich. Alexander der Große traf bei seinem Eroberungsfeldzug auf den erbitterten Widerstand der soghdian. Kleinfürsten; der Krieg um Soghdien dauerte von 329 bis 327 v. Chr. Nach Alexanders Tod (gest. 323 v. Chr.) kam Soghdien unter seleukid. Herrschaft, später war es polit. von den gräzisierten Teilreichen Baktriens abhängig, die sich von Zentralasien über Afghanistan bis nach Nordindien ausdehnten. Im 2. Jh. v. Chr. wurde Soghdien von nomad. Steppenvölkern (Saka) aus dem Norden erobert. Von 260 n. Chr. bis zur islam.-arab. Invasion im 7. Jh. war die soghd. Region eine Provinz des pers. Sassanidenreichs.

Obwohl das Soghd. zu keiner Zeit Staatssprache eines bedeutenden Reiches war, hat es als Hochsprache nicht nur in den Kulturzentren Soghdiens selbst gewirkt, sondern auch weit darüber hinaus in andere Regionen ausgestrahlt. Das wichtigste kulturelle Zentrum Soghdiens war Marakanda (Ruinenstätte nördl. von Samarkand in Usbekistan), daneben hatten auch Buchara und andere Oasenstädte Bedeutung. Außerhalb Soghdiens sind die meisten Texte in soghd. Sprache in Turfan (Turpan) gefunden worden. Turfan liegt am Nordrand des Tarim-Beckens in der autonomen Region der Uighuren (Xinjiang Uygur Zizhiqu) im Nordwesten Chinas. Der am weitesten östl. gelegene «Außenposten» des Soghd. ist Karabalgasun im Flußtal des Orchon im Norden der Mongolei. Von dort stammt eine dreisprachige Monumentalinschrift aus dem 9. Jh.

Das Soghd. ist erst seit Anfang des 20. Jh. aus Manuskriptfunden in buddhist. Höhlenklöstern bekannt geworden. Zwischen 1902 und 1920 wurden die vorislam. Kunstschätze in den alten Kulturstätten an der Seidenstraße (insbesondere in Nordwestchina) von mehreren internationalen Expeditionen inventarisiert und auch teilweise in die Museen Europas und Amerikas verbracht. Darunter war auch eine Vielzahl wertvoller Manuskripte in verschiedenen Sprachen, u. a. in Sogdh. Texte in soghd. Sprache sind seit dem 4. Jh. n. Chr. überliefert. Die ältesten Schriftzeugnisse, die sog. «alten Briefe», gehen auf das

Jahr 313 n. Chr. zurück. Das Originalmanuskript ist besonders wertvoll, weil ihr Schriftträger das älteste bekannte Papier der Welt ist. Bis ins 11. Jh. wurde Soghd. gebraucht, obwohl es bereits in den letzten Jahrhunderten der Sassanidenherrschaft vom Pers. in hochsprachl. Funktionen weitgehend abgelöst und in islam. Zeit gänzl. vom Arab. verdrängt wurde. Bei den soghd. Schriftdokumenten der Spätzeit handelt es sich insbesondere um solche Texte, die von Manichäern verfaßt worden sind. Gemeinden dieser religiösen Sondergruppe haben sich in Nordwestchina bis ins 14. Jh. erhalten.

Soghd. wurde in einer eigenen Schriftart geschrieben, die selbst von der → aramäischen Schrift abgeleitet ist. Das Schriftsystem setzte sich aus 17 Konsonantenzeichen zusammen. Zusätzl. waren etliche diakrit. Zeichen in Gebrauch, deren Verwendung allerdings inkonsequent blieb. Die Schreibrichtung der Texte verläuft von rechts nach links. Seit etwa 500 n. Chr. entwickelte sich ein besonderer Buchstil, der typisch für die buddhist. und manichäischen Manuskripte ist. Die soghd. Schriftkultur hat auch auf die Nachbarkulturen ausgestrahlt. Die soghd. Schrift hat verschiedene Ableger produziert, die uighur. Schrift und möglicherweise auch die → alttürkische und die mongol. Schrift. Bei der letzteren Schriftart ist umstritten, ob die soghd. Schrifttechnologie direkt oder über uighur. Vermittlung gewirkt hat.

Soghd. ist eine iran. Sprache und gehört zum histor. Kontinuum der mitteliran. Periode (4. Jh. v. Chr. – 9. Jh. n. Chr.). Mit dem Soghd. verwandt sind andere mitteliran. Sprachen wie das Mittelpers., das → Parthische, das inschriftl. aus Khotan bezeugte → Sakische, das → Baktrische und – am nächsten verwandt – das Chwaresmische (die Sprachform der Oasenstadt von Choresm). Einer der lokalen Dialekte des Soghd. hat sich im Prozeß eines natürl. Sprachwandels zum Yaghnobischen weiterentwickelt, einer neuiran. Sprache, die im Nordosten von Buchara gesprochen wird.

Lit.: Bogoljubov 1966, Gershevitch 1954, Obel'čenko 1992, Sims-Williams 1981

Sprachentod (language death, mort des langues). Seit dem Altertum sind der Sprachgebrauch und das sprachorientierte Kulturschaffen des Menschen (moderner Homo sapiens bzw. Homo sapiens sapiens) durch zwei dynam. Prozesse bestimmt gewesen: Sprachenentstehung und Sprachensterben (bzw. Sprachentod). Diese Prozesse sind seit altersher und bis heute wirksam.

Aktuelle Beispiele für Sprachenentstehung bietet die jüngste Entwicklung in Südosteuropa. Als Folge der jüngsten Balkankriege (Auflösung des alten Jugoslawien: 1991 Loslösung Sloweniens und Kroatiens, 1992–95 Bosnien-Herzegowinas, 1999 Krieg um das Kosovo) haben sich die südslaw. Völker polit. und kulturell voneinander getrennt. Die frühere serbokroat. Spracheinheit löste sich auf und zerfiel in drei moderne Entitäten: Kroat., Serb., Bosn. In diesen Tagen ist auch anderswo das Entstehen neuer Sprachen zu beobachten, etwa eines französ. urbanen Pidgin der Immigranten in Paris, eines urbanen Pidgin auf der Basis des Engl. bei den «Neubriten» afrikan. und asiat. Herkunft in London und anderen Industriestädten.

Der andere aktuelle Prozeß, der Sprachentod, hat wegen seiner Breitenwirkung die besondere Aufmerksamkeit von Experten (Sprachkontaktforscher, Anthropologen, Ethnologen) und die besondere Anteilnahme einer breiten Öffentlichkeit gefunden. Viele Sprachen sterben buchstäbl. mit ihrem letzten Sprecher aus, fast jedes Jahr und in den verschiedensten Regionen der Welt. Hier einige Beispiele für Sprachentod, der exakt datiert werden kann:

- Chumash (seit 1965 ausgestorben; USA, südl. Kalifornien)
- Homa (seit 1975 ausgestorben; Sudan, Umgebung von Mopoi und Tambura)
- Jorá (seit 1963 ausgestorben; Bolivien)
- Jugisch (seit 1975 ausgestorben; Rußland, Region Krasnojarsk)
- Kaniet (seit 1950 ausgestorben; Papua-Neuguinea, Manus-Provinz)
- Kungarakany (seit 1989 ausgestorben; Australien)
- Kusanda (seit den 1980er Jahren ausgestorben; Nepal)
- Liliali (seit 1989 ausgestorben; Indonesien, Insel Buru)
- Manx-Gälisch (seit 1974 ausgestorben; Großbritannien, Isle of Man)
- Mlahsö bzw. Suryoyo (seit 1998 ausgestorben; Syrien, Provinz Diyarbakir)
- Moksela (seit 1974 ausgestorben; Indonesien, Insel Buru)
- Nooksack (seit 1988 ausgestorben; USA, nördl. Washington)
- Omurano (seit 1958 ausgestorben; Peru)
- Pentlatch (seit 1940 ausgestorben; Kanada, British Columbia)
- Shuaditisch/Jüdisch-Provenzal. (seit 1977 ausgestorben; Frankreich)
- Tay Boi/vietnames.-französ. Pidgin (bis 1954 in Gebrauch; Vietnam)
- Tillamook (seit 1970 ausgestorben; USA, nordwestl. Oregon)
- Twana (seit 1980 ausgestorben; USA, Washington)
- Yamana (seit 1978 ausgestorben; südl. Chile, Argentinien)
- Yavitero (seit 1984 ausgestorben; Venezuela)

Sprachentod ist kein kurzzeitiges Ereignis, obwohl die Endphase des Absterbens vielleicht diesen Eindruck hervorruft. Vielmehr ist das Sterben einer Sprache ein komplexer und häufig langwieriger Prozeß als Folge eines längeren «Siechtums». Die meisten sterbenden Sprachen haben vorher unter dem situationellen, funktionellen und prestigemäßigen Druck einer anderen, dominanten Sprache «gelitten». Irgendwann ist der Druck zu groß, und die indominante Sprache schwindet. Sprachentod ist also ein Extremfall von Sprachkonflikt. Die sprachl. Strukturen der indominanten Sprache werden von der dominanten Sprache überformt und lösen sich zunehmend auf, die sozialen Sprachfunktionen gehen eine nach der anderen verloren, die Sprecherzahlen sinken drastisch, und im Endstadium assimilieren sich die letzten Sprecher an die dominante Sprache. Mit dem Sprachwechsel bricht die Kontinuität der gesprochenen Sprache ab. Die indominante Sprache ist «tot».

Solche konfliktträchtigen Prozesse, in deren Verlauf eine indominante Sprache unter dem assimilator. Druck einer dominanten Sprache buchstäbl. «erstickt» wird, haben sich in der Geschichte seit dem Altertum vielmals wiederholt. Jedes Anfangsstadium der Gefährdung einer indominanten Sprache und jeder Einzelfall von Sprachentod ist gekoppelt an spezif. lokale sprachökolog. Gegebenheiten. Insofern ist es nicht mögl. und auch nicht sinnvoll, prototypische Bedingungen für ein universelles Modell von Sprachentod zu formulieren. Allerdings lassen sich einige allgemeine Trends ausmachen, wie sie oben skizziert worden sind. Einige wenige Sprachen leben im Schriftgebrauch weiter, obwohl sie als gesprochene Kommunikationsmedien irgendwann ausgestorben sind. Beispiele für sogenannte «tote» Sprachen, die als Schriftmedien unter Umständen noch lange vital bleiben, sind Sakralsprachen (wie etwa → Hebräisch, → Koptisch, → Ge'ez, → Sanskrit, → Pali oder → Lateinisch).

In der Moderne hat sich bei vielen kleinen Sprachgemeinschaften ein vitales Engagement für die Bewahrung gefährdeter Sprachen und ihres Kulturerbes geregt, und in den letzten Jahren haben sich immer mehr private, öffentl.-einzelstaatl. sowie internationale Institutionen und auch individuelle Kulturaktivisten um den Schutz von Kleinsprachen bemüht. Mit dem Sprachentod reißt die Tradierung der betreffenden Sprache als Muttersprache ab. Auch wenn Kulturaktivisten sich für eine Revitalisierung einsetzen, ist der damit regenerierte Spracherwerb gleichbedeutend mit dem Erwerb einer

Fremdsprache. Dies ist der Fall beim → Manx-Gälischen auf der Isle of Man, dessen letzter Muttersprachler im Jahre 1974 starb. Ganz selten ist die Revitalisierung einer «toten» Sprache als vitales Kommunikationsmedium erfolgreich. Ein seltener Ausnahmefall ist die Wiederbelebung des klassischen → Hebräisch zum modernen Ivrit.

Lit.: Crystal 2000, Haarmann 2001a

Suebisch (Swabian, suébois). Die Sueben, deren Name in latein. Quellen als *Suebi* oder *Suevi* wiedergegeben wird, sind histor. für die Iber. Halbinsel bezeugt, wo zwischen 411 und 585 ein sueb. Königreich bestand. Nach dem Landschaftsnamen Schwaben in Süddeutschland zu urteilen, siedelten die Sueben ursprüngl. in Mitteleuropa. In einem lockeren Stammesverbund schlossen sich die Sueben mit den german. Vandalen und iran. Alanen zusammen, zogen plündernd durch Gallien und überquerten im Jahre 409 die Pyrenäen. Die Sueben nahmen den nordwestl. Teil der Pyrenäenhalbinsel in ihren Besitz. Das sueb. Siedlungsgebiet erstreckte sich in den modernen Provinzen Galicia, Asturias und León auf span. Seite und reichte bis nach Nordportugal hinein.

Das Sueb. ist eine indoeurop. Sprache und gehört zum german. Sprachzweig. Verwandtschaftl. steht es u.a. mit dem → Fränkischen und Altsächsischen im engeren Kreis der westgerman. Sprachen. Die Sprache der Sueben hat wenige Spuren hinterlassen. Außer Ortsnamen, die auf die Sueben hinweisen, wie Suevos und Suegos in Galicien, gibt es nur wenige Lehnwörter in den iberoroman. Sprachen (z. B. portugies. *britar* ‹brechen›, span. *laverca* ‹Lerche›).

Lit.: Beck 1989

Sumerisch (Sumerian, sumérien). Die Anfänge der sumer. Zivilisation sind im südl. Mesopotamien auf das Ende des 4. Jt. v. Chr. mit der Einführung der Schrift anzusetzen. Seit ca. 3200 v. Chr. sind Texte der Verwaltungsbürokratie in den sumer. Stadtstaaten des südl. Mesopotamien überliefert. Bis etwa 1800 v. Chr. wurde Sumer. gesprochen, dann starb es als lebende Sprache allmähl. aus. Noch lange danach hatte das Sumer. aber Geltung als Literatur-, Bildungs- und Wissenschaftssprache. Erst in den ersten Jahrhunderten vor unserer Zeitrechnung verlieren sich die Spuren der schriftl. Überlieferung in Sumer.

Sumer. ist eine isolierte Sprache, das heißt, es kann keine genealog.

Verwandtschaft mit irgendeiner anderen Sprache der Welt nachgewiesen werden. Versuche, das Sumer. in eine verwandtschaftl. Beziehung zu kaukas., dravid., sino-tibet. oder altaischen Sprachen zu setzen, haben keine überzeugenden Ergebnisse erbracht.

Über die Herkunft der Sumerer und den Ursprung ihrer Sprache ist viel spekuliert worden. Nach neueren Forschungen hat sich die ethnische Gruppierung, die man in histor. Zeit als «Sumerer» identifizieren kann, im Zuge der Migration von Trägern der Ubaid-Kultur um 4000 v.Chr. aus dem nördl. ins südl. Mesopotamien profiliert. In einem Fusionsprozeß kultureller und sprachl. Elemente hat sich die sumer. ethnische Identität herausgebildet. Diese Auffassung steht älteren Spekulationen entgegen, wonach die Sumerer als klar definierbares Volk entweder aus dem Norden oder aus dem Süden in ihre mesopotam. Heimat eingewandert wären.

Typolog. gehört Sumer. zu den agglutinierenden Sprachen. Grammat. Elemente sowie Formantien der Wortbildung (Präfixe, Suffixe) werden an den unveränderl. Wortstamm «angeheftet». Die meisten Wörter des Sumer. sind einsilbig. Das Sumer. kennt kein grammat. Geschlecht. Substantive werden in zwei Nominalklassen eingeteilt: belebte vs. unbelebte Nomina. Die elementare Wortordnung ist Subjekt–Objekt–Verb. Diese Wortordnung setzte sich auch im → Akkadischen unter sumer. Einfluß durch.

Im Schriftgebrauch des Sumer. werden zwei Varianten unterschieden: *eme-gir* ‹Sprache der Prinzen› (Hauptdialekt oder Normalsprache) und *eme-sal* ‹feine Sprache; dünne (?) Sprache› (Sprache der Frauen; Ritualsprache). *Eme-sal* wurde bevorzugt in der hymnischen Dichtung und in Klageliedern verwendet. Als Ritualsprache fungierte sie in den religiösen Texten, die die «heilige Hochzeit» (zwischen einer Göttin oder deren irdischer Vertretung, einer Priesterin, und dem König, dem weltl. Herrscher) beschreiben. Die alten Kulttexte in *eme-sal* sind später immer wieder kopiert und übersetzt worden; davon existieren auch neuassyr. Versionen.

Der Charakter des Sumer. als isolierte Sprache bedingt, daß auch der autochthone Wortschatz keine Parallelen mit anderen Sprachen erkennen läßt. Eine der lexikal. Besonderheiten des Sumer. hat die Identifizierung der ältesten Texte als sumer. ermöglicht. In den Texten aus Uruk wird das Wort ‹zurückkehren› mit einem piktograph. Zeichen geschrieben, das Schilf (Riedgras) darstellt. In keiner anderen Sprache des Vorderen Orients, nur im Sumer., werden die

Begriffe ‹zurückkehren› (Verb) und ‹Schilf› (Substantiv) mit dem gleichlautenden Ausdruck *gi* bezeichnet. Diese lautl. Identität ermöglichte es dem Schreiber, beide Ausdrücke mit demselben Zeichen zu schreiben.

Seit Beginn des 3. Jt. v. Chr. stand das Sumer. in engen kulturellen Kontakten mit dem Akkad., der semit. Sprache im nördl. Mesopotamien. Als Folge der Kulturkontakte übernahmen beide Sprachen wechselseitig Entlehnungen. Sumer. Lehnwörter finden sich in großer Zahl im akkad. Lexikon, und umgekehrt wurden Hunderte von Ausdrücken akkad. Herkunft in den sumer. Wortschatz integriert. Das älteste Lehnwort aus dem Akkad., das zeitl. exakt bestimmt werden kann, ist die Konjunktion *u* ‹und›, die in sumer. Texten bereits um 2600 v. Chr. nachzuweisen ist. Gegen Ende der Periode, als Sumer. noch gesprochen wurde, häuften sich die Akkadismen in sumer. Texten.

Die schriftl. Überlieferung im sumer. Kulturkreis setzte um 3200 v. Chr. ein. Die ältesten überlieferten Texte stammen aus den Fundschichten von Uruk III und IV. In den ältesten Aufzeichnungen bestand nur eine sehr lockere Bindung zwischen Schriftzeichen und sprachl. Elementen. Grammat. Endungen wurden nicht geschrieben, und Wortstämme wurden mit piktograph. Zeichen wiedergegeben. Jahrhundertelang standen Schrift und Schreiben im Dienst der Verwaltungsbürokratie der sumer. Stadtstaaten. Es wurden Warenlisten angelegt, in denen sich Angaben über die Zahl und die Beschaffenheit von Gütern finden und die gleichzeitig Dokumente für die Berechnung von Steuern waren.

Die ältesten literar. Texte stammen aus der Zeit um 2600, vielleicht sogar 2700 v. Chr. Dies sind Ritualinschriften, die im Kontext von Begräbniszeremonien stehen. In jener Zeit veränderte sich der Schreibduktus radikal. Die bis dahin praktizierte Tradition der Schreibung piktograph. Zeichen wurde aufgegeben und eine neue Schriftart eingeführt, die Keilschrift. In der Folgezeit wurde diese nicht mehr nur für das Sumer. verwendet, sondern in allen Kontaktkulturen Sumers: bei den Akkadern, Eblaitern (→ Eblaitisch) und Elamitern, später bei den Urartäern, den Syrern von Ugarit, den Hethitern und Persern. Sumer. wurde auch nicht nur von Sumerern selbst geschrieben, sondern auch von zweisprachigen Akkadern, Elamitern u. a.

Der größte Teil des sumer. Schrifttums entstand zwischen 2600 und 1600 v. Chr. Auch danach wurde das Sumer. zur Aufzeichnung wissenschaftl. Texte verwendet, verlor aber allmähl. seine Geltung als Bildungssprache. In sumer. Sprache ist sowohl belletrist. Literatur als auch Sachprosa verfaßt worden. Wichtige Quellen der sumer. Literatur sind die archaischen Texte von Fara und Abu Salabikh, die Inschriften der 1. Dynastie von Lagash, die Inschriften von Gudea, Rechtsdokumente aus der Zeit der 3. Dynastie von Ur (zwischen 2100 und 2000 v. Chr.), Königsinschriften, Sammlungen von Ritualtexten und literar. Texte der verschiedensten Genres. Werke wie das in der altbabylon. Periode entstandene Gilgamesch-Epos gehören zum Kanon der Weltliteratur.

Das gesamte zeitgenöss. Wissen über die Welt wurde in sumer. Sprache und in sumer. Schrift aufgezeichnet. Es ist allerdings bemerkenswert, daß die Keilschrift, die erfolgreichste aller alten Schriftarten im Nahen und Mittleren Osten, an der Entstehung der frühen Alphabetschriften (älteste Version: protosinait. Schrift) im 2. Jt. v. Chr. nicht beteiligt war und als Schreibtechnologie später ohne Nachwirkungen in Vergessenheit geriet.

Die sumer. Sprachgeschichte wird in folgende Perioden eingeteilt: Altsumer. (ca. 2600 – ca. 2200 v. Chr.), Neusumer. (ca. 2200 – ca. 2000 v. Chr.), Altbabylonisches Sumer. bzw. Spätsumer. (ca. 2000 – 1600 v. Chr.).

Lit.: Cooper 1973, Green/Nissen 1987, Maisels 1999, Michalowski 1992, Thomsen 1984

Syrisch → Aramäisch

T

Tangutisch (Tangut, tangoute). Die Tanguten, ein mit den Tibetern verwandtes Volk, treten im 11. Jh. ins Licht der Geschichte. Als Xi-Xia (bzw. Hsi-Hsia) oder westl. Xia werden sie in chines. Quellen bezeichnet. Im Jahre 1038 löste sich der tangut. Regent Li Yuan-hao (1003–1047) von der chines. Vorherrschaft und erklärte sein Reich in der Region von Koko Nor für unabhängig. Die Tanguten kontrollierten bis ins 13. Jh. den Handelsverkehr zwischen China und Innerasien. Das Reich der Xi-Xia wurde im Jahre 1227 von den Mongolen zerstört. Dschingis Khan soll bei der Belagerung der Hauptstadt Ningxia (heute Yin-ch'uan) ums Leben gekommen sein. Nach anderer Überlieferung soll die Tangutenprinzessin, die Tochter des letzten Regenten, den Eroberer in ihrem Schlafgemach getötet haben.

Das Tangut. ist eine dem Tibet. verwandte Sprache und gehört wie dieses zum tibeto-burmes. Sprachzweig der sinotibet. Sprachfamilie. Überliefert ist es in Texten aus der Zeit zwischen dem 11. und 16. Jh. Das tangut. Schrifttum umfaßt in der Hauptsache buddhist. Texte. Es sind auch bedeutende Werke eines Sachprosaschrifttums entstanden; dazu gehören ein chines.-tangut. Wörterbuch («Das Meer von Zeichen») aus dem 12. Jh. und eine fünfbändige Enzyklopädie. Der Tangutenherrscher Li Yuan-hao verfügte im Jahre 1036 die Schaffung einer eigenen Schriftart zur Schreibung des Tangut., die eindeutig von der chines. inspiriert wurde. Die tangut. Schrift setzt sich aus rund 6600 Zeichen zusammen und folgt dem logograph. Prinzip, d.h. mit den Zeichen wurden einzelne Wörter geschrieben. Zusätzl. waren Silbenzeichen in Gebrauch, und die Schreibung vieler Wörter in den Texten ist ambivalent. Die Lautwerte der Zeichen sind aus Inschriften bekannt, in denen → Sanskrit-Wörter mit Hilfe tangut. Schriftzeichen transliteriert werden.

Das Tangut. ist irgendwann zu Beginn der Neuzeit ausgestorben, wann genau, ist nicht bekannt.

Lit.: Grinstead 1972, Kychanov 1996, Nishida 1989

Tartessisch (Tartessian, tartessien). Die Tartessier (Turdetaner) und ihre Stadt, Tartessos, werden im Alten Testament erwähnt. Dort wird auf die Handelsbeziehungen von Tarschisch (Tartessos) zum phöniz. Tyros (Ezechiel 27, 12 und 38, 13; Jesaja 23, 1), zu Israel unter Salomon (1. Könige 10, 22) und zu griech. Städten (1. Mose 10, 4) hingewiesen. Die Hafenstadt Tartessos, die in der zweiten Hälfte des 2. Jt. v. Chr. auf einer Insel zwischen den Mündungsarmen des heute Guadalquivir genannten Flusses angelegt wurde, war vor der Gründung von Gades (Cádiz) der wichtigste Umschlaghafen für den Atlantikhandel (hauptsächl. mit Metall). In Tartessos wurde aus Britannien stammendes Zinn und Blei sowie aus dem Ostseeraum eingetauschter Bernstein umgeschlagen und einheim. Silber, Kupfer und Eisen vemarktet. Die Tarschisch-Schiffe waren für die Israeliten der Inbegriff des Fernhandels im westl. Mittelmeer.

Die Phönizier beteiligten sich schon früh am Atlantikhandel und gründeten um 1100 v. Chr. ihren eigenen Handelsstützpunkt, Gades am unteren Guadalquivir. Tartessos und Gades standen in permanenter Konkurrenz und ihre Bewohner, die Turdetaner und Phönizier, von Anbeginn in einem Interessenkonflikt. Die Handelsrivalen fanden zwischenzeitl. ihr Auskommen, zu anderen Zeiten kontrollierten die Phönizier aus Tyros (zwischen 800 und 700 v. Chr.) sogar den tartess. Handel. Im 7. Jh. v. Chr. verstärkten die Tartessier ihre Beziehungen zu griech. Handelsstädten im Mittelmeer. Seit Ende des 6. Jh. v. Chr. übernahmen die Karthager als Folge ihrer aggressiven Machtpolitik im westl. Mittelmeerraum die Kontrolle über die Stadt Gades und bemühten sich darum, den Atlantikhandel zu monopolisieren. Tartessos geriet ins Kreuzfeuer der karthag. Expansionspläne und wurde um 500 v. Chr. zerstört.

Die Kultur der Turdetaner war durch die Kontakte mit Phöniziern und Griechen stark fremdgeprägt. Zu den kulturellen Institutionen, die sich unter deren Einfluß verbreiteten, gehörte auch die Schriftlichkeit. Die (bastulo-)turdetan. Schrift mit ihren klaren phöniz.-griech. Assoziationen läßt zusätzl. Beziehungen zur → numidischen Schrift Nordafrikas erkennen. Seit dem 7. Jh. v. Chr. wird das Tartess. geschrieben. Die meisten Texte sind Inschriften auf Grabsteinen aus dem südl. Portugal (bemerkenswerterweise nicht aus Tartessos selbst) und Münzlegenden aus der Zeit um 200 v. Chr.

Das Tartess. gehört zu den vor-indoeurop. Sprachen auf der Iber. Halbinsel. Es ist allerdings nichts über verwandtschaftl. Beziehungen zu anderen Sprachen bekannt. Auch ist fraglich, ob das Tartess., wie von einigen Forschern angenommen, mit dem aus dem Süden Portugals bekannten → Lusitanischen identisch ist. In röm. Zeit hat sich die turdetan. Restbevölkerung akkulturiert und sprachl. assimiliert.

Lit.: Alvar/Blázquez 1993, Díaz-Andreu/Keay 1997, Harrison 1988, Maluquer de Motes 1970

Tasmanisch (Tasmanian, tasmanien). Das Tasman. gehört zum Kreis der Aborigine-Sprachen Australiens. Die Tasmanier waren die Ureinwohner der dem austral. Kontinent im Süden vorgelagerten Insel Tasmanien (Tas) und sie gehörten zu den ältesten Populationen, die an der Ostküste entlang nach Süden migrierten. Noch vor etwa 12000 Jahren war Tasmanien mit Australien über eine Landbrücke verbunden. Als nach dem Ende der letzten Eiszeit der Wasserspiegel der Weltmeere merkl. anstieg, wurde diese Landbrücke allmähl. überspült. Vor etwa 8000 Jahren riß die Verbindung mit dem Festland endgültig ab, und die kulturelle wie sprachl. Entwicklung der Tasmanier verlief getrennt von der anderer Aborigine-Populationen.

Das Tasman. ist in verwandtschaftl. Beziehungen zu einigen Gruppierungen von Papua-Sprachen in Neuguinea gestellt worden. Die vermutete entfernte Verwandtschaft zwischen den Sprachen in dieser indo-pazif. Sprachfamilie bleibt aber aufgrund des spärl. überlieferten tasman. Sprachmaterials unsicher.

Die Begegnungen mit weißen Siedlern und Walfängern im 19. Jh. hatten katastrophale Folgen für die Einheimischen. Im Jahre 1804 wurde Hobart gegründet, das heutige Verwaltungszentrum der Insel. Die Aborigines wurden getötet oder vertrieben, viele junge Frauen und Mädchen als Prostituierte auf die Schiffe der Walfänger verschleppt. Die überlebenden Tasmanier wurden in den 1830er Jahren nach Flinders Island, eine kleinere Insel nördl. von Tasmanien, deportiert, wo die meisten starben. 1847 wurden die letzten 47 Tasmanier von Flinders Island zurück nach Tasmanien gebracht, nach Oyster Cove nahe Hobart. Der letzte Tasmanier (William Lanney) starb 1869, die letzte Tasmanierin (Truganini) 1876. Mit ihnen gingen das tasman. Kulturerbe und die alte Sprache verloren.

Kleinere Aborigine-Gruppen, die sich sprachl. ans Engl. assimiliert hatten, überlebten den Genozid auf den Inseln in der Bass Strait zwischen Tasmanien und der Südküste Australiens. Im 20. Jh. sind einige auch nach Tasmanien zurückgekehrt. Seit den 1970er Jahren bemüht sich das Tasmanian Aboriginal Centre in Hobart um die Regelung von Landrechten für die Aborigines und um die Pflege ihres Kulturerbes.

Lit.: Horton 1994/2: 1050 ff.

Thrakisch (Thracian, thracien). Thrak. ist die Sprache indoeurop. Stammesgruppen, die während der Antike weite Teile des nördl. Balkan bewohnten, vom heutigen Ostungarn über Serbien und Bulgarien bis nach Transsylvanien im Norden und nach Nordgriechenland an die Küsten des Ägäischen Meeres im Süden. Kerngebiet der Thraker (griech. *Threikes* bzw. *Thrâkes*) war das heutige Bulgarien. Thraker siedelten auch auf einigen Inseln in der Ägäis (Thasos, Samothrake, Lemnos). An dieses Volk, das durch seine künstler. Hinterlassenschaft, näml. die Werke seiner Goldschmiedekunst, in der Moderne bekannt geworden ist, erinnert noch der Landschaftsname Thrakien in Bulgarien (Trakija) und Griechenland (Thrakia).

Bereits in den ersten Jahrhunderten unserer Zeitrechnung hat sich ein Teil der thrak. Bevölkerung an → altgriechische Lebensweise und Sprache akkulturiert. Andere Thraker wurden romanisiert und nahmen das → Lateinische als Muttersprache an. In abgelegenen Regionen des Rhodope-Gebirges hielt sich das Thrak. in einigen Sprachinseln bis ins 6. Jh. Der Name dieses Gebirgszugs (wörtl. ‹Gebiet des rotbraunen Flusses›) in Bulgarien, der bei Herodot im 5. Jh. v. Chr. erstmals erwähnt wird, ist thrak. Herkunft. Mit diesen Thrakern kamen die nach Süden wandernden Slawen in Berührung und übernahmen noch einige Gewässernamen, bevor das Thrak. endgültig ausstarb.

Thrak. ist eine indoeurop. Sprache und gehört zum Kreis der alten Balkansprachen. Sprachhistor. gliederte es sich im Verlauf des 1. vorchristl. Jt. aus. Verwandtschaftl. steht es in engeren Beziehungen zum balt. Sprachzweig. Diese Verwandtschaft scheint beispielsweise im Götternamen *Perkos* bzw. *Perkon* (Beiname des thrak. Reitergottes Heros) auf, der in litauisch *Perkunas* ‹Donnergott› seine Parallele findet. An regionalen Dialekten können das → Dakische im Westen, das → Moesische im Süden und das → Getische im Osten identifiziert werden.

Das Thrak. wurde nur sporad. als Schriftsprache verwendet. Es gibt eine Reihe von Inschriften aus dem Gebiet des heutigen Bulga-

rien, von denen die meisten aber sehr kurz sind. Nur vier dieser Inschriften (in griech. Schrift) sind unumstritten thrak. Die längste ist
auf einem in Ezerovo gefundenen goldenen Ring eingraviert. Der
Text ist nicht mit Sicherheit entschlüsselt und enthält wohl die To-
tenklage einer jungen Witwe, die offenbar selbst Opfer einer Wit-
wenbestattung (zusammen mit ihrem Mann) wurde.

Thrak. Sprachmaterial ist in mehr als tausend Orts- und Gewässernamen erhalten, außerdem finden sich Einzelwörter (rund
zwei Dutzend) und zahlreiche Götternamen in den Werken griech.
und röm. Autoren. Zu dem in Glossen erhaltenen thrak. Wort-
gut gehören u. a. *bria* ‹Stadt›, *genton* ‹Fleisch›, *midne* ‹Dorf›, *skalme*
‹Schwert›, *zelâs* ‹Wein›. Beispiele für thrak. Personennamen sind
Aulou-beistas, Diza-zelmis und Gaidres. Völkernamen sind Bessoi,
Bebrykes und Skombroi. Hauptgöttin der Thraker war Bendis, die
von den Griechen mit Artemis und Hekate gleichgesetzt wurde, und
deren Name auf einen indoeurop. Verbstamm mit der Bedeutung
‹binden› zurückgeht. Bendis war wohl die ‹Schutzgöttin der ge-
schlechtl. Vereinigung und des Zusammenwohnens› (wörtl. ‹die Ver-
binderin›).

Lit.: Detschew 1976, Duridanov 1999, Gindin 1981, Katičić 1976, Velkova 1986

Tocharisch (Tocharian, tokharien). Tochar. ist eine Sammelbezeichnung für eine Gruppe von Sprachen, die im Tarim-Becken, in der
heutigen Region Xinjiang in Nordwestchina verbreitet waren. Ursprüngl. wurden zwei Sprachen unterschieden: Tochar. A (östl. Tochar. oder Agnisch, nach dem Namen Agni in altind. Quellen) und
Tochar. B (westl. Tochar. oder Kuchisch ‹Sprache von Kucha›). Spuren einer dritten Sprache (Tochar. C) lassen sich für die Region des
Königreichs Loulan im Zentrum der Taklimakan-Wüste nachweisen.

Der Name «Tocharer» für die Sprecher dieser Sprachen ist eigentl.
irreführend, hat sich aber inzwischen so fest eingebürgert, daß er
durch keinen anderen Namen ersetzt werden kann. Nach einer älteren Auffassung wären die Sprecher des Tochar. ident. mit den in
klassischen Quellen genannten *Tocharoi*, die ursprüngl. östl. des Tarim-Beckens siedelten und von den Chinesen nach Westen abgedrängt wurden. Sie waren wahrscheinl. ein iran. Stammesverband.
Inzwischen hat sich erwiesen, daß zwischen den iran. Tocharoi und
den Sprechern der tochar. Sprachen keine direkte Beziehung besteht.

Neuerdings werden die Tocharer mit den Yuezhi identifiziert, die in chines. Quellen erwähnt sind.

Man nimmt an, daß die Vorfahren der Tocharer nach einer längeren Migration aus dem östl. Europa in ihre spätere Heimat gelangt sind und daß es erst dort zu Kontakten mit indo-iran. Sprachen gekommen ist. Die Tocharer sind in anthropolog. Hinsicht durch europide Merkmale charakterisiert, was sich an den zahlreichen Mumien erkennen läßt, die im Tarim-Becken gefunden wurden. Die erhaltenen Textilien weisen nach ihrer Webtechnik und Ornamentik ebenfalls auf die westl. Herkunft ihrer Hersteller. In den buddhist. Höhlenklöstern von Kucha (Qizil und Qumtura) sind die Tocharer abgebildet; nach diesen Freskenmalereien waren sie langwüchsig mit blonden oder rötlichen Haaren.

Tochar. ist ein eigener Sprachzweig der indoeurop. Sprachfamilie. Es ist bemerkenswert, daß die engsten verwandtschaftl. Beziehungen nicht zum Indo-Iran., sondern zu westl. indoeurop. Sprachen bestehen. Zahlreiche lexikal. Parallelen verbinden das Tochar. mit dem German. (vgl. tochar. *A want* ‹Wind› vs. dt. *Wind*, tochar. *A ek* ‹Auge› vs. schwed. *öga* ‹dass.›). Von den beiden inschriftl. bekannten Varianten des Tochar. zeigt Tochar. B konservativere Eigenheiten als Tochar. A, das sämtl. Endsilben aufgegeben hat. Die Wörter in Tochar. A sind in der Regel um eine Silbe kürzer als die in Tochar. B.

Das für die drei Sprachen rekonstruierte Proto-Tochar. bildete sich spätestens in der zweiten Hälfte des 1. Jt. v. Chr. aus, und zwar im Kulturmilieu der Afanasevo-Kultur im Altai-Gebirge und im Flußtal des Jenisej. Von dort sind die Proto-Tocharer weiter nach Süden migriert, wo sich in den ersten Jahrhunderten unserer Zeitrechnung die drei lokalen Sprachen ausgliederten.

Tochar. A und Tochar. B sind aus Texten des 6. bis 8. Jh. n. Chr. bekannt. Es handelt sich dabei um Schriftdokumente (Papiermanuskripte, hölzerne Tafeln, Graffiti auf Höhlenwänden), die in den Klosterruinen entlang der nördl. Route der Seidenstraße gefunden wurden. Das Schrifttum steht im Zusammenhang mit der Verbreitung des aus Indien importierten Buddhismus in Zentralasien. Die Hauptreligion der Völker Xinjiangs vor der Islamisierung war der Buddhismus. Tochar. A wurde zur Zeit seiner schriftl. Überlieferung bereits nicht mehr gesprochen, sondern fungierte für die lokale uighur. Bevölkerung als Ritualsprache. In Tochar. B. sind sowohl religiöse Texte als auch solche für praktische Zwecke aufgezeichnet worden. Zum praktischen Schrifttum gehören u. a. administrative Dokumente und Karawanenpässe (auf Holz geschrieben). Tochar. C ist nicht aus Texten bekannt, sondern nur aus Lehnwörtern dieser Sprache, die im mittelind. → Prakrit erhalten sind. Diese Sprache war die Amtssprache des Königreichs Loulan, dessen polit. Zentrum an der einzigen Nebenroute der Seidenstraße durch die Taklimakan-Wüste lag.

Die tochar. Texte sind in einer Variante der ind. Brahmi-Schrift aufgezeichnet worden. Diese war die wichtigste Basisschrift für die Schriftsprachen im Kulturkreis des Buddhismus.

Lit.: Adams/Mallory 1997b, Krause/Thomas 1960–64, Pinault 1989

Tschagataisch (Chagatay, tchagatai). Der Name dieser Sprache ist mit dem zweiten Sohn Dschingis Khans (1162–1227) assoziiert, der Tschagatai hieß. Er erbte von seinem Vater den zentralasiat. Teil des Mongolenreichs. Hier wurde das Tschagat. als Schrift- und Kanzleisprache in besonderem Maße gefördert. Eine frühe Blüte erlebte die tschagat. Schriftkultur unter Timur Lenk (Tamerlan), der 1370 die Macht in Transoxanien übernahm. Das Tschagat. war die Hochsprache der islamisierten Turkvölker in Zentralasien (d. h. der Usbeken, Kasachen, Kirgisen, Uighuren u. a.), außerdem der in Europa ansässigen Turkvölker, die zum Machtbereich der Goldenen Horde gehörten (d. h. der Kasantataren, Krimtataren, Baschkiren u. a.). Als Bildungssprache hatte es bei den Muslimen türk. Abstammung ähnl. Bedeutung wie das → Lateinische für die Völker Westeuropas.

In sprachhistor. Hinsicht repräsentiert das Tschagat. das mitteltürk. Stadium, setzt also das → Alttürkische fort. Typisch für die tschagat. Lautentwicklung ist der Wandel von alttürk. *ä* zu *i* in der ersten Silbe eines Wortes (vgl. alttürk. *käl-* ‹kommen› vs. tschagat. *kil-* ‹dass.›), der Wandel von *ß* zu *v* (vgl. alttürk. *äß* ‹Haus› vs. tschagat. *iv* ‹dass.›) sowie der Verlust des sog. pronominalen *n* (vgl. alttürk. *äß-in-dä* ‹in seinem Haus› vs. tschagat. *iv-i-dä* ‹dass.›). Andere, ebenfalls ausgestorbene mitteltürk. Sprachen sind das → Wolgabulgarische und das → Kumanische.

In der histor. Schriftkultur bei den türk. Muslimen im Osten Europas tritt dem modernen Betrachter eine minutiöse Funktionenteilung zweier sprachl. Medien entgegen. Das Arab. als Sakralsprache des Islam war allein auf den rituellen Bereich sowie auf die religiöse Literatur beschränkt. Das Tschagat., das mit den lokalen Varianten des gesprochenen Türk. verwandt und damit den Sprechern vertrauter war als das nicht verwandte Arab., diente zur Aufzeichnung von Texten, die themat. nicht religiös gebunden waren. Hierzu gehörten Reiseberichte, Themen der einheim.-türk. Literatur (Epik) und Sachprosa.

Das Tschagat. wurde seit dem 15. Jh. bevorzugt als Literatursprache verwendet. Bei den Kasantataren war es bis ins 19. Jh. in Gebrauch. Danach wurde es von der tatar. Schriftsprache verdrängt. Anfang des 20. Jh. erlosch die bildungssprachl. Tradition des Tschagat. endgültig. Blütezeit der tschagat. Literatur sind das 15. und 16. Jh. In jener klassischen Periode entstanden die Werke des in Samarkand wirkenden Dichters Ali Shir Navai (1441–1501) und die Memoiren des Mogulenherrschers Babur (reg. 1494–1530), «Baburnama». Babur – ein Nachkomme von Dschingis Khan (gest. 1227) und von Timur Lenk (gest. 1405) – begründete das Mogulenreich in Indien.

Lit.: Boeschoten/Vandamme 1998, Eckmann 1966

U

Ugaritisch (Ugaritic, ougaritique). Ugarit. gehört zum Kreis der → altmediterranen Sprachen und wurde im 2. Jt. v. Chr. an der syr. Mittelmeerküste gesprochen. Kulturelles und polit. Zentrum der Region war die Hafenstadt Ugarit (Ras Shamra). Die Ruinen dieser Stadt sind 1929 von französ. Archäologen unter Leitung von C. F.-A. Schaeffer ausgegraben worden. Der Stadtstaat Ugarit erlebte seine Blütezeit zwischen ca. 1400 und ca. 1200 v. Chr. Bis um 1350 stand die Region unter ägypt. Vorherrschaft, danach war Ugarit Vasallenstaat des Hethiterreichs. Verträge mit dem hethit. König Suppiluliuma I. (reg. ca. 1370–1335 v. Chr.), in denen der polit. Status von Ugarit festgelegt wird, sind im Archiv der Stadt gefunden worden. Ugarit unterhielt insbesondere Handelsbeziehungen mit Kreta und Zypern. Während der Unruhen der sog. «Seevölker», die militär. Operationen im gesamten östl. Mittelmeerraum durchführten, wurde Ugarit zerstört. Seine Bewohner und ihre Sprache werden nach 1200 v. Chr. nicht mehr erwähnt.

Ugarit. gehört zum semit. Sprachzweig der afroasiat. Sprachfamilie und zum engeren Kreis der nordwestsemit. Sprachen. Dem Ugarit. steht das → Phönizische verwandtschaftl. am nächsten, das von einigen Forschern als direkter Fortsetzer des Ugarit. klassifiziert wird. Üblicherweise geht man aber davon aus, daß das Ugarit. und Phöniz. Schwestersprachen sind. Die zentrale Lage Ugarits als Knotenpunkt im Waren- und Kulturaustausch des Nahen Ostens spiegelt sich auch in multilateralen Kontakten des Ugarit. zu anderen Sprachen. Ein großer Teil des ugarit. Wortschatzes setzt sich aus Lehnwörtern der verschiedensten Herkunft zusammen. Hierzu gehören z. B. ugarit. *śśw* ‹Pferd› (wohl aus einer indoeurop. Sprache des nördl. Mesopotamiens), *grbz* ‹eine bestimmte Art von Rüstung› (aus dem → Hurritischen), *htt* ‹Silber› (aus dem → Hethitischen), *snnt* ‹Schwalbe› (aus dem → Akkadischen). Fremder Herkunft sind auch zahlreiche Personennamen. Aus der Vielzahl hurrit. Personennamen, die in ugarit. Texten erwähnt werden, läßt sich schließen, daß ein beträchtl. Teil der Bevölkerung Ugarits und seiner Umgebung Hurriter waren.

In ugarit. Sprache ist eine reiche Literatur entstanden. Ugarit. Texte sind nicht nur in Ugarit selbst, sondern auch an vielen anderen Orten gefunden worden, bis nach Hala Sultan Tekke in Zypern und Beth Shemesh in Israel. Es sind die verschiedensten Gattungen literar. und nichtliterar. Texte vertreten: epische und mytholog. Literatur, Briefe, Staatsverträge, Waren- und Steuerlisten, Dokumente der Stadtverwaltung, religiöse Literatur (zumeist rituelle Texte), Texte über Naturheilkunde und Veterinärmedizin, Übungstexte für die Schreiberausbildung (zumeist Abecedarien). Eine Tontafel mit einem vollständigen ugarit. Alphabet wurde in Beth Shemesh gefunden. Eine besondere Textgattung sind zwei-, drei- und auch viersprachige Vokabularien, in denen ugarit. Wörter in hurrit., → sumerischer und babylon. Sprache erklärt werden.

Die ugarit. Texte sind in zwei Schriftvarianten geschrieben. Beide verwenden zwar die Zeichen der babylon. Keilschrift, folgen aber einem unterschiedlichen Schreibprinzip. Die eine der Schriftarten ist die Keilschrift in ihrer logico-syllab. Funktion als Silbenschrift (mit zusätzl. Logogrammen). Sie war zeitgenössisch die bekannteste und am weitesten verbreitete im Nahen Osten. Die andere Schriftart ist ein System von Keilschriftzeichen, mit denen nicht Silben, sondern Einzellaute bezeichnet werden. Das ugarit. Alphabet besteht aus 30 Zeichen, davon 27 der Keilschrift. Bei den drei Zusatzzeichen handelt es sich um die Buchstaben für die Vokale 'i und 'u sowie ein Zeichen zur Wiedergabe des hurrit. Konsonanten s̀ in Lehnwörtern. Die Schriftrichtung ugarit. Texte ist rechtsläufig, geht also von links nach rechts (wie in der syllab. Keilschrift).

Lit.: Aistleitner 1964, Caquot et al. 1974–89, Segert 1984, Tropper 2000, Xella 1981

Umbrisch (Umbrian, umbrien). Die Umbrer (latein. *Umbri,* griech. *Ombrikoí, Ombroi*) siedelten in der Landschaft, die nach ihnen benannt worden ist, in Umbrien (latein., ital. Umbria). Dorthin sind die Vorfahren der Umbrer zu Beginn des 1. Jt. v. Chr. aus Norditalien gewandert. Umbrer siedelten auch in der Toscana, von wo sie durch die Etrusker verdrängt wurden. In vorröm. Zeit bestanden lokale umbr. Stadtstaaten (Sentinum, Iguvium, Asisium, Tuder, Spoletium, Interamna). Umbrien stand bereits seit Ende des 4. Jh. v. Chr. (308 v. Chr. Niederlage der Umbrer bei Mevania) unter röm. Herrschaft. Die Via Flaminia führte durch Umbrien. Die Region öffnete sich schon früh röm. Kultureinflüssen, und die umbr. Bevölkerung wurde rasch romanisiert. Der bekannteste der romanisierten Umbrer ist der lateinisch schreibende Komödiendichter Titus Maccius Plautus (ca. 254–184 v. Chr.).

Umbr. ist eine der Sprachen der osk.-umbr. Gruppe im Kreis der → italischen Sprachen. Die nächsten Sprachverwandten des Umbr. sind Volskisch, Südpicenisch und Prä-Samnitisch. Verwandtschaftl. ferner stehen das → Oskische und die anderen samnit. Dialekte. Hauptquelle der Kenntnis des Umbr. sind die in Iguvium (heute: Gubbio) gefundenen «Tabulae Iguvinae» (Iguvinische Tafeln), sieben Bronzetafeln mit einem Text von rund 750 Wörtern. Es handelt es sich um Vorschriften und Reglements für eine Bruderschaft der Atiedischen Priester. Sprachl. und schrifthistor. gliedert sich der Text in zwei Teile: Altumbr. (vielleicht aus dem 5. Jh. v. Chr. in einer lokalen Ableitung der → etruskischen Schrift), Spätumbr. (wahrscheinl. aus dem 1. Jh. v. Chr. in Lateinschrift). Aus Umbrien stammen noch zwei Dutzend sehr kurze Inschriften in umbr. Sprache. Im → Lateinischen gibt es fünf Lehnwörter von gesichert umbr. Herkunft.

Lit.: Buck 1928, Meiser 1986

Urartäisch (Urartian). Das Urart. ist eine untergegangene Sprache, die im östl. Anatolien und im südl. Kaukasus verbreitet war. Das Siedlungsgebiet der Urartäer lag in der Region der Seen Van, Urmia und Sevan und erstreckte sich bis ins Quellgebiet des Euphrat. Dies Gebiet entspricht in etwa dem histor. Siedlungsgebiet der Armenier. Das Urart. ist aus Inschriften bekannt, die in einer Variante der Keilschrift geschrieben worden sind und aus der Zeit zwischen ca. 850 und 600 v. Chr. stammen. Bei der Mehrzahl der Texte handelt es sich um Monumentalinschriften mit formelhaften Wendungen. Die Schreibtechnologie wurde den Urartäern von den Hurritern mit ihrer älteren Kulturtradition vermittelt.

Das Urart. war mit dem → Hurritischen verwandt. Beide Sprachen gehörten zur Familie der ostkaukas. Sprachen, sie gingen auf eine gemeinsame ältere Sprachform zurück. Bereits um 2500 v. Chr. setzte die sprachhistor. Ausgliederung des Urart. als Einzelsprache ein. Gemeinsam war beiden Sprachen ein agglutinierender Sprachbau; enklit. Elemente spielten im Urart. eine weniger bedeutende Rolle als im Hurrit.

Lit.: Diakonoff 1971, Diakonoff/Starostin 1986

V

Vandalisch, Wandalisch (Vandalic, vandale). Zu Beginn des 5. Jh.
werden die Vandalen erstmals in röm. Quellen erwähnt. Ihr Her-
kunftsgebiet lag vermutl. in Ostmitteleuropa. Durch die Migration
der Goten in Richtung Süden wurden auch die Vandalen zur Abwanderung gezwungen. Zwischenzeitl. siedelten sie im Gebiet der
heutigen Slowakei und in Transsylvanien. Von dort zogen sie nach
Westen, überquerten im Bund mit Sueben und Alanen um die Jah-
reswende 406–07 den Rhein und fielen in Gallien ein.

Mit den anderen german. Stämmen migrierten die Vandalen nach
Süden und siedelten als Foederati (Verbündete Roms) zunächst im
Süden der Iber. Halbinsel, im Gebiet der röm. Provinz Baetica. Spä-
ter wichen sie dem Druck der Westgoten und setzten im Jahre 429
unter ihrem König Geiserich (reg. 428–477) nach Nordafrika über.
Zusammen mit den Vandalen wanderten auch Restgruppen der iran.
Alanen nach Afrika ab. Die Vandalen zogen bis nach Karthago und
belagerten die Stadt. Augustinus (354–430), der als Kirchenvater be-
kannt geworden ist, starb während der Belagerung Karthagos. Die
Stadt wurde zum Zentrum der polit. Macht des vandal. Königreichs.

Von Nordafrika aus unternahmen die Vandalen Raubzüge auf die
Inseln im westl. Mittelmeer (Sizilien, Sardinien, Korsika) und aufs
europ. Festland. Im Jahre 455 plünderten sie Rom. Ihre Vorherrschaft wurde 533 durch die byzantin. Armee gebrochen. Seit dem
Mittelalter werden die Vandalen mit dem Klischee der «kulturlosen,
zerstörungswütigen Barbaren» assoziiert. Die angebliche Zerstörungswut der Vandalen ist historisch nicht nachweisbar. Sie wurde
aber im Stereotyp festgeschrieben im Begriff des Vandalismus, den
der französ. Bischof Blois Grégoire (Abbé Grégoire) im ausgehenden 18. Jh. prägte. 1798 wurde franz. *vandalisme* von der Académie
Française angenommen. Als Entlehnung lebt dieses «Kulturwort» in
deutsch *Vandalismus,* engl. *vandalism,* finn. *vandalismi* und in anderen Sprachen weiter.

Vandal. war eine indoeurop. Sprache. Mit dem → Gotischen, Ge-
pidischen und anderen ausgestorbenen Sprachen gehörte es zur östl.

Gruppe des german. Sprachzweigs. Von der Sprache selbst sind nur wenige Münzlegenden und Personennamen in latein. Quellen erhalten. Heute weist nur noch der Name der span. Landschaft Andalusien (span. *Andalucía* < arab. *Al-Andalus*) auf die histor. Präsenz des Volkes im Süden der Iber. Halbinsel hin.

Lit.: Beck 1989, Toporova 1999:18 f.

Vedisch → Sanskrit

Vegliotisch → Dalmatisch

Venetisch (Venetic, vénète). Die Veneter siedelten im Hinterland der Adria-Region, nördl. der Etsch (ital. Adige). Patavium (heute: Padua) war ihr polit. und kulturelles Zentrum. Eine andere wichtige Stadt im Gebiet der Veneter war Ateste (Este). Die Erinnerung an die Veneter hat sich in den Namen der Landschaft Veneto und der Stadt Venezia erhalten. Im Jahre 181 v. Chr. gründeten die Römer die Stadt Aquileia, um die Einfälle der jenseits der Alpen lebenden Gallier nach Venetien hinein zu unterbinden. Von Aquileia aus wirkten die röm. Stadtkultur und das → Lateinische auf die Bewohner der Region, und die Veneter wurden allmähl. romanisiert. Wie lange sich das Venet. als Muttersprache erhalten hat, ist nicht bekannt.

Das Venet. ist eine indoeurop. Sprache, die möglicherweise einen eigenen Sprachzweig repräsentiert. Entfernt verwandt mit dem Venet. ist das → Illyrische. Das Venet. ist aus mehr als 200, meist kurzen Inschriften bekannt, von denen die meisten aus der Region um Ateste stammen. Die Inschriften finden sich auf Stein- oder Bronzetafeln sowie auf Tongefäßen. Das Venet. wurde in einer punktierten Variante des etrusk. Alphabets geschrieben, d. h. Silben und Wörter wurden durch Punkte voneinander getrennt. In der ältesten Inschrift aus der Zeit um 550 v. Chr. (auf einem Kantharos-Gefäß von Lozzo) gibt es keine Punktierung, was darauf schließen läßt, daß diese graphische Technik erst später entwickelt wurde. Die jüngsten venet. Inschriften stammen aus dem 1. Jh. v. Chr.

Lit.: Capuis 1993, Prosdocimi 1978a

W

Wolgabulgarisch (Volga Bulgarian, bulgare de la Volga). Das Wolgabulgar. gehört zum Kreis der ausgestorbenen Turksprachen Europas. Sprecher dieser Sprache lebten seit etwa 700 n. Chr. an der mittleren Wolga, wo sie ein Reich mit der Hauptstadt Bulgar gründeten. Die türk. Bulgaren (Proto-Bulgaren) hatten sich schon früher staatl. organisiert, und zwar im Gebiet des Azovschen Meeres. Dorthin hatte sich die hunn. Restbevölkerung im 5. Jh. zurückgezogen. Zusammen mit bulgar. Stammesverbänden schufen sie das erste bulgar. Reich, das unter Khan Kuvrat im 7. Jh. seine Blüte erlebte. 679 wurde es von den Chasaren zerstört, die ihren Machtbereich nördl. des Kaukasus erweiterten.

Ein Teil der Bulgaren migrierte nach Westen und gründete im Gebiet des heutigen Bulgarien einen neuen Staat. Andere bulgar. Stammesverbände zogen nach Norden und wurden am großen Wolgabogen seßhaft. Aber auch diese Wolgabulgaren konnten sich dem Einfluß der Chasaren nicht endgültig entziehen. Das Reich an der Wolga war jahrhundertelang den Machthabern des Südens tributpflichtig. Die Situation änderte sich erst, nachdem Svjatoslav von Kiev die Machtzentren des Chasarenkhanats (Sarkel im Jahre 965, Itil im Jahre 969) eroberte und damit dessen Macht brach.

Die ersten Nachrichten über die Wolgabulgaren finden sich in den Reiseberichten arab. Gesandter (Ibn-Foszlan) und in den Traktaten arab. Geographen (Mas'oudy) über Völker und Reiche im östl. Europa. Die frühesten Berichte stammen aus der ersten Hälfte des 10. Jh., als die wolgabulgar. Elite den Islam als Staatsreligion annahm. Ibn-Foszlan besuchte im Jahre 922 die Stadt Bulgar. Die Araber hielten die Wolgabulgaren für ein slaw. Volk. Diese Vorstellung war vielleicht beeinflußt durch die Entwicklung bei den Donaubulgaren, die sich damals schon überwiegend an das Slawentum assimiliert hatten. Ein Einfluß des Russ. im Gebiet der Wolgabulgaren ist für jene Periode allerdings auszuschließen.

Das Reich der Wolgabulgaren hatte eine multiethn. Bevölkerung. Bulgaren stellten die herrschende Elite, außerdem gab es hunn. Be-

völkerungsteile und auch Mordwinen (Vorfahren der heutigen Er-
za-Mordwinen), ein wolgafinn. Volk. Die Hauptsprache des Reiches
war das Wolgabulgar., das vorwiegend aus Grabinschriften des 13.
und 14. Jh. bekannt ist. Die Wolgabulgaren hatten im 10. Jh. mit dem
Islam noch ein anderes arab. Kulturgut übernommen: die arab.
Schrift. Von den Schriftzeugnissen, die zwischen dem 10. und
frühen 13. Jh. entstanden sind, ist jedoch nichts erhalten geblieben.
Die Stadt Bulgar wurde im Jahre 1236 von mongol. Truppen erobert
und zerstört. Noch etwa eineinhalb Jahrhunderte hatte das Bulga-
renreich als Vasall der Goldenen Horde Bestand, bevor es sich auflöste. Das inschriftl. Material in wolgabulgar. Sprache stammt aus jener Spätzeit.

Das Wolgabulgar. ist eine Sprache der mitteltürk. Sprachperiode,
wozu außerdem das → Kumanische und → Tschagataische gehören.
Dem Wolgabulgar. steht das Tschuwasch. verwandtschaftl. am nächsten. Sprecher dieser Sprache leben seit dem Mittelalter im Gebiet
des ehemaligen Reichs der Wolgabulgaren. Das tschuwasch. Volkstum
ist das Produkt einer ethnischen Fusion mit einer wolgabulgar. und
einer hunn. Determinante. Sprachlich gab das wolgabulgar. Element
den Ausschlag (vgl. wolgabulgar. *tochur* ‹neun› vs. tschuwasch. *tach-
char* ‹dass.› vs. gemeintürk. *toquz*; wolgabulgar. *hir* ‹Tochter› vs.
tschuwasch. *cher* ‹dass.› vs. gemeintürk. *qiz;* wolgabulgar. *jal* ‹Jahr›
vs. tschuwasch. *sul* ‹dass.› vs. gemeintürk. *yas*).

Das sprachl. Erbe des Wolgabulgar. hat sich nicht nur im Tschuwasch. erhalten, sondern auch in anderen Sprachen Osteuropas.
Wolgabulgar. Lehnwörter finden sich bereits in den Texten altruss.
Handschriften. Dies sind solche Ausdrücke, die bereits vor der Zeit
der Tatarenherrschaft ins Russ. übernommen wurden, z.B. russ.
ataman (altruss. *vataman*) ‹Kosakenältester›, *barin* (kontrahiert aus
bojarin, boljarin) ‹Herr›, altruss. *belčuk* ‹Armband›, altruss. *bylja*
(nur im Text des Igorliedes) ‹Vornehmster›, *kapišče* ‹heidnisches
Götterbild›, *san* ‹geistl. Würde›. Während diese Lehnwörter entweder nur auf das Altruss. oder den histor. Fachwortschatz beschränkt
sind, gibt es auch ganz geläufige Ausdrücke im Russ., die ebenfalls
aus dem Wolgabulgar. stammen, wie etwa russ. *kniga* ‹Buch› und
lošad' ‹Pferd›.

Auch in finn.-ugr. Sprachen der Wolgaregion haben sich wolgabulgar. Lehnwörter erhalten, etwa im Udmurt., einer der finn.-
perm. Sprachen. Die udmurt.-wolgabulgar. Sprachkontakte dauer-

ten vom 9. bis 11. Jh. an. In jener Zeit wurden rund 140 Wörter entlehnt, u. a. *kis'* ‹Weberkamm›, *sjas'ka* ‹Blume›, *burtčin* ‹Seide›, *kuno* ‹Gast›. Nach der Zerstörung des Reiches der Wolgabulgaren verlor deren Sprache an Prestige; eine andere Turksprache, das nah verwandte Tschuwasch., wirkte auf das Udmurt. ein.

Lit.: Benzing 1959, Haarmann 1976

Y

Yukatekisch → Maya-Sprachen

Z

Zapotekisch (Zapotec, zapotèque). Um 500 v. Chr. konsolidierten die Zapoteken im Tal von Oaxaca (südl. Mexiko) ein Reich, dessen Hauptstadt Monte Albán (5 km westl. von Oaxaca de Juárez) war. Bereits in der Anfangszeit (Periode Monte Albán I, 500–200 v. Chr.) wurden Monumentalbauten errichtet (inneres Gebäude des Komplexes der Danzantes ‹Tänzer›), wenig später wurde auch ein Zentralplatz angelegt, der von Pyramiden und Plattformen umgeben war. Während der Periode Monte Albán III (100–600 n. Chr.) nahm die zapotek. Kultur ihr klassisches Profil an. Ihre Blütezeit erlebte sie in der Periode zwischen 650 und 900 n. Chr. (Monte Albán IIIB). Um 900 eroberten die Mixteken, deren Kerngebiet im Westen von Oaxaca lag, Monte Albán und drängten die Zapoteken in Richtung Pazifikküste ab. Aus der Spätzeit stammen die Bauten der zweiten Hauptstadt der Zapoteken, Zaachila (15 km südöstl. von Oaxaca) und die des religiösen Zentrums von Mitla (40 km südöstl. von Oaxaca). Um 1500 verlieren sich die Spuren der zapotek. Reichsbildung.

Zu den ältesten architekton. Besonderheiten von Monte Albán gehören Steinplatten mit Flachrelieffiguren und beschriftete Steinstelen. Die Kenntnis der Schrift muß sehr früh von den Olmeken zu den Zapoteken gelangt sein. Kontakte zwischen beiden Völkern sind für die Zeit der zapotek. Staatsgründung durch die Existenz einer olmek. Handelsniederlassung in der Region von Oaxaca nachgewiesen. Die ältesten zapotek. Inschriften auf Steinstelen stammen aus der Periode Monte Albán I. Der Schriftgebrauch ist besonders rege während der zweiten Hälfte des 1. Jt. n. Chr. Die

Schreibtechnologie wurde von den Zapoteken an die Mixteken vermittelt, die ihrerseits die Schrifttradition der Azteken (klassisches → Nahuatl) beeinflußten.

Das Zapotek. selbst ist nicht untergegangen, wohl aber seine präkolumb. Schriftkultur. Von den heutzutage insgesamt 54 Varianten des Zapotek. ist das Zapotek. von Pochutla mit 0,1 Mio. Sprechern die zahlenmäßig stärkste Sprachgemeinschaft. Das Zapotek. von Zimatlán wird dagegen nur noch von 400 Menschen gesprochen. Die Varianten des Zapotek. sind ein Sprachzweig der Otomangue-Sprachfamilie.

Lit.: Marcus 1983, Solís Olguín/Carmona Macías 1991

Zimbrisch, Kimbrisch (Cimbrian, cimbrien). Das ursprüngl. Siedlungsgebiet der Zimbern (german. *Himbroz*), die in röm. Quellen *Cimbri*, in griech. Quellen *Kimbroi* genannt werden, lag im Nordwesten der dän. Insel Jylland (dt. Jütland), wo der Name der Region Himmerland noch an sie erinnert. Von dort aus zogen die Zimbern zusammen mit den Teutonen (Teutones) nach Süden, fielen 113 v. Chr. in die röm. Alpenprovinz Noricum ein und schlugen dort ein röm. Heer. Im Jahre 110 v. Chr. forderten sie Siedlungsraum für sich in Norditalien. Der Senat in Rom verweigerte jedoch die Zuwanderung. Daraufhin wandten sich die Zimbern nach Westen und zogen nach Gallien, wo sie 109 v. Chr. ein anderes röm. Heer bei Arausio (Orange) besiegten.

Im Jahre 105 v. Chr. überquerten die Zimbern die Pyrenäen und suchten nach neuen Wohngebieten in Nordostspanien. Von dort wurden sie aber von den Keltiberern verdrängt. Erneut zogen sie in den Alpenraum und drangen in die Po-Ebene vor. Im Jahre 101 v. Chr. wurden sie von einem röm. Heer bei Vercellae besiegt. In Begleitung der zimbr. Truppen war auch der gesamte Troß, d. h. Frauen und Kinder, von denen der größte Teil getötet wurde. Nach der Schlacht bei Vercellae gab es kein Volk der Zimbern mehr – dies ist der erste, histor. bezeugte Fall von Genozid in der röm. Geschichte.

Die moderne Forschung geht wie die ältere davon aus, daß Zimbern und Teutonen zwei german. Völker waren, deren Sprachen wohl zur westgerman. Untergruppe gehörten. Durch welche Merkmale sie sich unterschieden, ist nicht bekannt. Vielleicht handelte es sich um Dialekte derselben Sprache. Das Zimbr. wurde nicht geschrieben und ist ledigl. aus spärl. Namenmaterial bekannt, das in zeitgenöss. röm. Quellen überliefert ist.

Der Name «Zimbrisch» wurde auch auf eine Gruppe süddeutscher Dialekte übertragen, die in den italien. Alpen, in einigen Dörfern der Provinzen Trento und Veneto, verbreitet waren. Von diesen Sprachinseln haben sich nur die im Dorf Luserna (ca. 500 Sprecher) und in Giazza (ca. 230 Sprecher) bis heute erhalten. Früher glaubte man, daß die Sprecher des Zimbr. in den Alpen Nachkommen der antiken Zimbern wären. Tatsächlich migrierten aber die modernen «Zimbern» im 12. Jh. aus Bayern in die Südalpen.

Lit.: Melin 1960, Price 1998: 88

Bibliographie

Abondolo, D. (Hg.) (1998). The Uralic languages. London/New York

Adams, D.Q./Mallory, J.P. (1997a). Anatolian languages, in: Mallory/Adams 1997: 12–17

– (1997b). Tocharian languages, in: Mallory/Adams 1997: 590–594

Adelaar, W.F.H. (1992). Quechuan languages, in: Bright 1992/3: 303–310

Aistleitner, J. (1964). Die mythologischen und kultischen Texte aus Ras Schamra-Ugarit. Budapest

Ajchenval'd, A.J./Militarev, A.J. (1991). Livijsko-guančskie jazyki, in: Solncev 1991: 148–267

– (1998). Guančskie jazyki, in: Jarceva 1998: 122–123

Almagro-Gorbea, M. (1991). I Celti della peninsola iberica, in: Moscati et al. 1991: 389–405

Alvar, J./Blázquez, J.M. (Hg.) (1993). Los enigmas de Tarteso, Madrid.

Álvarez Delgado, J. (1964). Inscripciones líbicas de Canarias: Ensayo de interpretación líbica. La Laguna

Amadasi Guzzo, M.G. (1967). Le iscrizioni fenicie e puniche delle colonie in occidente. Rom

Andrews, J.R. (1975). Introduction to Classical Nahuatl. Austin/London

Archi, A. (1986). The archives of Ebla, in: Veenhof 1986: 72–86

Asher, R.E./Simpson, J.M.Y. (Hg.) (1994). The encyclopedia of language and linguistics, 10 Bde. Oxford/New York/Seoul/Tokyo

Bailey, H.W. (1979). Dictionary of Khotan Saka. Cambridge

Ball, M.J. (Hg.) (1993). The Celtic languages. London

Barker, G./Rasmussen, T. (1998). The Etruscans. Oxford/Malden, Massachusetts

Barnes, M.P. (1996). The origin, development and decline of Orkney and Shetland Norn, in: Nielsen/Schøsler 1996: 169–199

– (1998). Old Norse, in: Price 1998: 332–335

Barta, G. et al. (1994). History of Transylvania. Budapest

Bartoli, M.G. (1906). Das Dalmatische, 2 Bde. Wien

Bauer, H./Leander, P. (1922). Historische Grammatik der hebräischen Sprache des Alten Testaments. Halle (Nachdruck: Hildesheim 1965)

Beck, H. (Hg.) (1989). Germanische Rest- und Trümmersprachen. Berlin/New York

Beekes, R.S.P. (1995). Comparative Indo-European linguistics: An introduction. Amsterdam/Philadelphia

Benke, N./Meissel, F.-S./Luggauer, K. (1997). Juristenlatein. Wien

Benson, E.P./Fuente, B. de la (Hg.) (1996). Olmec art of ancient Mexico. Washington/New York

Benzing, J. (1959). Das Hunnische, Donaubolgarische und Wolgabolgarische (Sprachreste), in: Deny et al. 1959: 685–695

Bergsträsser, G. (1918–29). Hebräische Grammatik, 2 Bde. Leipzig (Nachdruck: Hildesheim 1962)

– (1928). Einführung in die semitischen Sprachen, München (Neudruck: Darmstadt 1963)

Berjonneau, G./Deletaille, E./Sonnery, J.-L. (Hg.) (1985). Praecolumbische Kunst – Mexiko, Guatemala, Honduras. Herrsching am Ammersee

Berschin, H./Lühr, R. (1995). Germanisch und Romanisch, in: Zeitschrift für romanische Philologie 111, 9–19.

Beyer, K. (1986). The Aramaic language: Its distribution and subdivisions. Göttingen

Blümel, W. et al. (Hg.) (1998). Colloquium Caricum. Akten der Internationalen Tagung über die karisch-griechische Bilingue von Kaunos (31. 10. – 1. 11. 1997 in Feusisberg bei Zürich) (= Kadmos 37). Berlin/New York

Boano, A.G. (1997). «Ligures» e «Liguria»: considerazioni onomastiche, in: Intemelion 3, 5–26

Boardman, J. et al. (Hg.) (1982). The Cambridge ancient history, Bd. 3. Cambridge

Boeschoten, H./Vandamme, M. (1998). Chaghatay, in: Johanson/Csató 1998: 166–178

Bogoljubov, M.N. (1966). Jagnobskij jazyk, in: Vinogradov 1966: 342–361

Bóna, I. (1994). The Huns (376/424–455), in: Barta et al. 1994: 77–79

Bonfante, G. und L. (1983). The Etruscan language. An introduction. Oxford

Bonfante, L. (Hg.) (1986). Etruscan life and afterlife. A handbook of Etruscan studies. Detroit

Boyce, M. (1977). A word-list of Manichaean Middle Persian and Parthian. Leiden

– (1984). Textual sources for the study of Zoroastrianism. Manchester

Breton, J.-F. (1998). L'Arabie heureuse au temps de la reine de Saba (VIIIe – Ier siècles avant J.-C.). Paris

Bright, W. (Hg.) (1992). International encyclopedia of linguistics, 4 Bde. New York/Oxford

Brixhe, C./Lejeune, M. (1985). Corpus des inscriptions paléo-phrygiennes, 2 Bde. Paris

Broderick, G. (1984–86). A handbook of late spoken Manx, 3 Bde. Tübingen

Brug, J.F. (1985). A literary and archaeological study of the Philistines. Oxford

Brunner, H. (1967). Abriß der mittelägyptischen Grammatik. Graz (2. Aufl.)

Brunner, H./Flessel, K./Hiller, F. (Hg.) (1990–93). Lexikon Alte Kulturen, 3 Bde. Mannheim/Wien/Zürich

Buccellati, G. (1992). Akkadian, in: Bright 1992/1: 39–42

Buck, C.D. (1928). A grammar of Oscan and Umbrian. Boston (2. Aufl.)

Burillo, F. et al. (Hg.) (1988). Celtíberos. Zaragoza

Calvo Pérez, J. (1998). Ollantay. Análisis crítico, reconstrucción y traducción. Cuzco

Campanile, E. (Hg.) (1981). Nuovi materiali per la ricerca indoeuropeistica. Pisa

Campbell, L./Mithun, M. (Hg.) (1979). The languages of native America: Historical and comparative assessment. Austin

Campbell. R.J. (1985). A morphological dictionary of Classical Nahuatl. Madison

Capuis, L. (1993). I veneti. Società e cultura di un popolo dell'Italia preromana. Mailand

Caquot, A. et al. (1974–89). Textes ougaritiques, vol. 1: Mythes et légendes; vol. 2: Textes religieux, rituels, correspondance. Paris

Cardona, G. (1988). Panini: His work and its traditions, Bd. 1. Delhi

Cardós de Méndez, A. (1991). Das Mayagebiet: Land der Künstler und Astronomen, in: Jaguarmensch und Adlerkrieger 1991: 217–229

Carruba, O. (1970). Das Palaische. Texte, Grammatik, Lexikon. Wiesbaden

Caso, A. (1977–79). Reyes y reinos de la Mixteca, 2 Bde. Mexiko

Chazanov, A.M. (1975). Social'naja istorija skifov. Moskau

Chejne, A.G. (1999). Historia de España musulmana. Madrid (4. Aufl.)

Clendinnen, I. (1991). Aztecs – An interpretation. Cambridge, Mass./New York

Coe, M.D. (1992). Breaking the Maya code. London

Coe, S.D./Coe, M.D. (1996). The true history of chocolate. London

Coleman, R.G.G. (1990). Latin and the Italic languages, in: Comrie 1990: 170–192

Comrie, B. (Hg.) (1990). The major languages of western Europe. London

Comrie, B./Corbett, G.G. (Hg.) (1993). The Slavonic languages. London/New York

Cooper, J.S. (1973). Sumerian and Akkadian in Sumer and Akkad, in: Orientalia Nova Series 42, 239–246

Corriente, F. (1999). Diccionario de arabismos y voces afines en iberorromance. Madrid

Coulson, M. (1992). Sanskrit: An introduction to the classical language. London (2. Aufl.)

Crawford, B.E. (Hg.) (1995). Scandinavian settlement in Northern Britain. London/New York

Cremona, J. (1998). Lingua Franca, in: Price 1998: 302–304

Cristofani, M. (Hg.) (1985). Dizionario della civiltà etrusca. Florenz

Crossland, R.A. (1982). The language of the Macedonians, in: Boardman et al. 1982: 843–847

Crown, A.D. (Hg.) (1989). The Samaritans. Tübingen

Crystal, D. (1997). English as a global language. Cambridge/New York

– (2000). Language death. Cambridge/New York

Csúcs, S. (1998). Udmurt, in: Abondolo 1998: 276–304

Cunha, C./Cintra, L.F.L. (1984). Nova gramática do português contemporáneo. Lissabon/Rio de Janeiro

Cunliffe, B. (1997). The ancient Celts. Oxford/New York

Daim, F. (1992). Awarenforschungen 1, in: Studien zur Archäologie der Awaren 4, 309–496

Daniels, P.T./Bright, W. (Hg.) (1996). The world's writing systems. New York/Oxford

Davary, G.D. (1982). Baktrisch. Ein Wörterbuch auf Grund der Inschriften, Handschriften, Münzen und Siegelsteine. Heidelberg

Davies, N. (1996). Europe – A history. Oxford/New York

Deny, J. et al. (Hg.) (1959). Philologiae Turcicae Fundamenta. Wiesbaden

Derbyshire, D.C. (1992). Arawakan languages, in: Bright 1992/1: 102–108

Der Neue Pauly. Enzyklopädie der Antike (Hrsg. von H. Cancik und H. Schneider). Stuttgart 1996 ff.

Deshpande, M.M. (1992). Sanskrit, in: Bright 1992/3: 366–372

Detschew, D. (1976). Die thrakischen Sprachreste. Wien (2. Aufl.)

Diakonoff, I.M. (1971). Hurrisch und Urartäisch. München

Diakonoff, I.M./Starostin, S.A. (1986). Hurro-Urartian as an eastern Caucasian language. München

Díaz-Andreu, M./Keay, S. (Hg.) (1997). The archaeology of Iberia. The dynamics of change. London/New York

Dihle, A. (1994). A history of Greek literature from Homer to the Hellenistic period. London/New York

Dillmann, A. (1899). Grammatik der äthiopischen Sprache. Leipzig (2. Aufl.; Nachdruck: Graz 1959)

Dixon, R.M.W./Ramson, W.S./Thomas, M. (1990). Australian Aboriginal words in English. Their origin and meaning. Oxford

Dooley, R.A. (1992). Guaranian languages, in: Bright 1992/2: 94–96

Doria, M. (1989). Dalmatico, in: Holtus et al. 1989: 522–536

Dorian, N.C. (1981). Language death: The life cycle of a Scottish Gaelic dialect. Philadelphia

Drews, R. (1993). Myths of Midas and the Phrygian migration from Europe, in: Klio 75, 9–26

Duhoux, Y. (1977). Le disque de Phaestos. Archéologie, épigraphie. Edition critique, index. Louvain

Duridanov, I. (1999). Thrakisch, Dakisch, Illyrisch, in: Hinrichs 1999: 733–759

Eckmann, J. (1966). Chagatay manual. Bloomington, Indiana

Edel, E. (1955–64). Altägyptische Grammatik, 2 Bde. Rom

Eggebrecht, A. (Hg.) (1986). Glanz und Untergang des alten Mexiko, 2 Bde. Mainz

Elizarenkova, T.Y./Toporov, V.N. (1976). The Pali language. Moskau

Emmerick, R.E. (1968). Saka grammatical studies. London

– (1979). A guide to the literature of Khotan. Tokyo

Englund, R.K. (1996). The Proto-Elamite script, in: Daniels/Bright 1996: 160–164

Erdal, M. (1998). Old Turkic, in: Johanson/Csató 1998: 138–157

Eska, J.F./Evans, D.E. (1993). Continental Celtic, in: Ball 1993: 26–63

Eska, J.F. et al. (Hg.) (1995). Hispano-Gallo-Brittonica. Cardiff

Faarlund, J.T. (1994). Old and Middle Scandinavian, in: König/Auwera 1994: 38–71

Facchetti, G.M. (2000). L'enigma svelato della lingua etrusca. Rom

Flannery, K.V./Marcus, J. (Hg.) (1983). The cloud people: Divergent evolution of the Zapotec and Mixtec civilizations. New York

Fodor, I./Hagège, C. (Hg.) (1989). Language reform/La réforme des langues/Sprachreform, Bd. IV. Hamburg

Forsyth, K. (1998). Pictish, in: Price 1998: 357–358

Frédéric, L. (1987). Dictionnaire de la civilisation indienne. Paris

Friedrich, J. (1960). Hethitisches Elementarbuch, Bd. 1: Kurzgefaßte Grammatik. Heidelberg (2. Aufl.)

Fronzaroli, P. (1995). La lingua e la cultura letteraria di Ebla nel periodo protosiriano, in: Matthiae et al. 1995: 156–163

Gabain, A. v. (1974). Alttürkische Grammatik. Wiesbaden (3. Aufl.)

Galand, L. (1979). Langue et littérature berbères: Vingt-cinq ans d'études. Paris

Galmés de Fuentes, Á. (1983). Dialectología mozárabe. Madrid

Garbini, G. (1997). I Filistei. Gli antagonisti di Israele. Mailand

Garibay Kintana, M.A. (1970). La literatura de los aztecas. Mexiko (2. Aufl.)

Geiger, W. (1916). Pali: Literatur und Sprache. Straßburg

George, K.J. (1989). The reforms of Cornish – Revival of a Celtic language, in: Fodor/Hagège 1989/IV: 355–376

Georgiev, V.I. (1983). Thrakisch und Dakisch, in: Temporini/Haase 1983: 1148–1194

Gershevitch, I. (1954). A grammar of Manichean Sogdian. Oxford

Ghilain, A. (1939). Essai sur la langue parthe. Louvain (Nachdruck 1966)

Giannotta, M.E. et al. (Hg.) (1994). La decifrazione del Cario. Atti del 1. Simposio Internazionale (Roma, 3–4 maggio 1993). Rom

Gignoux, P. (1972). Glossaire des inscriptions pehlevies et parthes. London

Gilliot, C. (1997). La reine de Saba', légende ou réalité?, in: Yémen 1997: 64–66

Gindin, L.A. (1981). Drevnejšaja onomastika vostočnych Balkan (Frakokhetto-luvijskie i frako-maloazijskie izoglossy). Sofia

– (Hg.) (1987). Antičnaja balkanistika. Moskau

Glare, P.G.W. (Hg.) (1982). Oxford Latin dictionary. Oxford

Glazyrina, G. (2000). The Russian North in the Middle Ages: Some historical facts and their reflection in Old Norse written sources, in: Sigurdsson/Skaptason 2000: 517–529

Godart, L./Olivier, J.-P. (1976–85). Recueil des inscriptions en linéaire A, 5 Bde. Paris

Gragg, G. (1992). Hurrian and Urartian, in: Bright 1992/2: 188–190

Grassi, M.T. (1991). I Celti in Italia. Mailand

Graulich, M. (1985). Zentralmexiko: Präklassik, Zapoteken, Teotihuacan, Tolteken, Mixteken, Azteken, in: Berjonneau et al. 1985: 81–140

Green, M./Nissen, H.J. (1987). Zeichenliste der archaischen Texte aus Uruk. Berlin

Greenberg, J.H. (1971). Nilo-Saharan and Meroitic, in: Sebeok 1971: 421–442

Grinstead, E. (1972). Analysis of the Tangut script. Lund

Gusmani, R. (1964). Lydisches Wörterbuch (mit grammatischer Skizze und In-schriftensammlung). Heidelberg (Ergänzungsband 1986)

– (1986). Zur Lesung der lydischen Inschrift aus Pergamon, in: Kadmos 25, 155–161

Gyárfás, I. (1870–85). A jász-kunok története, 4 Bde. Budapest

Haarmann, H. (Hg.) (1976). Die Erforschung arabischer Quellen zur mittelalter-lichen Geschichte der Slaven und Volgabulgaren. Hamburg

Haarmann, H. (1979). Der lateinische Einfluß in den Interferenzzonen am Rande der Romania. Hamburg

– (1992). Universalgeschichte der Schrift. Frankfurt/New York (2. Aufl.)

– (1995). Early civilization and literacy in Europe. Berlin/New York

– (1997a). Writing technology in the ancient Mediterranean and the Cyprian connection, in: Mediterranean Language Review 9, 43–73

– (1997b). Zeichenkonzeptionen im keltischen Altertum, in: Posner et al. 1997: 763–802

- (1998a). Religion und Autorität. Der Weg des Gottes ohne Konkurrenz. Hildesheim
- (1998b). Basque ethnogenesis, acculturation, and the role of language contacts, in: Fontes lingvae vasconvm. Stvdia et docvmenta 30, 25–42
- (1999). Der Einfluß des Lateinischen in Südosteuropa, in: Hinrichs 1999: 545–584
- (2001a). Die Kleinsprachen der Welt – Existenzbedrohung und Überlebenschancen. Eine umfassende Dokumentation. Frankfurt/Berlin/Bern
- (2001b). Kleines Lexikon der Sprachen – Von Albanisch bis Zulu. München
- (2002). On the formative process of Old World civilizations, in: European Journal for Semiotic Studies (im Druck)

Haile, G. (1996). Ethiopic writing, in: Daniels/Bright 1996: 569–576

Hajdú, P./Domokos, P. (1987). Die uralischen Sprachen und Literaturen. Hamburg

Hannig, R. (1995). Großes Handwörterbuch Ägyptisch-Deutsch (2800–950 v. Chr.). Mainz

Harmatta, J. (1970). Studies in the history and language of the Sarmatians. Szeged

Harrison, R.J. (1988). Spain at the dawn of history. Iberians, Phoenicians and Greeks. London

Haugen, E. (1976). The Scandinavian languages. An introduction to their history. London

Hauschild, R. (1964). Die indogermanischen Völker und Sprachen Kleinasiens. Berlin

Hawkins, J.D./Easton, D.F. (1996). A hieroglyphic seal from Troia, in: Studia Troica 6, 111–118

Heine, B./Schadeberg, T.C./Wolff, E. (Hg.) (1981). Die Sprachen Afrikas. Hamburg

Helck, W./Otto, E./Westendorf, W. (Hg.) (1975 ff.). Lexikon der Ägyptologie. Wiesbaden

Hetzron, R. (1972). Ethiopian Semitic: Studies in classification. Manchester

Hiersche, R. (1970). Grundzüge der griechischen Sprachgeschichte bis zur klassischen Zeit. Wiesbaden

Hill, J.H./Hill, K.C. (1986). Speaking mexicano – Dynamics of syncretic language in Central Mexico. Tucson

Hinrichs, U. (Hg.) (1999). Handbuch der Südosteuropa-Linguistik. Wiesbaden

Hintze, F. (1962). Die Inschriften des Löwentempels. Berlin
- (1979). Beiträge zur meroitischen Grammatik. Berlin

Hinüber, O. v. (1986). Das ältere Mittelindisch im Überblick. Wien

Hinz, W. (1962). Zur Entzifferung der elamischen Strichschrift, in: Iranica Antiqua 2, 1–21

Hinz, W./Koch, H. (1987). Elamisches Wörterbuch, 2 Bde. Berlin

Hock, W. (1998). Das Altkirchenslavische, in: Rehder 1998: 35–48

Hoffmann, A./Debrunner, A. (1969). Geschichte der griechischen Sprache, 2 Bde (bearbeitet von A. Scherer). Berlin

Holtus, G./Metzeltin, M./Schmitt, C. (Hg.) (1989). Lexikon der Romanistischen Linguistik, Bd. 3. Tübingen

Horn, H.G./Rüger, C.B. (Hg.) (1979). Die Numider. Reiter und Könige nördlich der Sahara. Köln/Bonn

Horton, D. (Hg.) (1994). The encyclopaedia of Aboriginal Australia, vol. 2. Canberra

Hoyland, R. G. (2001). Arabia and the Arabs from the Bronze Age to the coming of Islam. London/New York

Hoz, J. de (1988). La lengua y la escritura de los celtíberos, in: Burillo et al. 1988: 145–153

Humbach, H. (1966–67). Baktrische Sprachdenkmäler, 2 Bde. Wiesbaden

Huntley, D. (1993). Old Church Slavonic, in: Comrie/Corbett 1993: 125–187

Jackson, K. (1955). The Britons in Southern Scotland, in: Antiquity 29, 77–88

– (1963). Angles and Britons. Cardiff

Jagić, V. (1913). Entstehungsgeschichte der kirchenslavischen Sprache. Berlin

Jaguarmensch und Adlerkrieger. Meisterwerke altmexikanischer Kunst. Berlin 1991

James, E. (1988). The Franks. New York

Jarceva, V.N. (Hg.) (1998). Jazykoznanie. Bol'šoj enciklopedičeskij slovar'. Moskau

Johanson, L./Csató, E.A. (Hg.) (1998). The Turkic languages. London/New York

Joshi, J.P./Parpola, A. (Hg.) (1987). Corpus of Indus seals and inscriptions, vol. 1: Collections in India. Helsinki

Justeson, J.S./Kaufman, T. (1993). A decipherment of epi-Olmec hieroglyphic writing, in: Science 259 (März 1993), 1703–1711

Justeson, J./Norman, W./Campbell, L./Kaufman, T. (1985). The foreign impact on lowland Mayan language and script. New Orleans

Kalinke, M.E./Mitchell, P.M. (1985). Bibliography of Old Norse-Icelandic romances. Ithaca/London

Katičić, R. (1976). Ancient languages of the Balkans, 2 Bde. The Hague

Kerr, J. (1997). The art of the Mayan scribe. London

Kilian, L. (1980). Zu Herkunft und Sprache der Prussen. Bonn

King, C. (1987). The veracity of Ammianus Marcellinus' description of the Huns, in: American Journal of Ancient History 12 [1995], 77–95

Kitson, P.R. (1996). British and European river-names, in: Transactions of the Philological Society 94, 73–118

König, E./Auwera, J. van der (Hg.) (1994). The Germanic languages. London/New York

König, F.W. (1965). Die elamischen Königsinschriften. Graz

Krahe, H. (1963). Die Struktur der alteuropäischen Hydronomie. Wiesbaden

– (Hg.) (1964). Die Sprache der Illyrier. Wiesbaden

Krause, W. (1953). Handbuch des Gotischen. München

Krause, W./Thomas, W. (1960–64). Tocharisches Elementarbuch, 2 Bde. Heidelberg

Kristensen, A.K.G. (1988). Who were the Cimmerians, and where did they come from? Kopenhagen

Kruta, V. (2000). Les Celtes. Histoire et dictionnaire (Des origines à la romanisation et au christianisme). Paris

Kutscher, E.Y. (1971). Aramaic, in: Encyclopaedia Judaica 3, 259–287

– (1982). A history of the Hebrew language. Jerusalem/Leiden

Kuun, G. (Hg.) (1880). Codex Cumanicus bibliothecae ad templum divi Marci Venetiarum. Budapest (Nachdruck, hrsg. von L. Ligeti: Budapest 1981)

Kychanov, E.I. (1996). Tangut, in: Daniels/Bright 1996: 228–230

Laing, Ll./Laing, J. (1993). The Picts and the Scots. Phoenix Mill/Stroud

Lambert, P.-Y. (1994). La langue gauloise. Paris

Laroche, E. (1980). Glossaire de la langue hourrite. Paris

– (1959). Dictionnaire de la langue louvite. Paris

Lehmann, W.P. (1986). A Gothic etymological dictionary. Leiden

Lejeune, M. (1970). Les inscriptions de Gordion et l'alphabet phrygien, in: Kadmos 9, 51–74

– (1971). Lepontica (in französischer Sprache). Paris

Les Ibères (Ausstellungskatalog). Barcelona 1997

Leumann, M./Hoffmann, J.B./Szantyr, A. (1963–72). Lateinische Grammatik, 2 Bde. München

Löfstedt, B. (1961). Studien über die Sprache der langobardischen Gesetze. Uppsala

Loprieno, A. (1995). Ancient Egyptian. A linguistic introduction. Cambridge/New York

Lorrio, A.J. (1997). Los celtíberos. Alicante

Lurquin, G. (1998). Elsevier's dictionary of Greek and Latin word constituents. Greek and Latin affixes, words and roots used in English, French, German, Dutch, Italian and Spanish. Amsterdam/Lausanne/New York

MacAulay, D. (Hg.) (1992). The Celtic languages. Cambridge

Maier, B. (2000). Die Kelten. Ihre Geschichte von den Anfängen bis zur Gegenwart. München

Maisels, C.K. (1999). Early civilizations of the Old World. The formative histories of Egypt, the Levant, Mesopotamia, India and China. London/New York

Mallory, J.P. (1997). Phrygian language, in: Mallory/Adams 1997: 418–420

Mallory, J.P./Adams, D.Q. (Hg.) (1997). Encyclopedia of Indo-European culture. London/Chicago

Maluquer de Motes, J. (1970). Tartessos. Barcelona

Mancini, A. (1981). Le iscrizioni della Valcamonica. Urbino

Marcus, J. (1983). The first appearance of Zapotec writing and calendrics, in: Flannery/Marcus 1983: 91–96

– (1992). Mesoamerican writing systems. Propaganda, myth, and history in four ancient civilizations. Princeton, New Jersey

Masson, O. (1961). Les inscriptions chypriotes syllabiques. Paris

Mastrelli Anzilotti, G. (1991). Toponimi di origine longobarda nel Trentino-Alto Adige, in: Menis 1991: 227–267

Matthiae, P./Pinnock, F./Scandone Matthiae, G. (Hg.) (1995). Ebla. Alle origini della civiltà urbana. Mailand

McQuown, N.A. (1967a). Classical Yucatec (Maya), in: McQuown 1967b: 201–248

– (Hg.) (1967b). Handbook of Middle American Indians, vol. 5: Linguistics. Austin

Meid, W. (1992). Gaulish inscriptions. Budapest

Meiser, G. (1986). Lautgeschichte der umbrischen Sprache. Innsbruck

Melchert, H.C. (1994). Anatolian historical phonology. Amsterdam

Melin, B. (1960). Die Heimat der Kimbern. Uppsala

Menges, K.H. (1995). The Turkic languages and peoples: An introduction to Turkic studies. Wiesbaden (2. Aufl.)

Menis, G.C. (Hg.) (1991). Italia longobarda. Venedig

Michalowski, P. (1992). Sumerian, in: Bright 1992/4: 94–97

Michelena, L. (1954). De onomástica aquitana, in: Pirineos 10, 409–458

Minervini, L. (1996). La lingua franca mediterranea, in: Medioevo Romanzo 20, 231–301

Mócsy, A./Vékony, G. (1994). The Dacian kingdom, in: Barta et al. 1994: 17–28

Mora, C. (1991). Sull'origine della scrittura geroglifica anatolica, in: Kadmos 30, 1–28

Mørkholm, O./Neumann, G. (1978). Die lykischen Münzlegenden. Göttingen

Morris, C. (1985). Viking Orkney: A survey, in: Renfrew 1985: 210–242

Moscati, S. (Hg.) (1988). I Fenici. Mailand

Moscati, S. et al. (Hg.) (1991). I Celti. Mailand

Muljačić, Ž. (2000). Das Dalmatische. Studien zu einer untergegangenen Sprache. Köln

Munske, H.H./Kirkness, A. (Hg.) (1996). Eurolatein. Das griechische und lateinische Erbe in den europäischen Sprachen. Tübingen

Murtonen, A. (1989–90). Hebrew in its West Semitic setting, 2 Bde. Leiden/New York

Nadeljaer, V.M./Nasilov, D.J./Teniševs, E.R./Ščerbak, A.M. (Hg.) (1969). Drevnetjurkskij slovar'. Leningrad

Neumann, G. (1978). Die sidetische Schrift, in: Annali della Scuola Normale Superiore di Pisa, ser. 3, vol. 8, 869–886

– (1979). Neufunde lykischer Inschriften seit 1901. Wien

– (1992). System und Ausbau der hethitischen Hieroglyphenschrift, in: Nachrichten der Akademie der Wissenschaften in Göttingen. I. Philologisch-historische Klasse 4, 25–48

– (2001). Der große Nachbar in Anatolien – die Hethiter, in: Troia 2001: 46–50

Neumann, G./Untermann, J. (Hg.) (1980). Die Sprachen im römischen Reich der Kaiserzeit. Köln/Bonn

Newman, S. (1967). Classical Nahuatl, in: McQuown 1967b: 179–200

Nielsen, H.F./Schøsler, L. (Hg.) (1996). The origins and development of emigrant languages. Odense

Nishida, T. (1989). Seika moji no hanashi. Tokyo

Nitti-Dolci, L. (1938). Les grammairiens prakrits. Paris

Noreen, A. (1923). Altisländische und altnorwegische Grammatik. Halle

Norman, K.R. (1983). Pali literature. Wiesbaden

Obel'čenko, O.V. (1992). Kul'tura antičnogo Sogda. Moskau

O'Connor, M. (1996). The Berber scripts, in: Daniels/Bright 1996: 112–119

Ohlmarks, Å. (1993). FornNordiskt lexikon. Stockholm (2. Aufl.)

Olesch, R. (Hg.) (1983–87). Thesaurus linguae Dravaenopolabicae, Bd. I-IV. Köln

Orioles, V. (1981). Il messapico, in: Campanile 1981: 139–160

Otkupščikov, J.V. (1973). Balkano-maloazijskie toponimičeskie izoglossy, in: Balkanskoe Jazykoznanie, Moskau, 5–29

Pallottino, M. (1984). Etruscologia. Mailand (7. Aufl.)

Palmer, L.R. (1986). Die griechische Sprache. Innsbruck

Pálóczi-Horváth, A. (1989). Pechenegs, Cumans, Iasians. Steppe peoples in medieval Hungary. Budapest

Parpola, A. (1994). Deciphering the Indus script. Cambridge

Pärssinen, M. (1992). Tawantinsuyu. The Inca state and its political organization. Helsinki

Payton, P. (1998). Cornish, in: Price 1998: 99–103

– (Hg.) (1993). Cornwall since the war: The contemporary history of a European region. Redruth

Payton, P./Deacon, B. (1993). The ideology of language revival, in: Payton 1993: 271–290

Petri, F. (1977). Die fränkische Landnahme und die Entstehung der germanisch-romanischen Sprachgrenze in der interdisziplinären Diskussion. Darmstadt

Pfiffig, A.J. (1989). Einführung in die Etruskologie. Probleme, Methoden, Ergebnisse. Darmstadt (3. Aufl.)

Phythian-Adams, C. (1996). Land of the Cumbrians. A study in British provincial origins, AD 400 – 1120. Aldershot

Picchio, R. (1980). Church Slavonic, in: Schenker/Stankiewicz 1980: 1–33

Pičikjan, I.R. (1991). Kul'tura Baktrii. Achemenidskij i ellinističeskij periody. Moskau

Pinault, G.-J. (1989). Introduction au tokharien, in: LALIES 7, 3–224

Pischel, R. (1900). Grammatik der Prakrit-Sprachen. Straßburg (Neudruck Hildesheim 1973)

Pittau, M. (1995). Origine e parentela dei sardi e degli etruschi. Saggio storico-linguistico. Sassari

Pogrebova, M.N./Raevskij, D.S. (1992). Rannie skify i drevnij vostok. K istorii stanovlenija skifskoj kul'tury. Moskau

Pohl, W. (1988). Die Awaren. Ein Steppenvolk in Mitteleuropa 567 – 822 n. Chr. München

Polanski, K. (1993). Polabian, in: Comrie/Corbett 1993: 795–824

Polanski, K./Sehnert, J.A. (1967). Polabian-English dictionary. Den Haag/Paris

Popol Vuh. Das Buch des Rates. Mythos und Geschichte der Maya (aus dem Quiché übertragen und erläutert von Wolfgang Cordan). Köln 1987 (5. Aufl.)

Posner, R./Robering, K./Sebeok, T.A. (Hg.) (1997). Semiotik – Ein Handbuch zu den zeichentheoretischen Grundlagen von Natur und Kultur. Semiotics – A handbook on the sign-theoretic foundations of nature and culture. Berlin/New York

Price, G. (Hg.) (1998). Encyclopedia of the languages of Europe. Oxford/Malden, Massachusetts

Priese, K.-H. (1997). L'écriture et la langue méroïtiques, in: Soudan – Royaumes sur le Nil 1997: 253–264

Prosdocimi, A.L. (1978a). Il veneto, in: Prosdocimi 1978b: 257–380

– (Hg.) (1978b). Popoli e civiltà dell'Italia antica, Bd. 4: Lingue e dialetti. Rom

Puhvel, J. (1984–90). Hittite etymological dictionary, 3 Bde. Berlin/New York

Raevskij, D.S. (1985). Model' mira skifskoj kul'tury. Moskau

Ranke-Graves, R. v./Patai, R. (1986). Hebräische Mythologie. Über die Schöpfungsgeschichte und andere Mythen aus dem Alten Testament. Reinbek bei Hamburg

Rásonyi, L. (1967). Les anthroponymes comans de Hongrie, in: Acta Orientalia Hungarica 20, 135–149

Reeder, E.D. (Hg.) (1999). Scythian gold. Treasures from ancient Ukraine. New York

Rehder, P. (Hg.) (1998). Einführung in die slavischen Sprachen. Darmstadt (3. Aufl.)

Reichenkron, G. (1966). Das Dakische (rekonstruiert aus dem Rumänischen). Heidelberg

Reiner, E. (1966). A linguistic analysis of Akkadian. The Hague

– (1969). The Elamite language, in: Spuler 1969: 54–118

Renfrew, C. (Hg.) (1985). The prehistory of Orkney. Edinburgh

Rix, H. (1976). Historische Grammatik des Griechischen. Laut- und Formenlehre. Darmstadt

Rjabinin, E.A. (1997). Finno-ugorskie plemena v sostave drevnej Rusi. St. Petersburg

Robin, C.J. (1997a). Une civilisation de l'écriture, in: Yémen 1997: 79–88

– (1997b). Fondation d'un empire. La domination sabéenne sur les premiers royaumes, in: Yémen 1997: 88–94

Róna-Tas, A. (1998). Turkic writing systems, in: Johanson/Csató 1998: 126–137

Rothermund, D. (Hg.) (1995). Indien – Kultur, Geschichte, Politik, Wirtschaft, Umwelt. Ein Handbuch. München

Russell, P. (1995). An introduction to the Celtic languages. London/New York

Santamaria, F.J. (1983). Diccionario de mejicanismos. Mexiko (4. Aufl.)

Santo Tomás, D. de (1560a). Grammatica o arte de la lengua general de los Indios de los Reynos del Perú. Valladolid (Neudruck: Lima 1951)

– (1560b). Lexicon o vocabulario de la lengua general del Perú. Valladolid (Neudruck: Lima 1951)

Schele, L./Freidel, D. (1994). Die unbekannte Welt der Maya. Das Geheimnis ihrer Kultur entschlüsselt. Augsburg

Schenker, A.M./Stankiewicz, E. (Hg.) (1980). The Slavic literary languages. New Haven, CT

Schiltz, V. (1994). Die Skythen und andere Steppenvölker (8. Jh. v. Chr. bis 1. Jh. n. Chr.). München

Schlerath, B. (1968). Awesta-Wörterbuch. Vorarbeiten 2: Konkordanz. Wiesbaden

Schmalstieg, W.R. (1974). An Old Prussian grammar: The phonology and morphology of the three catechisms. University Park, Pennsylvania/London

Schmitt, R. (Hg.) (1989). Compendium linguarum iranicarum. Wiesbaden

Schmoll, U. (1958). Die vorgriechischen Sprachen. Wiesbaden

– (1961). Die südlusitanischen Inschriften. Wiesbaden

Schneider, T. (1996). Lexikon der Pharaonen. München (2. Aufl.)

Schrijver, P. (1998). Oscan, in: Price 1998: 351–352

Schumacher, S. (1992). Die rätischen Inschriften. Geschichte und heutiger Stand der Forschung. Innsbruck

Schuster, H.-S. (1974). Die hattisch-hethitischen Bilinguen, Bd. 1. Leiden

Schütze, O. (Hg.) (1997). Metzler Lexikon antiker Autoren. Stuttgart/Weimar

Schwyzer, E. (1968–77). Griechische Grammatik, 4 Bde (herausgegeben von A. Debrunner). München

Sebeok, T.A. (Hg.) (1971). Current trends in linguistics, vol. 7: Linguistics in Africa. The Hague/Paris

Segert, S. (1975). Altaramäische Grammatik mit Bibliographie, Chrestomathie und Glossar. Leipzig

– (1976). A grammar of Phoenician and Punic. München

– (1984). A basic grammar of the Ugaritic language. Berkeley, California

Semenjuk, N.N./Kalygin, V.P./Romanova, O.I. (Hg.) (1999). Jazyki mira. Germanskie jazyki, kel'tskie jazyki. Moskau

Senn, A. (1966). Handbuch der litauischen Sprache. Heidelberg

Shah, S.Gh.M./Parpola, A. (Hg.) (1991). Corpus of Indus seals and inscriptions, vol. 2: Collections in Pakistan. Helsinki

Shaw, E.M. (1972). Man in Southern Africa: The Hottentots. Kapstadt

Shinnie, P.L. (1996). Ancient Nubia. London/New York

Sigurdsson, I./Skaptason, J. (Hg.) (2000). Aspects of Arctic and Sub-Arctic history. Reykjavík

Simone, C. de (1964). Die messapischen Inschriften und ihre Chronologie, in: Krahe 1964: 1–151, 215–361

Sims-Williams, N. (1981). The Sogdian sound-system and the origin of the Uyghur script, in: Journal Asiatique 269, 347–360

Smith, M.E. (1983). The Mixtec writing system, in: Flannery/Marcus 1983: 238–245

Soden, W. v. (1952). Grundriß der akkadischen Grammatik. Rom

– (1965–81). Akkadisches Handwörterbuch, 3 Bde. Wiesbaden

Solís Olguín, E./Carmona Macías, M. (1991). Oaxaca: Land der Gräber, Urnen und des Goldes, in: Jaguarmensch und Adlerkrieger 1991: 137–142

Solncev, V.M. (Hg.) (1991). Afrazijskie jazyki, tom 2: Kušitskie jazyki, livijsko-guančskie jazyki, egipetskij jazyk, čadskie jazyki. Moskau

Soudan – Royaumes sur le Nil (Cat. sous la direction de D. Wildung). Paris 1997

Speake, G. (Hg.) (1994). A dictionary of ancient history. Oxford/Cambridge, Massachusetts

Spuler, B. (Hg.) (1969). Altkleinasiatische Sprachen. Handbuch der Orientalistik I.2/1–2, Lieferung 2. Leiden

Starke, F. (1998). Hattusa I und II, in: Der Neue Pauly, Bd. 5, 191

– (1999). Luwisch, in: Der Neue Pauly, Bd. 7, 528–534

Stearns, MacD., Jr (1989). Das Krimgotische, in: Beck 1989: 175–194

Steele, S. (1979). Uto-Aztecan: An assessment for historical and comparative linguistics, in: Campbell/Mithun 1979: 444–544

Steiner, R.C. (1992). Ancient Hebrew, in: Bright 1992/2: 110–118

Stern, L. (1880). Koptische Grammatik. Leipzig

Störk, L. (1981). Ägyptisch, in: Heine et al. 1981: 149–170

Swiggers, P. (1996). The Iberian scripts, in: Daniels/Bright 1996: 108–112

Tachiaos, A.-E. N. (1989). Cyril and Methodius of Thessalonica. The acculturation of the Slavs. Thessaloniki

Tekin, T. (1994). Turkic languages, in: Asher/Simpson 1994/9: 4780–4785

Temporini, H./Haase, W. (Hg.) (1983). Aufstieg und Niedergang der römischen Welt II, Bd. 29, Teil 2. Berlin/New York

Tollenaere, F. de/Jones, R.L. (1976). Word-indices and word-lists to the Gothic Bible and minor fragments. Leiden

Thompson, E.A. (1996). The Huns. Oxford/Cambridge, Mass. (2. Aufl.)

Thomsen, M.-L. (1984). The Sumerian language. An introduction to its history grammatical structure. Kopenhagen

Thomson, R.L. (1992). The Manx language, in: MacAulay 1992: 100–136

– (1998). Manx, in: Price 1998: 319–321

Thunmann, J. (1772). Untersuchungen über die alte Geschichte einiger Nordischer Völker. Berlin (Nachdruck mit Vorwort von H. Haarmann; Hamburg 1979)

Tomback, R.S. (1978). A comparative Semitic lexicon of the Phoenician and Punic languages. Missoula, Minnesota

Toporova, T.V. (1999). Germanskie jazyki, in: Semenjuk et al. 1999: 13–43

Tóth, E. (1994). The Roman province of Dacia, in: Barta et al. 1994: 28–61

Trask, R.L. (1997). The history of Basque. London/New York

Troia 2001: Troia – Traum und Wirklichkeit (Ausstellungskatalog). Stuttgart 2001

Tropper, J. (2000). Ugaritische Grammatik. Münster

Uhlig, S. (1987). Äthiopische Paläographie. Stuttgart

Ullendorff, E. (1955). The Semitic languages of Ethiopia. A comparative phonology. London

Untermann, J. (Hg.) (1975 ff.). Monumenta Linguarum Hispanicarum. Wiesbaden

– (1995). Zum Stand der Deutung der ‹tartessischen› Inschriften, in: Eska et al. 1995: 244–259

Ustinova, Y. (1999). The supreme gods of the Bosporan kingdom. Celestial Aphrodite and the most high god. Leiden et al.

Veenhof, K.R. (Hg.) (1986). Cuneiform archives and libraries. Leiden

Velkova, Z. (1986). The Thracian glosses. Amsterdam

Vennemann, T. (1994). Linguistic reconstruction in the context of European prehistory, in: Transactions of the Philological Society 92, 215–284

Vergote, J. (1973). Grammaire copte, 2 Bde. Louvain

Vetter, E. (1953). Handbuch der italischen Dialekte, Bd. 1. Heidelberg

Vijayanunni, M. (Hg.) (1999). Census of India 1991, series 1 – India, part IV – C series: Bilingualism and trilingualism. Delhi

Vinogradov, V.V. (Hg.) (1966). Jazyki narodov SSSR, t. 1: Indoevropejskie jazyki. Moskau

Vycichl, W. (1952). Introducción al estudio de la lengua y de la historia de Canarias. La Laguna de Tenerife

Wackernagel, J./Debrunner, A. (1896–1930). Altindische Grammatik, 3 Bde. Göttingen (Neudruck 1957)

Wagner, M.L. (1950). La lingua sarda. Storia, spirito e forma. Bern (Neuedition: Nuoro 1997)

Walter, H. (1994). L'aventure des langues en Occident. Leur origine, leur histoire, leur géographie. Paris

Weatherhill, C. (1995). Cornish place names and language. Wilmslow

Wegner, I. (2000). Hurritisch. Eine Einführung. Wiesbaden

Welsby, D.A. (1996). The kingdom of Kush. The Napatan and Meroitic empires. London

West, J. (1998). Gothic, in: Price 1998: 208–211

Westendorf, W. (1965–67). Koptisches Handwörterbuch, 2 Bde. Heidelberg

Wigoder, G. (Hg.) (1989). The encyclopedia of Judaism. Jerusalem

Wilhelm, G. (1982). Grundzüge der Geschichte und Kultur der Hurriter. Darmstadt

Wilkes, J. (1992). The Illyrians. Oxford

Winter, J.C. (1981). Die Khoisan-Familie, in: Heine et al. 1981: 329–374

Xella, P. (1981). I testi rituali di Ugarit I. Rom

Yémen – au pays de la reine de Saba' (exposition présentée à l'Institut du monde arabe du 25 octobre 1997 au 28 février 1998). Paris 1997

Zamboni, A. (1978). Il siculo, in: Prodoscimi 1978b: 949–1012

Zöllner, E. (1970). Geschichte der Franken bis zur Mitte des 6. Jahrhunderts. München

Register der untergegangenen Sprachen ohne eigenen Artikel

(s. auch die Sprachenlisten unter → Afrika, → Amerika, → Asien, → Australien, → Ozeanien und → Sprachentod)

Altsächsisch → Fränkisch, Suebisch
Apabhramsa → Prakrit
Äquisch → Italische Sprachen
Ardhamagadhi → Prakrit
Campanisch → Oskisch
Chwaresmisch → Kumanisch, Sakisch, Soghdisch
Chol → Maya-Sprachen
Faliskisch → Italische Sprachen, Lateinisch
Galatisch → Altkleinasiatisch, Festlandkeltisch
Gandhari → Prakrit
Gepidisch → Gotisch, Vandalisch
Hadramautisch → Alte südsemitische Schriftsprachen
Herulisch → Gotisch
Kiptschakisch → Kumanisch
Madhabisch → Alte südsemitische Schriftsprachen
Magadhi → Prakrit
Maharashtri → Prakrit
Mamertinisch → Oskisch
Marrukinisch → Italische Sprachen, Oskisch
Marsisch → Italische Sprachen
Minäisch → Alte südsemitische Schriftsprachen

Mysisch → Altkleinasiatische Sprachen
Pälignisch → Italische Sprachen
Pehlevi → Avestisch
Pelasgisch → Alteuropäisch
Picenisch → Italische Sprachen, Umbrisch
Prä-Samnitisch → Italische Sprachen Umbrisch
Protoluwisch → Altkleinasiatische Sprachen
Qatabanitisch → Alte südsemitische Schriftsprachen
Quiché → Maya-Sprachen
Sabinisch → Italische Sprachen
Samalisch → Aramäisch
Sauraseni → Prakrit
Sikanisch → Italische Sprachen
Sikulisch → Italische Sprachen
Vestinisch → Italische Sprachen, Oskisch
Volskisch → Italische Sprachen, Umbrisch
Yandisch → Aramäisch
Yeeman → Australien
Yukatekisch → Maya-Sprachen
Zarphatisch → Europa

Register der modernen Sprachen

Lettisch → Altpreußisch
Litauisch → Altpreußisch, Kurisch, Thrakisch
Liwisch → Europa, Kurisch
Makedonisch → Mazedonisch
Mari → Lateinisch
Mixtekisch (von Metlatonoc) → Mixtekisch
Nama → Hottentottisch
Nanai → Lateinisch
Neugriechisch → Altgriechisch
Neuuigurisch → Alttürkisch
Niederdeutsch → Polabisch
Nubisch → Meroitisch
Occitanisch → Aquitanisch
Ossetisch → Alanisch, Sarmatisch, Skythisch
Persisch → Aramäisch, Parthisch, Soghdisch
Pitjantjatjara → Australien
Portugiesisch → Lateinisch, Suebisch
Quechua (südbolivianisch) → Quechua (klassisch)
Rapa Nui → Ozeanien
Rumänisch → Dakisch, Dalmatisch
Russisch → Kimmerisch, Lateinisch, Merisch, Muromisch, Skythisch, Wolgabulgarisch
Saamisch → Alteuropäisch, Ara- mäisch
Saharanisch → Meroitisch
Sardisch → Altmediterrane Sprachen, Paläosardisch
Schottisch-Gälisch → Festlandkeltisch, Manx-Gälisch, Piktisch
Schwedisch → Altnordisch, Tocharisch
Serbisch → Sprachentod

Singhalesisch → Pali
Songhai → Meroitisch
Spanisch → Gotisch, Lateinisch, Mixtekisch, Mozarabisch, Nahuatl, Suebisch, Vandalisch
Swahili → Lingua franca
Tamilisch → Elamisch, Indus-Dravidisch, Sanskrit
Tatarisch → Kumanisch, Tschagataisch
Telugu → Elamisch, Sanskrit
Thailändisch → Pali
Tibetisch → Sanskrit, Tangutisch
Tigre → Ge´ez
Tigrinya → Ge´ez
Tiwi → Australien
Torres Strait-Kreolisch → Australien
Tschuwaschisch → Proto-Bulgarisch, Wolgabulgarisch
Tuareg → Lateinisch
Türkisch → Aramäisch, Tschagataisch
Udmurtisch → Alttürkisch, Wolgabulgarisch
Uighurisch → Soghdisch
Ungarisch → Alttürkisch, Awarisch, Chasarisch, Kumanisch, Lateinisch, Proto-Bulgarisch, Sarmatisch
Urdu → Pali
Venezianisch → Dalmatisch
Vietnamesisch → Lateinisch
Warlpiri → Australien
Wolof → Lateinisch
Wotisch → Europa
Yaghnobisch → Skythisch, Soghdisch
Yoruba → Lateinisch
Zapotekisch (von Pochutla) → Zapotekisch
Zapotekisch (von Zimatlán) → Zapotekisch

Sprache und Sprachgeschichte

Umberto Eco
Die Suche nach der vollkommenen Sprache
Aus dem Italienischen von Burkhart Kroeber
3., durchgesehene Auflage. 1994. 388 Seiten mit 22 Abbildungen. Leinen
Europa bauen

Hermann Ehmann
Voll konkret
Das neueste Lexikon der Jugendsprache
2001. 160 Seiten. Paperback
Beck'sche Reihe Band 1406

Christoph Gutknecht
Lauter blühender Unsinn
Erstaunliche Wortgeschichten von Aberwitz bis Wischiwaschi
2001. 228 Seiten. Paperback
Beck'sche Reihe Band 1431

Christoph Gutknecht
Lauter böhmische Dörfer
Wie die Wörter zu ihrer Bedeutung kamen
5., durchgesehene Auflage. 2000. 212 Seiten. Paperback
Beck'sche Reihe Band 1106

Willy Sanders
Was die Wörter uns verraten
Kleine Geschichten rund um die Sprache
2000. 143 Seiten mit 7 Abbildungen. Paperback
Beck'sche Reihe Band 1367

Rainer Schlösser
Die romanischen Sprachen
2001. 128 Seiten. Paperback
Beck'sche Reihe Band 2167
C.H. Beck Wissen

Verlag C.H. Beck München

Sprache und Sprachgeschichte

Hans Peter Althaus
Chuzpe, Schmus & Tacheles
Jiddische Wortgeschichten
2004. 176 Seiten. Paperback
Beck'sche Reihe Band 1563

Hans Peter Althaus
Kleines Lexikon deutscher Wörter jiddischer Herkunft
2003. 216 Seiten. Paperback
Beck'sche Reihe Band 1518

Harald Haarmann
Kleines Lexikon der Sprachen
Von Albanisch bis Zulu
2. Auflage. 2002. 455 Seiten mit 1 Karte. Paperback
Beck'sche Reihe Band 1432

J. Dominik Harjung
Lexikon der Sprachkunst
Die rhetorischen Stilformen. Mit über 1000 Beispielen
2000. 478 Seiten. Paperback
Beck'sche Reihe Band 1359

Nabil Osman (Hrsg.)
Kleines Lexikon untergegangener Wörter
Wortuntergang seit dem Ende des 18. Jahrhunderts
Mit einer Vorbemerkung von Werner Ross.
11., unveränderte Auflage. 1999. 263 Seiten. Paperback
Beck'sche Reihe Band 487

Nabil Osman (Hrsg.)
Kleines Lexikon deutscher Wörter arabischer Herkunft
6. Auflage. 2002. 141 Seiten. Paperback
Beck'sche Reihe Band 456

Verlag C.H. Beck München